Studienkosten und Studienfinanzierung in Europa

Stefanie Schwarz
Meike Rehburg

Studienkosten und Studienfinanzierung in Europa

PETER LANG
Frankfurt am Main · Berlin · Bern · Bruxelles · New York · Oxford · Wien

Die Deutsche Bibliothek - CIP-Einheitsaufnahme

Schwarz, Stefanie:

Studienkosten und Studienfinanzierung in Europa / Stefanie Schwarz / Meike Rehburg. - Frankfurt am Main ; Berlin ; Bern ; Bruxelles ; New York ; Oxford ; Wien : Lang, 2002
ISBN 3-631-39496-9

Diese Studie wurde gefördert vom Ministerium für Schule, Wissenschaft und Forschung des Landes Nordrhein-Westfalen.

Gedruckt auf alterungsbeständigem, säurefreiem Papier.

ISBN 3-631-39496-9
© Peter Lang GmbH
Europäischer Verlag der Wissenschaften
Frankfurt am Main 2002
Alle Rechte vorbehalten.

Das Werk einschließlich aller seiner Teile ist urheberrechtlich geschützt. Jede Verwertung außerhalb der engen Grenzen des Urheberrechtsgesetzes ist ohne Zustimmung des Verlages unzulässig und strafbar. Das gilt insbesondere für Vervielfältigungen, Übersetzungen, Mikroverfilmungen und die Einspeicherung und Verarbeitung in elektronischen Systemen.

Printed in Germany 1 2 3 4 6 7

www.peterlang.de

Inhalt

Darstellungsverzeichnis 7

Vorwort 15

1 Einleitung 17

   1.1 Studienkosten und Studienfinanzierung in Europa 17

   1.2 Zielsetzung, Durchführung und Gliederung der Studie 23

2 Hochschulsysteme in Europa 31

   2.1 Hochschul- und Studiengangstypen 31

   2.2 Daten zur Studienbeteiligung und zum Studium 33

3 Direkte und indirekte Studienausgaben in Europa 39

   3.1 Einführung in die Thematik 39

   3.2 Einzeldarstellungen für die Länder 40

   3.3 Ergebnisse im europäischen Vergleich 60

4 Direkte staatliche Studienförderung in Europa 69

   4.1 Einführung in die Thematik 69

   4.2 Einzeldarstellungen für die Länder 71

   4.3 Ergebnisse im europäischen Vergleich 115

5 Indirekte staatliche und private Studienförderung in Europa ... 127

   5.1 Einführung in die Thematik 127

   5.2 Einzeldarstellungen für die Länder 129

   5.3 Ergebnisse im europäischen Vergleich 174

6 Studienausgaben und staatliche Studienförderung im europäischen Vergleich 181

   6.1 Bilanzierung der studentischen Einnahmen und Ausgaben in verschiedenen Modellrechnungen 182

6.2 Heterogenität der europäischen Fördersysteme – vier grundlegende Konzeptionen 195

7 Auswirkungen von Studienkosten und Studienfinanzierung auf das Studierverhalten in Europa 199

8 Studienkosten und Studienfinanzierung in Europa: Eine Bilanz der Ergebnisse 205

    8.1 Darstellung der Ergebnisse 206

    8.2 Vielfalt der Förderungskonzeptionen und -praktiken 213

    8.3 Hochschulpolitische Implikationen 215

    8.4 Forschungsdesiderata 217

Verwendete Literatur 219

Weiterführende Literatur 229

Anhang: Synopsen 247

Darstellungsverzeichnis

Tabellen

Tab. 1-1: Experten/Ansprechpartner in den Ländern der Europäischen Union und in der Schweiz 26

Tab. 1-2: Themen des Fragenkatalogs für die Länderberichte 28

Tab. 2-1: Studienanfängerquote in Hochschulstudiengängen in ausgewählten europäischen Ländern 1996 laut Angaben der OECD 34

Tab. 2-2: Zahl der Studierenden im universitären Erststudium in ausgewählten europäischen Ländern laut Angaben der UNESCO 36

Tab. 2-3: Geschätzte durchschnittliche Studiendauer pro Kopf der Bevölkerung in ausgewählten europäischen Ländern 1995 37

Tab. 2-4: Alter bei Studienbeginn in ausgewählten europäischen Ländern 1996 38

Tab. 3-1: Wohnform der Studierenden in Dänemark zum Zeitpunkt der Erstimmatrikulation 1994 41

Tab. 3-2: Entwicklung der studentischen Lebenshaltungskosten in Finnland von 1964 bis 1994 44

Tab. 3-3: Studiengebühren in den Niederlanden 1990/91 bis 1997/98 45

Tab. 3-4: Studiengebühren in Belgien 1998/99 47

Tab. 3-5: Indirekte Studienkosten und Lebenshaltungskosten der Studierenden in Deutschland 1997 48

Tab. 3-6: Indirekte Studienausgaben und Lebenshaltungskosten der Studierenden in Österreich 1993 50

Tab. 3-7: Indirekte Studienausgaben und Lebenshaltungskosten der Studierenden in der Schweiz 1997 52

Tab. 3-8: Indirekte Studienausgaben und Lebenshaltungskosten der Studierenden in Irland 1995 53

Tab. 3-9: Indirekte Studienausgaben und Lebenshaltungskosten der Studierenden im Vereinigten Königreich 1996 55

Tab. 3-10: Studiengebühren in Italien 1994/95 59

Tab. 4-1: Förderungsbeträge für Studierende in Dänemark 1997 72

Tab. 4-2: Förderungsbeträge für Studierende in Schweden 1997 75

Tab. 4-3: Förderungsbeträge für Studierende in Finnland 80

Tab. 4-4: Direkte Studienförderung und erwarteter Elternbeitrag in den Niederlanden 83

Tab. 4-5: Staatsausgaben für direkte Studienförderung in den Niederlanden 1990, 1995 und 1996 85

Tab. 4-6: Förderungsbeträge für Studierende in Frankreich 86

Tab. 4-7: Basissatz und maximale Ergänzungsbeträge der Studienförderung in Deutschland 91

Tab. 4-8: Zuschussförderung für Studierende in der Schweiz 1995 96

Tab. 4-9: Zuschussförderung für Studierende im Kanton Basel-Stadt 1997 97

Tab. 4-10: Obergrenzen für das Familieneinkommen in Irland 1996/97 99

Tab. 4-11: Residualeinkommen und der erwartete Elternbeitrag zur Studienfinanzierung im Vereinigten Königreich 1993/94 102

Tab. 4-12: Maximale Förderungsbeträge für Studierende im Vereinigten Königreich 1995/96 103

Tab. 4-13: Zusammensetzung der Zuschussförderung in Spanien 1993/94 106

Tab. 4-14: Direkte staatliche Studienförderung in Italien 1995/96 bis 1997/98 112

Tab. 4-15: Maximale Förderungsbeträge pro Studierenden in ausgewählten europäischen Ländern 118

Tab. 4-16: Obergrenzen des elterlichen Jahreseinkommens im Hinblick auf die Förderungsansprüche in ausgewählten europäischen Ländern 119

Tab. 5-1: Elterliche Unterstützung der Studierenden in Dänemark 131

Darstellungsverzeichnis 9

Tab. 5-2: Einkommensquellen der Studierenden in Schweden 1996 135

Tab. 5-3: Empfohlene Elternbeiträge zur Studienfinanzierung in den Niederlanden 1996 141

Tab. 5-4: Durchschnittliche finanzielle Unterstützung der Studierenden durch Eltern und staatliche Studienförderung in Frankreich 1994 144

Tab. 5-5: Einkommensquellen und Einkommensbeträge der Studierenden in Frankreich 1994 145

Tab. 5-6: Öffentliche Aufwendungen für Wohnheime und Mensen in Österreich 1989 bis 1997 152

Tab. 5-7: Stipendien und Auszeichnungen am University College Dublin (UCD) in Irland 1995/96 160

Tab. 5-8: Einkommensquellen und durchschnittliche Einkommensbeträge der Studierenden in Irland 1995 161

Tab. 5-9: Beschäftigung und finanzielle Unterstützung der Studierenden durch die Hochschulen in Italien 1993/94 bis 1996/97 170

Tab. 5-10: Fahrtkostenermäßigung für Studierende in Griechenland 172

Tab. 5-11: Formen der finanziellen Unterstützung für Studierende bezüglich der Lebenshaltungskosten in ausgewählten europäischen Ländern 175

Tab. 6-1: Modellrechnung 1: Relativer Beitrag der maximalen staatlichen Studienförderung zu den Lebenshaltungskosten 183

Tab. 6-2: Modellrechnung 2: Relativer Beitrag der durchschnittlichen staatlichen Studienförderung zu den Lebenshaltungskosten 186

Tab. 6-3: Modellrechnung 3a: Relativer Beitrag der durchschnittlichen staatlichen Studienförderung auf Basis aller Studierenden (Anzahl laut Eurostat 1997) zu den Lebenshaltungskosten 190

Tab. 6-4: Modellrechnung 3b: Relativer Beitrag der durchschnittlichen staatlichen Studienförderung auf Basis aller Studierenden (Anzahl laut UNESCO 1997) zu den Lebenshaltungskosten 193

Tab. 6-5: Ergebnisse der Modellrechnungen unter Nichtberücksichtigung bzw. Berücksichtigung der maximalen Studiengebühren 195

Abbildungen

Abb. 3-1: Wohnformen der Studierenden in Schweden im Herbstsemester 1996 43

Abb. 3-2: Wohnformen der Studierenden in Deutschland 1997 49

Abb. 3-3: Wohnformen der Studierenden in Irland 1996 53

Abb. 3-4: Indirekte Studienausgaben und Lebenshaltungskosten der Studierenden im Vereinigten Königreich 1996 55

Abb. 3-5: Entwicklung der Studiengebühren an Universitäten in Spanien von 1984 bis 1997 56

Abb. 3-6: Direkte Studienausgaben in ausgewählten europäischen Ländern 62

Abb. 3-7: Wohnkosten und weitere Lebenshaltungskosten in ausgewählten europäischen Ländern 66

Abb. 3-8: Anteile der bei ihren Eltern wohnenden und der nicht bei ihren Eltern wohnenden Studierenden in ausgewählten europäischen Ländern 67

Abb. 4-1: Formen staatlicher Unterstützung in Finnland 78

Abb. 4-2: Obergrenzen für das elterliche Einkommen in Flandern 1998/99 89

Abb. 4-3: Entwicklung der Staatsausgaben für direkte Studienförderung in Deutschland 1992 bis 1997 92

Abb. 4-4: Einkommensobergrenzen für Studierende im Hinblick auf direkte staatliche Studienförderung in ausgewählten europäischen Ländern 121

Abb. 4-5: Staatliche Gesamtausgaben für direkte Studienförderung in ausgewählten europäischen Ländern 124

Abb. 5-1: Verteilung der monatlichen Arbeitszeiten bei Studierenden der Universität Kopenhagen 132

Abb. 5-2: Einkommensquellen der Studierenden in Finnland 1964 bis 1994 138

Abb. 5-3: Einkommensquellen der Studierenden in den alten deutschen Bundesländern 1982 bis 1997 149

Darstellungsverzeichnis 11

Abb. 5-4: Einkommensquellen der Studierenden in den neuen deutschen Bundesländern 1991 bis 1997 150

Abb. 5-5: Erwerbstätigkeit der Studierenden in Österreich 1995/96 155

Abb. 5-6: Grad der finanziellen familiären Abhängigkeit junger Erwachsener in Spanien 165

Abb. 6-1: Modellrechnung 1: Maximale staatliche Studienförderung und Lebenshaltungskosten 184

Abb. 6-2: Modellrechnung 2: Durchschnittliche staatliche Studienförderung und Lebenshaltungskosten 188

Abb. 6-3: Modellrechnung 3a: Durchschnittliche staatliche Studienförderung auf Basis aller Studierenden (Anzahl laut Eurostat 1997) und Lebenshaltungskosten 191

Abb. 6-4: Modellrechnung 3b: Durchschnittliche staatliche Studienförderung auf Basis aller Studierenden (Anzahl laut UNESCO 1997) und Lebenshaltungskosten 194

Abb. 8-1: Maximale Studiengebühren und durchschnittliche Lebenshaltungskosten der Studierenden in ausgewählten europäischen Ländern 208

Anhang: Synopsen

Synopse 3-1: Direkte Studienausgaben 248

Synopse 3-2: Indirekte Studienausgaben und Ausgaben für den Lebensunterhalt 249

Synopse 4-1: Staatliche Förderungssysteme 250

Synopse 4-2: Förderungsbeträge 252

Synopse 4-3: Sozialstrukturelle Kriterien für den Erhalt direkter staatlicher Studienförderung 254

Synopse 4-4: Sozioökonomische Kriterien für den Erhalt direkter staatlicher Studienförderung 255

Synopse 4-5: Studienbezogene Kriterien für den Erhalt direkter staatlicher Studienförderung 258

Synopse 4-6:	Förderungsdauern	260
Synopse 4-7:	Rückzahlungsmodalitäten	261
Synopse 4-8:	Staatliche Gesamtausgaben für direkte Studienförderung und Anteile der Geförderten	263
Synopse 5-1:	Transferleistungen und kommerzielle Vergünstigungen	264
Synopse 5-2:	Soziale Absicherung der Studierenden und Transfers an die Eltern	267
Synopse 5-3:	Unterstützung der Studierenden durch ihre Eltern	270
Synopse 5-4:	Unterstützung der Studierenden durch ihre Hochschule	272
Synopse 5-5:	Einnahmen der Studierenden aus eigener Erwerbstätigkeit	273

Symbole und Abkürzungen in den Tabellen, Abbildungen und Synopsen

..	Wert unbekannt oder nicht verfügbar
—	Wert gleich Null; Wert nicht vorhanden; Aussage nicht sinnvoll
k. A.	keine Angabe
p.m.	pro Monat
p.a.	pro Jahr
s. Komm.	siehe „Sonstiges/Kommentar"

Länderkürzel in den Tabellen, Abbildungen und Synopsen

DK	Dänemark
SE	Schweden
FI	Finnland
NL	Niederlande
FR	Frankreich

Darstellungsverzeichnis

Länderkürzel in den Tabellen, Abbildungen und Synopsen (Forts.)

BE	Belgien
DE	Deutschland
DE (a)	Deutschland (alte Bundesländer)
DE (n)	Deutschland (neue Bundesländer)
AT	Österreich
CH	Schweiz
IE	Irland
GB	Vereinigtes Königreich Großbritannien und Nordirland
ES	Spanien
PT	Portugal
IT	Italien
GR	Griechenland

Vorwort

In Deutschland wird immer wieder kontrovers diskutiert, wie die Kosten für ein Hochschulstudium zwischen dem Staat und den Studierenden bzw. deren Angehörigen aufgeteilt sein sollten. Staatliche Beteiligung wird gefordert, um Ungleichheiten bei Bildungs- und Sozialchancen abzubauen, die Studierquote zu erhöhen und um insgesamt ein substantiell vielfältiges und qualitativ anspruchsvolles Studienangebot flächendeckend zu sichern. Für eine Steigerung der privaten Studienausgaben wird mit den Argumenten plädiert, dass die Absolventen individuelle Erträge zu erwarten hätten, dies wünschenswerte Steuerungseffekte in den Entscheidungen für oder gegen ein Studium bzw. bestimmte Studienfächer habe und dadurch ein höherer Anreiz zu Qualität und Effizienz für die Hochschulen gegeben sei.

Die Informationsbasis, auf der die öffentliche Diskussion geführt wird, lässt zu wünschen übrig. Oft werden nur einzelne Elemente von Kosten und Finanzierung herausgegriffen. Das Interesse an einem internationalen Vergleich ist zwar in den letzten Jahren sehr gestiegen, aber meistens werden nur einzelne Befunde aus wenigen Ländern in die Debatte geworfen.

Die vorliegende Studie setzt hier an: Wichtige Aspekte sowohl der Kosten als auch der Finanzierung des Studiums werden für die Mitgliedsländer der Europäischen Union und für die Schweiz vergleichend dargelegt. Experten aus diesen Ländern wurden gebeten, zur Thematik möglichst vollständige Informationen bereitzustellen. Dadurch ist es möglich geworden, im Detail aufzuzeigen, wie hoch die Kosten für Studierende im Durchschnitt sind, ob und in welcher Höhe sie Studiengebühren zu zahlen haben und in welchem Maße Stipendien bzw. Darlehen die Studienkosten decken. Leider liegen nur unvollständige Informationen darüber vor, inwieweit die Studierenden andere finanzielle Leistungen erhalten. Auch existieren in den untersuchten Ländern kaum empirische Studien über die Auswirkungen der Kosten- und Finanzierungssituation auf das Studienangebot bzw. das Verhalten der Studierenden.

Die Studie macht deutlich, dass innerhalb Europas in den 90er Jahren keineswegs ein Trend zur Angleichung der Finanzierungslogiken zu beobachten ist. Es gibt nach wie vor eine bemerkenswerte Vielfalt der Modelle. Auch wird hervorgehoben, dass die öffentliche Diskussion oft zu kurz greift: Leicht wird übersehen, dass es bei den Modalitäten von Kosten und Finanzierung des Studiums nicht nur um finanzwissenschaftliche Fragen geht, sondern auch unterstrichen wird, welche Rolle den Studierenden in der Gesellschaft zugewiesen wird. Diesbezüglich sind in Europa ganz unterschiedliche philosophische Ansätze erkennbar. Sie reichen vom Extrem des unabhängigen Erwachsenen – das skandinavische Modell – bis zum anderen Extrem des im Haushalt der Eltern lebenden Kindes – das südeuropäische Modell. Mischformen dieser Modelle sind in Ländern zu verzeichnen, die zwischen Nord- und Südeuropa liegen. Die Vielfalt der europäischen Modelltypen lässt somit keine eindeutige Beurteilung der Verteilungsgerechtigkeit der verschiedenen Studienfinanzierungsmodelle zu. Daher endet die Studie konsequenterweise auch nicht mit bestimmten Empfehlungen. Sie ist allerdings von der Hoffnung getragen, dass die Analysen und Interpretationen zu einer Versachlichung der Diskussionen beitragen.

Angeregt wurde die Studie von Anke Brunn, Ministerin a.D. des nordrhein-westfälischen Ministeriums für Schule, Wissenschaft und Forschung. Das Ministerium trug auch die Finanzierung. Die ausführlichen Gespräche mit Frau Anke Brunn und weiteren Mitarbeiter/innen des Ministeriums über grundlegende Fragestellungen zu dieser Thematik und die Ergebnisse der Studie waren für uns ein Beleg, wie ertragreich ein Dialog zwischen Wissenschaft und Politik sein kann.

Die Unterzeichner des Vorworts entwickelten das Konzept der Studie und koordinierten die Durchführung. Die Informationen, auf denen die Analyse basiert, stellten Experten der verschiedenen Länder bereit; sie schrieben Länderberichte unter Berücksichtigung einer ausführlichen Liste von Fragen, die im Rahmen der Studie dargestellt sind.

Stefanie Schwarz nahm die vergleichende Analyse der Länderberichte vor. Die wichtigsten Ergebnisse wurden zusammenfassend bereits in englischer Sprache in dem Schwerpunktheft „Student Costs and Financing" des European Journal of Education, Jg. 34, 1999, Heft 1, publiziert. Stefanie Schwarz und Meike Rehburg überarbeiteten den ersten Bericht gründlich, damit er jetzt als Buch in deutscher Sprache zur Verfügung steht. Im Wissenschaftlichen Zentrum für Berufs- und Hochschulforschung der Universität Kassel wurde die Texterstellung von Helga Cassidy, Ines Mergel, Marc Schelewsky, Karole Gudelj und Martina Schotte-Kmoch unterstützt.

Wir danken allen Beteiligten für ihre Beiträge, die helfen können, dass zukünftige Überlegungen zu Kosten und Finanzierung des Hochschulstudiums von einer besseren Informationslage und erweiterten Perspektiven ausgehen können.

Hans-Dieter Daniel und Ulrich Teichler

1 Einleitung

1.1 Studienkosten und Studienfinanzierung in Europa

Die Frage, wie die Deckung der Kosten für ein Hochschulstudium zwischen dem Staat, den Studierenden und gegebenenfalls ihren Angehörigen oder anderen Instanzen aufgeteilt wird und werden sollte, gehört weltweit zu den zentralen Themen der hochschulpolitischen Diskussion (Zöller 1983; Johnstone 1986; Woodhall 1992; Daniel, Schwarz und Teichler 1999). Dabei geht es hauptsächlich um folgende Fragen:

- Welche Rolle spielt der Staat im Hinblick auf die Trägerschaft der Hochschulen und die Finanzierung der Studienangebote?

- In welchem Umfang sollen die Studierenden die Kosten für ihre Lebenshaltung und gegebenenfalls auch für das Studienangebot tragen?

- Welche Anteile der verbleibenden Kosten für die Studierenden sollen von den staatlichen Steuerungs- und Finanzierungsmaßnahmen getragen werden?

Auffallend an der Diskussion über die Studienkosten ist, dass sie gewöhnlich mit hohem emotionalem Engagement geführt wird (Woodhall 1992; Konegen-Grenier und Werner 1996; Pechar und Keber 1996; Schwirten 1998). Kontroverse Ansichten prallen oft mit großer Heftigkeit aufeinander, wie zum Beispiel in den Debatten zu Änderungen der direkten staatlichen Studienförderung in Deutschland in den 90er Jahren. In der Konsequenz unterstrichen Hochschultheoretiker und -praktiker immer wieder die Notwendigkeit empirischer Studien zu den Thematiken Studienkosten, Studienfinanzierung und Studierverhalten im internationalen Vergleich, da die derzeitigen Diskussionen von einer Vielzahl von Fehlinformationen und damit verbundenen Fehlinterpretationen gekennzeichnet sind. So wird beispielsweise immer wieder unrichtig behauptet, Studiengebühren würden in den meisten europäischen Ländern erhoben. Tatsächlich werden Studiengebühren nur in etwa der Hälfte der europäischen Länder gefordert, und oftmals ist die monatliche Höhe der Studiengebühren im Vergleich zu den gesamten Lebenshaltungskosten verschwindend gering. Ganz anders gestaltet sich beispielsweise die Situation in den Vereinigten Staaten und in anderen nichteuropäischen, angelsächsisch geprägten Ländern: Dort sind Studiengebühren in der Regel ein nicht hinterfragter Bestandteil des Hochschulsystems; sie werden zudem in einer Höhe erhoben, die einen beachtlichen Anteil der Gesamtkosten eines Studierenden ausmacht.

Hervorzuheben ist, dass die theoretische Diskussion zu Studienkosten und Studienfinanzierung häufig sehr partiell geführt wird: In den meisten Fällen geht es um einzelne Aspekte von Kosten und Finanzierung – so zum Beispiel nur um Studiengebühren (Konegen-Grenier und Werner 1996; Pechar und Keber 1996) oder nur um Studienfinanzierung (Cronin und Simmons 1987) –, oder es werden nur einzelne grundlegende Fragen, etwa nach den Möglichkeiten und Grenzen der staatlichen Leistungen für die Hochschule, der Chancengleichheit oder dem Verhältnis von Bildungsinvestition und Ertrag, in den Vordergrund gestellt (vgl. hierzu auch: Weiterführende Literatur).

So werden in internationalen Untersuchungen zur Studienfinanzierung vorrangig *student aid topics* – und in diesem Zusammenhang zum einen Effekte der Studienförderung auf die Partizipation von Studierenden und zum anderen Debatten zur Thematik Zuschüsse im Vergleich zu Darlehen als Studienförderungsinstrumente – in die wissenschaftliche Diskussion eingebracht.

Sozialgruppenspezifische Aspekte

Obwohl unter Experten Uneinigkeit bezüglich der Aufteilung der Kosten der Hochschulausbildung und der Förderpraktiken für Studierende besteht, sind europäische Hochschulsysteme – im weltweiten Vergleich – stark von dem Leitgedanken der Chancengleichheit geprägt (Eurydice 1999). Entsprechend wird in Europa, auch wenn die staatlichen direkten Studienförderungssysteme in ihren Detailregelungen sehr unterschiedlich sind und grundlegend differierende Anteile von Studierenden fördern, davon ausgegangen, dass die Infrastruktur für die Hochschulausbildung hauptsächlich vom Staat bereitgestellt werden sollte.

Einige Forschungsergebnisse zur sozialgruppenspezifischen Bildungsbeteiligung zeigen, dass die staatliche Ausbildungsförderung Einfluss auf die Beteiligung verschiedener sozialer Gruppen an der Hochschulbildung hat. Beispielsweise legen Reuterberg und Svensson in einer schwedischen Studie dar, dass über 40 Prozent der Studierenden aus niedrigen sozioökonomischen Schichten ohne staatliche Ausbildungsförderung kein Studium aufgenommen hätten (Reuterberg und Svensson 1983). Im Vergleich hierzu gaben lediglich 12 Prozent der Studierenden aus höheren sozioökonomischen Schichten an, dass der Wegfall der staatlichen Ausbildungsförderung ein Grund dafür gewesen sei, das Studium nicht aufzunehmen. Die nationale Hochschulbehörde Schwedens hebt in einer zusam-

1 Einleitung 19

menfassenden Übersicht Ende der 80er Jahre hervor, dass die Gewährung und die Höhe staatlicher Ausbildungsförderung zunächst einen Motivationsschub für Studierende bezüglich der Entscheidung der Studienaufnahme hat, sich dann aber auf einem bestimmten Level einpendelt: „Higher Education recruitment has changed a great deal during the 20 years that have passed since the study assistance scheme was introduced ... The student population has virtually doubled ... study assistance has been very much a precondition of this expansion. Surveys have shown that almost 40 percent of students would not have embarked on their studies if study assistance had not existed. For students from the lower classes, the figure is 50 percent. But the socially equalising effect of study assistance appears to have come to a standstill in recent years." (Centrala Studiestödsnämnden 1988, S. 17).

In den Vereinigten Staaten und in Kanada haben eine Reihe von Studien (Federal-Provincial Task Force 1981; Hansen 1989; Leslie und Brinkman 1988) gezeigt, dass staatliche Ausbildungsförderung zwar einen Einfluss auf die erhöhte Bildungsbeteiligung von finanziell benachteiligten Gruppen und ethnischen Minoritäten hat, dass dieser Einfluss aber sehr viel geringer ist als vorerst erwartet: „Considerable research in Canada and other countries indicated that factors other than those directly related to financing are most important in explaining postsecondary participation rates. A series of social and economic factors tend to direct children well before the actual decision to participate is taken." (Federal-Provincial Task Force 1981, S. 170.) Woodhall resümiert, dass staatliche Ausbildungsförderung zwar helfen kann, finanzielle Barrieren abzubauen, so dass denjenigen Studierenden, die aufgrund ihres Einkommens oder ihres ethnischen Status benachteiligt sind, der Hochschulzugang erleichtert wird (Woodhall 1992). Entgegen den Erwartungen haben Studien jedoch nicht gezeigt, dass staatliche Ausbildungsförderung die Chancengleichheit in Bezug auf den Hochschulzugang für finanziell benachteiligte Gruppen wesentlich erhöht.

Förderungsformen

In vielen Ländern wird seit Jahren eine kontroverse Debatte darüber geführt, in welchem Umfang staatliche Ausbildungsförderung als Zuschuss- und/oder Darlehensförderung erfolgen sollte (Eurydice 1999). Eine Reihe von Wirtschafts- und Politikwissenschaftlern spricht sich für Darlehen in Verbindung mit Zuschüssen als adäquates Mittel der staatlichen Ausbildungsförderung aus – mit der Begründung, dass Ausbildungssysteme, die zusätzlich zu Zuschüssen auch die Darlehenskomponente anbieten, sowohl effizienter als auch gerechter seien als Ausbildungsförderungssysteme, die ausschließlich auf Zuschüssen basieren (Blaug 1970; Woodhall 1983, 1992; Psacharopoulos und Woodhall 1985). Es wird argumentiert, dass mit Hilfe von Darlehen eine größere Anzahl von Studierenden gefördert werde als mit ausschließlicher Zuschussförderung, da die Darlehensrückzahlungsbeträge für die Förderung zukünftiger Studierendengenerationen genutzt werden könnten. Die britische Regierung betonte die Vorteile von Darlehen als Ausbildungsförderung zusätzlich zur bereits bestehenden Zuschussförderung, als sie in 1990 Darlehen einführte: „[loans] share the cost of student maintenance more equitably between students themselves, their parents and the taxpayer; increase the resources available to students; reduce time, and the contribution to students' maintenance which is expected from parents; increase economic awareness among students and their self-reliance." (Department of Education and Science 1988, S. 1.)

Kritiker von Darlehen als staatlicher Ausbildungsförderungsmaßnahme betonen, dass Darlehen weniger effizient und weniger gerecht seien als Zuschüsse. Auch wird der Vorteil der finanziellen Entlastung der Steuerzahler durch Darlehen von einigen Experten als gering eingeschätzt, da Darlehen staatlich subventioniert sind. In Großbritannien hatte die *National Union of Students* zum Protest gegen die Einführung von Darlehen Anfang der 90er Jahre aufgerufen. Gegner befürchteten insbesondere, dass die Einführung von Darlehen Studierende aus einkommensschwachen Familien, Frauen und Angehörige ethnischer Minoritäten von der Aufnahme eines Studiums abhalten könnte.

Bemerkenswert ist, dass, obwohl eine Vielzahl von Studien zu partiellen Themenbereichen der Studienfinanzierung vorliegt, bis heute kein geschlossenes Studiengebührenmodell entwickelt werden konnte (Fritsche, Lindner u. Renkes 1996, Eurydice 1999). Hochschulfinanzierungsexperten führen zudem an, dass in der Debatte um Studiengebühren nicht mit einer Gemeinschaftsaktion zu rechnen sei, da derzeit die Grundannahmen zu Themen der Studienfinanzierung zu unterschiedlich seien.

Studienförderungssysteme: Beispiel Deutschland

Das System der Studienfinanzierung in der Bundesrepublik Deutschland war nie unbestritten, aber in den vergangenen Jahren wurde die öffentliche Diskussion lebhafter und kontroverser.[1]

Auf der einen Seite wird kritisiert, dass die Studienförderung für Studierende nach dem Prinzip der sozialen Bedürftigkeit so weit reduziert worden sei, dass

---

1 Sichtbarstes Beispiel hierfür ist die Tatsache, dass die lang anhaltende Diskussion über eine Novellierung des Hochschulrahmengesetzes in der Legislaturperiode 1994-98 der Bundesregierung infolge eines Dissenses über Studiengebühren zu einem Ende kam.

das Förderungssystem seine grundlegende Leistungsfähigkeit eingebüßt habe. In diesem Kontext wird auf Untersuchungen verwiesen, nach denen die Werkarbeit der Studierenden zugenommen habe und dies verstärkt zu einer Studienzeitverlängerung führe. Auch gab es Anzeichen dafür, dass sich mehr potentielle Studierende aus einkommensschwachen Familien gegen eine Studienaufnahme entscheiden. Andererseits erhielten durch die steigenden Bruttolöhne der Eltern immer weniger Studierende eine immer geringere BAföG-Zahlung. Insgesamt verringerte sich der Prozentanteil der Studierenden, die staatliche Studienförderung erhalten, in den letzten drei Jahrzehnten von 45 Prozent (1971) auf 19 Prozent (1997). Die Gesamtausgaben von Bund und Ländern für direkte Studienförderung sind von EUR 1,55 Milliarden (1992) auf EUR 890 Millionen (1997) gesunken.

Seit den 90er Jahren mehren sich in der Bundesrepublik Deutschland Stimmen, die für eine höhere Kostenübernahme seitens der Studierenden beziehungsweise ihrer Angehörigen plädieren. Drei Argumente werden vor allem vorgetragen:

- Da der Staat nicht mehr in der Lage sei, in gleichem Umfang wie früher zur Finanzierung der Hochschule beziehungsweise zur Minderung der Lebenshaltungskosten beizutragen, sei eine grundlegende Revision des Finanzierungssystems unabdinglich.

- Studienförderung sei sozial gerechter, wenn sie sich nicht primär an der aktuellen Bedürftigkeit der Studierenden beziehungsweise ihrer Familien orientiere, sondern Studierende ergänzend oder auch weitgehend als Investoren für eine zukünftige privilegierte Karriere betrachte.

- Eine Erhöhung der Kosten für das Studium – und dabei insbesondere die Einführung von Studiengebühren – werde eine höhere Effektivität von Lehre und Studium nach sich ziehen, denn diese zusätzliche Belastung werde von einem Scheinstudium abschrecken beziehungsweise die Studierenden zum zügigen Studium drängen. Zudem verstärkten Studiengebühren ein Kundenbewusstsein der Studierenden und eine Kundenorientierung bei der Hochschule, die sich vorteilhaft auf die Qualität der Studienangebote niederschlagen werde.

Als Stärke des deutschen Systems der Hochschul- und Studienfinanzierung wird von seinen Befürwortern erstens oft hervorgehoben, dass eine weitgehend gleiche Qualität des Studienangebots gesichert sei. Zweitens wird angenommen, dass die finanziellen und sozialen Risiken einer Studienaufnahme insgesamt gering seien. Drittens schien zumindest bei der Einführung dieses Systems der Hochschul- und Studienförderung Sorge dafür getragen zu sein, dass die Verfügung über geringe finanzielle Mittel seitens der Studierfähigen und -willigen und ihrer Familien in der Regel nicht von einer Studienaufnahme abschrecke.

Im April 2001 trat nach langer hochschulpolitischer Debatte das neue BAföG in Kraft, das in den Grundzügen auf dem vorhandenen BAföG-System aufbaut, insgesamt aber darauf ausgelegt ist, eine größere Anzahl von Studierenden in höherem Umfange zu fördern.[2] „Jeder muss die Möglichkeit erhalten, studieren zu können – unabhängig vom Geldbeutel der Eltern", sagte Bundesbildungsministerin Edelgard Bulmahn (SPD) bei der Vorstellung der neuesten Erkenntnisse über Studierende, die in der 16. Sozialerhebung des Deutschen Studentenwerks dargelegt sind (Schnitzer, Isserstedt und Middendorff 2001). Große Hoffnungen werden in diesem Zusammenhang auf die vom Bildungsministerium initiierten Reformen des BAföGs gesetzt. Ab April 2001 stehen jährlich EUR 665 Millionen zusätzlich für die staatliche Studienförderung zur Verfügung; hiermit können circa 80.000 junge Menschen mehr gefördert werden. Im Detail ist in der BAföG-Novelle eine Vielzahl von Reformen erkenntlich, insbesondere wurden

- die Anrechnung des Kindergeldes abgeschafft,
- das Freibetragssystem vereinfacht,
- die Förderleistungen in den alten und neuen Bundesländern vereinheitlicht,
- die Bedarfssätze deutlich angehoben: Der Höchstsatz liegt nun bei EUR 583 pro Monat,
- eine Internationalisierung durch EU-weite Mitnahmemöglichkeiten des BAföGs nach zwei Semestern Studium in Deutschland bis zum Studienabschluss eingeführt,
- Masterstudiengänge in die Förderung aufgenommen, die zukünftig generell förderungsfähig sind, wenn sie einen Bachelorstudiengang – auch interdisziplinär – ergänzen,
- die Gesamtdarlehensbelastungen pro Studierenden auf EUR 10.226 begrenzt.

Durch die oben genannten Vereinheitlichungen, Anhebungen der Bedarfssätze, internationalen Transfermöglichkeiten des BAföGs und die Begrenzung der Gesamtdarlehensbelastungen sollen Studierende – insbesondere aus einkommensschwächeren Gruppen – vermehrt Anreize erhalten, ein Studium aufzunehmen und abzuschließen, das zukünftig verstärkt interdisziplinär und international ausgerichtet sein wird. Hans-Dieter Rinkens, Präsident des Deutschen Studentenwerks, sieht bereits zwei Monate nach Einführung der BAföG-Novelle positi-

---

2 Siehe hierzu: http://www.das-neue-bafoeg.de.

ve Tendenzen: Der Anteil der geförderten Studierenden sei bereits um acht Prozent in den alten beziehungsweise um 14 Prozent in den neuen Bundesländern gestiegen (Rubner 2001).

In einer solchen öffentlichen Diskussion zum Thema Studienförderung, deren Kernaussagen hier beispielhaft für das deutsche System aufgezeigt worden sind, zeigen sich natürlich auch Unterschiede in gesellschaftspolitischen Wertsetzungen, die bei einem differenzierten Stand systematischen Wissens nicht auftreten würden. Weiterhin wird deutlich, dass Aspekte in die Diskussion eingebracht werden, die der systematischen Analyse zugänglich sind:

- das Maß der Unvollständigkeit beziehungsweise Vollständigkeit in der Darstellung und Bewertung der verschiedenen Kosten- und Finanzierungselemente;
- Thesen, wie häufig oder in welcher Art die Elemente von Studienkosten und -finanzierung, die wir in Deutschland vorfinden, in vergleichbaren Ländern anzutreffen sind;
- die empirische Plausibilität von Aussagen, wie sich die Konstellation von Kosten und Finanzierung des Studiums auf Studienbeteiligung, Studienangebote und Studierverhalten auswirkt.

Daher besteht die Möglichkeit, zumindest Teilkomponenten der öffentlichen Debatten durch bessere Information auf eine neue Basis zu stellen.

1.2 Zielsetzung, Durchführung und Gliederung der Studie

Zielsetzung

Die hier vorgelegte Studie ist mit der Absicht durchgeführt worden, einen Beitrag zur Verbesserung der Informationsgrundlagen über Studienkosten und Studienfinanzierung zu leisten und auf diese Weise zur Versachlichung der öffentlichen Diskussion beizutragen. Dabei wurde der Versuch unternommen, die deutsche Debatte durch einen differenzierten europäischen Vergleich anzureichern.

Der internationale Vergleich kann sich immer als bereichernd erweisen, wenn es darum geht, die Phantasie über mögliche Lösungen zu beflügeln – insbesondere dann, wenn wir versuchen, in komplexen Zusammenhängen die möglichen Wirkungen von Maßnahmen abzuschätzen, die im eigenen Lande zur Diskussion stehen. Allerdings muss eine international vergleichende Studie sich auch mit den Erfahrungen auseinandersetzen, dass oft kuriose Details aus anderen Ländern berichtet werden, Phänomene nicht selten aus ihrem Kontext gerissen werden,

Informationen falsch oder verzerrt dargestellt werden und die Frage der Übertragbarkeit von Befunden aus anderen Ländern nicht schlicht beantwortet werden kann (vgl. Teichler 1996).

Regelmäßig erscheinende Publikationen zum internationalen Vergleich quantifizierbarer Information zu Bildungsthematiken haben bisher Fragen von Studienkosten und -finanzierung kaum aufgenommen. Weder das *Statistical Yearbook* der UNESCO noch die jährlichen Publikationen der OECD zu Bildungsindikatoren greifen diese Thematik auf. Die Europäische Kommission berichtete in den *Key Data on Education in the European Union* im Jahre 1996 lediglich, wie hoch der Anteil der Studierenden in den verschiedenen EU-Mitgliedsstaaten ist, die Studienförderung erhalten. Es gibt jedoch einige spezielle Studien zur Studienförderung im internationalen Vergleich, die sowohl für die konzeptionelle Vorbereitung der hier vorliegenden Studie als auch zur Prüfung der Validität der Informationen hilfreich waren (siehe insbesondere Oijen, Smid und Broekmulen 1990; Williams und Furth 1990; Dams 1990; Freundlinger und Wolfschläger 1991; Wolfschläger 1991; Eicher und Chevaillier 1992; Deutsches Studentenwerk 1992; Williams 1992; Kaiser et al. 1993; Métais 1993; Vossensteyn 1995; Dohmen und Ullrich 1996; Deutsches Studentenwerk 1997; Eurydice 1999).

Mit dieser Studie sollten nicht nur die Grundinformationen besonders aktuell und valide bereitgestellt werden. Vielmehr wurde versucht, in drei Richtungen über den bisherigen Informationsstand hinauszukommen:

- Erstens war beabsichtigt, die vielfältigen Aspekte von Studienkosten und Studienfinanzierung möglichst vollständig darzustellen. Denn Analysen, die sich jeweils nur auf die Ausbildungsförderung, auf Studiengebühren oder die Studienfinanzierung konzentrieren, erweisen sich oft an Argumenten zu Belastungen, Chancen und Verhaltensfolgen als irreführend, wenn sie nicht das Zusammenspiel der wichtigsten finanziellen Kosten und Entlastungen berücksichtigen. Hinzu kommt, dass es eine Fülle von zusätzlichen Förderungen und Entlastungen gibt, die zur Abrundung des Bildes einzubeziehen sind.

- Zweitens war vorgesehen, nicht nur die Fakten von Kosten und Finanzierung zu erkunden, sondern die dem jeweiligen nationalen System zugrundeliegenden ordnungs-, bildungs-, sozial- und familienpolitischen Konzeptionen mit zu erfassen. Dies soll einen Einblick in die Vielfalt der Denkweisen gewährleisten – so zum Beispiel zeigen, worin die Aufgabe des Staates gegenüber der Hochschule besteht und welche soziale Rolle den Studierenden durch die Modalitäten ihrer Studienförderung beziehungsweise der Erwartung von Eigenfinanzierung zugeschrieben wird.

1 Einleitung 25

– Drittens sollte geprüft werden, welche systematischen Informationen in anderen Ländern über Zusammenhänge zwischen Studienkosten und -finanzierung einerseits und der Entscheidung für eine Studienaufnahme beziehungsweise einen Studienverzicht und dem Verhalten der Studierenden andererseits vorliegen. Gerade zur studienlenkenden Funktion des Systems der Studienkosten und -finanzierung wurden in den letzten Jahren in Deutschland eine Fülle von Spekulationen geäußert, aber nur sehr selten unterstützende Informationen präsentiert. Daher erschien es wertvoll, gerade auch zu diesem Thema gewonnene Erfahrungen und Forschungsergebnisse zusammenzutragen.

Eine Studie zu Studienkosten und -finanzierung sowie zu den Verhaltensauswirkungen von Kosten und Finanzierung im internationalen Vergleich lässt sich in einem überschaubaren Rahmen lediglich als Sekundärstudie durchführen. Wir können daher nur dann über Befunde berichten, wenn in den Vergleichsländern entsprechende systematische Informationen vorliegen. Wie in den folgenden Kapiteln sichtbar wird, können für viele der weitergehenden Themenbereiche der Studie nur zu ausgewählten Aspekten und Ländern Informationen bereitgestellt werden. Zudem soll an dieser Stelle nachdrücklich darauf hingewiesen werden, dass der internationale Vergleich von Studienkosten und Studienfinanzierung auf europäische Tendenzen und Trends hinweisen soll, aber keinesfalls eine genaue Abbildung der Realität sein kann. Denn Sekundärdaten der einzelnen Bildungssysteme liegen nur in ganz wenigen Ausnahmefällen so vor, dass sie einem exakten direkten Vergleich standhalten können.

Durchführung

Die Studie stellt die Situation der Studienkosten und -finanzierung in den Ländern der Europäischen Union (Ausnahmen: Luxemburg[3] und Wallonien) und in der Schweiz dar. Diese Auswahl wurde getroffen, da sich mit vielen der Länder grundlegende Gemeinsamkeiten in der Einschätzung der Rolle des Staates gegenüber dem Hochschulwesen ergeben, nachbarschaftlicher Vergleich verbreitet ist und obendrein eine Verzahnung von Studienfinanzierung und -kosten im Falle der mobilen Studierenden voranschreitet.

---

3 Auf die Einbeziehung von Luxemburg wurde verzichtet, weil es dort neben einer Technischen und einer Pädagogischen Hochschule lediglich eine fragmentarische Universität (*Centre Universitaire de Luxembourg*) gibt, an der die Studierenden ein oder zwei Jahre lang für ein Studium im Ausland vorbereitet werden; das Ausbildungsförderungssystem ist aus diesem Grunde ganz auf die Bedürfnisse der im Ausland studierenden Luxemburger zugeschnitten.

Tab. 1-1: **Experten/Ansprechpartner in den Ländern der Europäischen Union und in der Schweiz**

Land	Experten/Ansprechpartner	Institution
Dänemark	Susanne Anthony, Esbjørn Molander	*SUstyrelsen*, Kopenhagen
Schweden	Peter Andersson	*Ministry of Justice*, Stockholm
Finnland	Osmo Kivinen, Juha Hedman	*Research Unit for the Sociology of Education (RUSE), University of Turku*, Turku
Niederlande	Hans Vossensteyn	*Centre of Higher Education Policy Studies (CHEPS), University of Twente*, Enschede
Frankreich	Thierry Chevaillier, Jean-Claude Eicher	*Institut de Recherche sur l'Economie de l'Education (IREDU), Université de Bourgogne, Dijon Cedex*, Dijon
Belgien	Jan Fiers	*Education Law Centre*, Gent
Deutschland	Dieter Schäferbarthold	*Deutsches Studentenwerk*, Bonn
Österreich	Erich Schuster	*Bundesministerium für Wissenschaft, Verkehr und Kunst*, Wien
Schweiz	Elke Staehelin-Witt, Patrick Parisi	*B.S.S., Volkswirtschaftliche Beratung*, Basel
Irland	Patrick Clancy, Deirdre Kehoe	*Department of Sociology, University College Dublin*, Dublin
Vereinigtes Königreich	Gareth Williams, Sharon Jones	*Centre of Higher Education Studies, Institute of Education*, London
Spanien	José-Ginés Mora, Adela García	*Department of Applied Economics, University of Valencia*, Valencia
Portugal	Tânia Couto d'Oliveira, Pedro Telhado Pereira	*Faculdade de Economia, Universidade Nova de Lisboa*, Lissabon
Italien	Giuseppe Catalano, Paolo Silvestri	*National University Evaluation Council, Ministry of University and Scientific and Technological Research*, Rom
Griechenland	Vassiliki Georgiadou	*University of Athens*, Athen

Die Darstellung der Länder erfolgt nach geographischen Regionen: Nordeuropa (Dänemark, Schweden, Finnland), Mitteleuropa (Niederlande, Frankreich, Belgien, Deutschland, Österreich, Schweiz), Westeuropa (Irland, Vereinigtes Königreich) und Südeuropa (Spanien, Portugal, Italien, Griechenland). Die Veranschaulichung nach geographischen Bereichen wurde der alphabetischen Sortierung der Länder vorgezogen, da sich die Bildungssysteme in den einzelnen Regionen zum Teil sehr stark ähneln und somit eine thematisch-systematische Verortung der komplexen Thematik der Studienkosten und Studienfinanzierung in Europa ermöglichen.

1 Einleitung

In den Ländern, die in die Untersuchung einbezogen wurden, übernahmen Experten – überwiegend Wissenschaftlerinnen und Wissenschaftler aus Hochschulen und Forschungsinstituten und zum Teil auch Vertreter von Ministerien oder Organisationen, die mit der Studienförderung befasst sind (siehe Tab. 1-1) – die Aufgabe, das in ihrem Land verfügbare Material zu sondieren und einen Länderbericht zu erstellen.[4]

Dazu wurde ihnen ein ausführlicher Fragenkatalog vorgegeben. In Tab. 1-2 sind die Themenkomplexe dieses Katalogs übersichtlich dargestellt. Fünf zentrale Themen standen bei der Darstellung von Studienkosten, Studienfinanzierung und Studierverhalten europäischer Studierender im Brennpunkt der Betrachtung:

1. Grundinformationen zum Hochschulsystem, unter Berücksichtigung der den jeweiligen nationalen Systemen zugrunde liegenden ordnungs-, bildungs-, sozial- und familienpolitischen Konzeptionen,

2. möglichst vollständige Information zu Studienkosten und diesbezügliche Analyse auf Basis des Prototyps „Vollzeitstudierender im Erststudium",

3. die Beschreibung und synthetische Auswertung der Studienfinanzierungssysteme in Europa unter Berücksichtigung der jeweiligen zentralen „systemimmanenten" Aspekte,

4. eine Analyse, wieweit die Kosten des Studiums durch die direkte staatliche Studienfinanzierung gedeckt werden, und

5. Informationen über Zusammenhänge zwischen Studienkosten und Studienfinanzierung einerseits und dem Verhalten der Studierenden andererseits.

Die beteiligten Experten wurden gebeten, nach Möglichkeit über den Stand zur Thematik der Studienkosten und Studienfinanzierung im Jahr 1996 zu berichten und ansonsten die neuesten zur Verfügung stehenden Statistiken und Übersichten zu verwenden.[5] Dementsprechend gilt für die nicht explizit mit einer Jahreszahl ausgewiesenen Daten im Folgenden der Berichtsstand 1996.

---

[4] Die Länderberichte der Experten sind in einem unveröffentlichten Bericht des Wissenschaftlichen Zentrums für Berufs- und Hochschulforschung zusammengefasst (Schwarz, Daniel und Teichler 1998).

[5] Zudem wurden aktuelle Änderungen der Studienfinanzierungssysteme ab 1997 (z.B. Einführung von Studiengebühren im Vereinigten Königreich 1998, BAföG-Novelle in Deutschland im April 2001) in die Studie aufgenommen.

Tab. 1-2: Themen des Fragenkatalogs für die Länderberichte

I.	Bildungssystem: Entwicklungen und Zielsetzungen des Hochschul- und Studienfinanzierungssystems; aktuelle bildungs- und hochschulpolitische Diskussion; bildungspolitischer Rahmen • Daten zu demographischen, sozialen und ökonomischen Faktoren • Daten zum Bildungssystem (Struktur, Größe, staatlicher/privater Sektor) • Daten zu den Bildungsausgaben (nach Bildungssektoren und unter besonderer Berücksichtigung der Entwicklung der staatlichen Hochschulausgaben) • Informationen zum Hochschulzugang und zum Studienaufbau • Daten zur Bildungsbeteiligung und zur Sozialstruktur der Studierenden
II.	Direkte und indirekte Studienausgaben • Direkte Studienausgaben: Studiengebühren und andere hochschulbezogene Aufwendungen (Gebühren für Studentenwerk und Studentenvertretung sowie Verwaltungs- und Prüfungsgebühren) • Indirekte Studienausgaben: Aufwendungen für Studienmaterialien (Bücher, Fachzeitschriften, Computer) • Ausgaben für den Lebensunterhalt: Aufwendungen für Wohnen, Ernährung, Fahrten und Sonstiges (Freizeit, Kleidung, Körperpflege)
III.	Direkte staatliche Studienförderung • Staatliches Förderungssystem (verantwortliche Institutionen, Förderungsformen, Förderbeträge und Förderdauer) • Kriterien für die Gewährung und Aufrechterhaltung direkter staatlicher Studienförderung • Rückzahlungsmodalitäten im Falle von Darlehensförderung • Jährliche Gesamtausgaben des Staates für direkte Studienförderung • Gefördertenquote
IV.	Indirekte Studienförderung und Quellen der Studienfinanzierung • Leistungen des Staates und kommerzielle Vergünstigungen hinsichtlich der indirekten Studienkosten und Ausgaben für den Lebensunterhalt • Vergünstigungen bezüglich der sozialen Absicherung von Studierenden • Familienlastenausgleich: Transfers an die Eltern der Studierenden (Kindergeld, Steuerentlastungen durch Kinder- oder Ausbildungsfreibeträge) • Unterstützung der Studierenden durch ihre Eltern • Unterstützung der Studierenden durch ihre Hochschule • Einnahmen der Studierenden durch eigene Erwerbstätigkeit
V.	Studierverhalten • Studienneigung und Bildungsbeteiligung • Studienintensität (Teilzeitstudium, Erwerbstätigkeit neben dem Studium) • Studiendauer und Studienunterbrechung/-abbruch

Sofern nicht anders vermerkt, beruhen sämtliche im Folgenden genannten Angaben auf den von den Experten verfassten Länderberichten und gelten für Vollzeitstudierende im Erststudium an einer staatlichen und weitgehend öffentlich finanzierten Universität. Sämtliche monetären Angaben sind der Vergleichbarkeit halber von der jeweiligen Landeswährung zunächst in DM und anschließend in Euro umgerechnet worden; dabei wurde jeweils auf ganzzahlige Werte gerundet.

Gliederung

Die Studie gliedert sich in acht Kapitel. In Kapitel 2 werden die Bildungssysteme der Vergleichsländer unter Berücksichtigung der Bedingungen für den Hochschulzugang, der Modalitäten für die Hochschulzulassung sowie der Angaben zur Studiendauer analysiert. Zudem werden Daten zur Studienbeteiligung und zum Studium – insbesondere unter Berücksichtigung der Zahl der Studierenden im universitären Erststudium – aufgezeigt.

Im dritten Kapitel werden die Gesamtausgaben, welche die einzelnen Studierenden im Rahmen ihres Studiums aufbringen müssen, dargestellt und im europäischen Kontext verglichen. Dafür werden zunächst alle Ausgaben, die ein Studierender im Durchschnitt tätigt, länderspezifisch analysiert. Hierbei wird insbesondere auf eine systematische Darstellung der verschiedenen Arten von Studienausgaben Wert gelegt (z.b. Studienmaterialien, Wohnkosten, Fahrtkosten). In Kapitel 4 werden die direkten staatlichen Studienfördermaßnahmen, die ein Studierender erhält, näher betrachtet. Direkte staatliche Studienförderung, d.h. alle monetären Leistungen, die der Staat direkt an die Studierenden zahlt, werden in europäischen Ländern in unterschiedlicher Form gewährt. So wird zunächst ein Überblick darüber gegeben, welche Studienförderungsformen in Europa bestehen, und dann in detaillierter Form für die fünfzehn Länder der Studie aufgezeigt, wie viel staatliche Förderung die einzelnen Studierenden monatlich erhalten und welche sozioökonomischen und studienbezogenen Bedingungen sie für den Erhalt der staatlichen Förderleistungen erfüllen müssen. Anschließend werden im Kapitel 5 die indirekten staatlichen Förderungsmaßnahmen für Studierende dargestellt. Indirekte staatliche Förderungsleistungen sind definiert als Leistungen, die dem Studierenden indirekt, das heißt in der Regel: bei der Tätigung bestimmter Ausgaben, zugute kommen (z.B. subventioniertes Essen, Wohnen). Aufgrund der unzureichenden Datenlage ist es hier nicht möglich, diese Leistungen pro Studierenden des jeweiligen Landes exakt darzustellen; deshalb enthält Kapitel 5 in erster Linie Informationen über die verschiedenen Arten der indirekten Förderung, über die finanziellen Größenordnungen und gegebenenfalls den Empfängerkreis der Transferleistungen und Vergünstigungen.

In Kapitel 6 wird eine Kostenbilanz zu den Einnahmen aus direkter staatlicher Förderung und den Studien- und Lebenshaltungskosten eines Studierenden erstellt. Diese Bilanz zeigt, wie hoch die monatlichen Einnahmen pro Studierenden aus der direkten staatlichen Studienförderung im Vergleich zu den durchschnittlichen monatlichen Ausgaben sind.

Kapitel 7 geht der Frage nach, welche Zusammenhänge in den jeweiligen nationalen Hochschulsystemen zwischen finanziellen Belastungen und Entlastungen einerseits und der Bildungsbeteiligung, dem Studienverlauf und dem Studienerfolg andererseits bestehen. Kapitel 8 bietet schließlich eine zusammenfassende Darstellung der Trends und Analysen und gibt einen Ausblick auf zukünftige Forschungsfelder im Bereich der Hochschul- und Studienfinanzierung.

Die Bibliographie benennt im ersten Teil – „Verwendete Literatur" – diejenigen Artikel, Dokumente und Texte, welche der Studie als zentrale Referenzmaterialien dienten. Im zweiten Teil weist die „Weiterführende Literatur" umfangreich auf nationale und internationale Materialien zu Studienkosten, Studienfinanzierung und Studierverhalten hin und bietet somit dem interessierten Leser die Möglichkeit, sich zu diesem komplexen Forschungsfeld einen detaillierten Einblick zu verschaffen.

Im Anhang werden schließlich sämtliche in den Kapiteln zuvor aufgeführten Angaben zu den einzelnen Ländern und Schwerpunktthemen noch einmal systematisch in Synopsen zusammengestellt, so dass zum einen ein weitreichender Überblick gegeben ist und zum anderen der direkte Vergleich der nationalen Systeme mit Bezug auf bestimmte Themen ermöglicht wird.

2 Hochschulsysteme in Europa

2.1 Hochschul- und Studiengangstypen

Bei jedem Versuch, übergreifende Aussagen über die Hochschulsysteme in den Mitgliedsstaaten der Europäischen Union und ihrer Nachbarstaaten zu machen, ist durch die offenkundige Vielfalt zur Vorsicht geraten (siehe die Übersichten im Themenheft „Student Costs and Financing" des *European Journal of Education*, Jg. 34, 1999, H. 1). So ist es kein Zufall, dass die Entscheidung der Mitgliedsländer der Europäischen Gemeinschaft Mitte der siebziger Jahre, auch die Hochschulpolitik als eine Aufgabe der Europäischen Gemeinschaft zu verankern, unter der Bedingung getroffen wurde, bei allen Aktivitäten die Vielfalt der bestehenden europäischen Hochschulsysteme zu respektieren. Dennoch sind einige Gemeinsamkeiten zu erkennen, und bei den meisten quantitativen und strukturellen Merkmalen der Hochschulsysteme zeichnen sich zumindest Gruppen von Ländern ab.

In der Mehrzahl der Länder, die der EU angehören und mit ihr eng wirtschaftlich verknüpft sind, besteht schon seit einiger Zeit eine Unterscheidung zwischen einem universitären und einem nichtuniversitären Bereich. Für den universitären Bereich sind eine enge Verknüpfung von Forschung und Lehre sowie das Recht der Verleihung des Doktorgrades kennzeichnend. Mit Ausnahme Frankreichs haben die Universitäten traditionell auch das höhere Prestige und die im Durchschnitt höhere Attraktivität für die erfolgreichsten Schüler.

Die Bedingungen für den Hochschulzugang und die Modalitäten der Hochschulzulassung sind von Land zu Land sehr unterschiedlich. Dennoch wird in bilateralen bzw. multilateralen Verträgen und in Einzelentscheidungen zur Aufnahme mobiler Studierender gewöhnlich unterstellt, dass die Schulabschlüsse, die jeweils auf 12- oder 13-jähriger Schulzeit basieren, eine europaweit mehr oder weniger gleiche Basis haben.

In fast allen der hier behandelten Länder Europas beträgt das typische universitäre Studium rund vier bis fünf Jahre und endet mit einem Abschluss, der im internationalen Vergleich als master-äquivalent angesehen wird. In Medizin überwiegt eine sechsjährige Studiendauer. Ein erster Studienabschluss nach überwiegend drei Studienjahren mit einem Bachelor-Abschluss, der für die Mehrheit das

Ende des Studiums darstellt, existiert lediglich im Vereinigten Königreich und in Irland. Nur in diesen beiden Ländern bezieht sich das bedürfnisbezogene öffentliche Studienförderungssystem lediglich auf das Studium bis zu einem Bachelor-Abschluss.

Daneben wurde Ende der 80er Jahre ein Bachelor-Abschluss in Dänemark in fast allen Studienfächern eingeführt; in Finnland haben die Universitäten seit Mitte der 90er Jahre die Möglichkeit, einen Bachelor-Abschluss nach einem dreijährigen Studium zu verleihen. In Frankreich erwerben Studierende der Geistes- und Naturwissenschaften an den Universitäten nach drei erfolgreichen Studienjahren eine *Licence*. Der Abschluss stellt jedoch in allen drei Ländern für die Mehrzahl der Studierenden nur eine Zwischenstufe auf dem Weg zum Erwerb eines master-äquivalenten Abschlusses dar. In Deutschland haben die Hochschulen seit der 1998 verabschiedeten Novellierung des Hochschulrahmengesetzes die Möglichkeit, probeweise Studiengänge einzurichten, die mit einem Bachelor- oder Mastergrad abschließen; die empfohlene Regelstudienzeit für das Bachelorstudium liegt wahlweise bei drei oder vier Jahren (KMK und HRK 1999, S. 72). In Schweden sind für den universitären Abschluss in einigen Studienfächern nur drei Jahre erforderlich. In all diesen Ländern bezieht das bedürfnisbezogene Studienförderungssystem das universitäre Studium bis zum Erwerb eines master-äquivalenten Abschlusses ein.

Andere Hochschulen variieren in den europäischen Ländern in ihrer Funktion und in der typischen Dauer der Studiengänge mehr als Universitäten. Die meisten von ihnen betonen anwendungsorientierte Akzente des Studiums; Forschung ist nicht oder nur eingeschränkt (so als ausschließlich angewandt, als Aufgabe nur für einen Teil der Dozenten o.ä.) die explizite Aufgabe dieser Institutionen. Die Dauer der Studiengänge reicht von zwei bis zu vier Jahren. Manche Institutionen bieten auch kürzere Studiengänge an, die mit einem Zertifikat abgeschlossen werden.

Nur in einem Teil der europäischen Länder wird in Übersichten zum Hochschulsystem die Gliederung nach Hochschultypen in den Vordergrund gestellt. Man kann folgende Strukturmodelle unterscheiden:

– Fast ausschließlich universitäre Langstudiengänge bestehen in Italien. Die Zahl der jüngst eingerichteten anwendungsorientierten Kurzstudien ist so klein, dass weiterhin der Eindruck eines einheitlichen Systems vorherrscht.

– Der Aufbau eines zweiten Hochschultyps neben den Universitäten erfolgte in den 90er Jahren in Finnland, Österreich und der Schweiz. Eine relativ klare

Zwei-Typen-Struktur besteht seit längerem in Deutschland, Griechenland und in den Niederlanden.
- Eine Mischstruktur von Hochschultypen, Studiengangsstufen und einer Ansiedlung verschiedener Studiengangstypen an einem Hochschultyp besteht in Belgien, Frankreich, Portugal, Schweden und Spanien.
- Studiengangsstufen in einer mehr oder weniger einheitlichen institutionellen Struktur prägen primär die strukturelle Konfiguration im Vereinigten Königreich und in Irland, seitdem im Vereinigten Königreich 1992 die *Polytechnics* zu Universitäten aufgewertet wurden.

Der Rat der Europäischen Gemeinschaft setzte im Dezember 1988 in seiner Entschließung zur beruflichen Anerkennung von Hochschulabschlüssen die Dauer des Hochschulstudiums zum ausschließlichen Vergleichskriterium für die Eintrittsebene in hochqualifizierte Berufe fest. Absolventen eines zumindest dreijährigen Studiums an einer im Mitgliedsland anerkannten Hochschule – gleichgültig, welchen Hochschultyps – sind demnach im Prinzip als hochqualifizierte Arbeitskräfte in allen europäischen Ländern anzuerkennen. Jedoch kann das einzelne Land ergänzende Qualifikationen fordern; in diesem Fall ist zu sichern, dass Absolventen anderer Länder die Gelegenheit zur ergänzenden Qualifizierung in Studium und Praxis bzw. zum Nachweis der entsprechenden Qualifikationen in Prüfungen erhalten.

2.2 Daten zur Studienbeteiligung und zum Studium

Die Studienanfängerquoten variieren zwischen den europäischen Ländern deutlich. Brauchbare vergleichbare Daten dazu liegen kaum vor. Die Europäische Kommission publiziert in ihren „Schlüsselzahlen zum Bildungswesen" keine Studienanfängerquote (Europäische Kommission 1997); ohnehin ist zu bedenken, dass bei Daten zu Studenten an Hochschulen und Hochschulabsolventen (z.T. taucht im Text der Terminus „Hochschule" und z.T. „tertiärer Bereich" auf, ohne dass sich die Daten systematisch unterscheiden) auch Lernende von manchen Institutionen bzw. Abschlüsse einbezogen werden, die in den einzelnen Ländern nicht als Teil des Hochschulwesens verstanden werden: so in Deutschland Fachschulen, Schulen des Gesundheitswesens sowie Techniker- und Meisterabschlüsse.

Die OECD stellt in ihren Publikationen die Zahl der Studierenden bzw. Studienanfängergruppen in den Vordergrund. Sie unterschied ferner in ihrer Übersicht für 1996, die hier herangezogen wird, bei den Studiengängen zwischen *university-level education*, die zumindest zu einem bachelor-äquivalenten Abschluss führt, und *non-university tertiary education*, wozu die zweijährigen Studiengänge an Hochschulen oder auch die oben genannten Fachschulen und Technikerausbildungen in Deutschland gezählt werden. Für eine vergleichende Betrachtung von deutscher Seite aus sind die OECD-Daten der *net entry rate for university-level education* am brauchbarsten.

Wie Tabelle 2-1 zeigt, stellt die OECD nicht zu allen Ländern, die in diese Untersuchung einbezogen worden sind, Daten bereit. Unter Berücksichtigung der aus den Ländern vorliegenden Statistiken kann jedoch festgestellt werden, dass Mitte der 90er Jahre laut Quellen der OECD

- Finnland und das Vereinigte Königreich die einzigen Länder sind, in denen – nach einer rasanten Steigerung innerhalb weniger Jahre – die Studienanfängerquote über 40 Prozent lag,

- in der Mehrzahl der untersuchten Länder, darunter Deutschland, zwischen einem Viertel und einem Drittel des Jahrganges ein Hochschulstudium aufnahmen und

- nur in Griechenland, Portugal und der Schweiz ein deutlich kleinerer Anteil von Studierenden an Hochschulen zu verzeichnen ist.

Tab. 2-1: Studienanfängerquote in Hochschulstudiengängen in ausgewählten europäischen Ländern 1996 laut Angaben der OECD*

Land	Männer	Frauen	Gesamt
Dänemark	26	43	35
Schweden	..	..	..
Finnland	44	47	45
Niederlande	32	36	34
Frankreich	..	..	33
Belgien	..	..	..
Deutschland	28	27	27
Österreich	26	31	29
Schweiz	17	14	16
Irland	28	30	29
Vereinigtes Königreich	39	43	41
Spanien	..	..	..
Portugal	..	..	..
Italien	..	..	..
Griechenland	..	..	18

* Studienanfänger in Studiengängen, die zumindest zu einem bachelor-äquivalenten Abschluss führen, in Prozent der entsprechenden Altersgruppe.

Quelle: OECD 1998, S. 183.

2 Hochschulsysteme in Europa 35

Zu bedenken ist jedoch, dass ein sehr großer Anteil von Griechen im Ausland studiert und dass zu dem genannten Zeitpunkt der Prozess der Aufwertung von Fachschulen zu Fachhochschulen in der Schweiz noch nicht abgeschlossen war. Somit kann man davon sprechen, dass eine Studienanfängerquote von mindestens 20 Prozent in Westeuropa Mitte der 90er Jahre zur Norm geworden war. Die Studienanfängerquote von 27 Prozent in Deutschland laut OECD-Statistiken entsprach fast genau dem Durchschnitt der in diese Studie einbezogenen Länder, für die der OECD vergleichbare Daten vorlagen.

Die Hochschul-Informations-System GmbH (HIS) hat für ausgewählte europäische Länder ebenfalls eine Quote der Studienanfänger errechnet (Kazemzadeh und Teichgräber 1998, S. 66). Die Aussagen zur Definition des einbezogenen Bereichs an Institutionen und Studiengängen zeigen, dass die Definition von HIS und OECD sehr ähnlich sind. Die OECD versucht lediglich, die Personen nicht mehrfach zu zählen, die mehr als einmal ein Studium beginnen. Anzumerken ist allerdings, dass die Studienanfängerquoten in den Niederlanden und in Schweden, die in der OECD-Statistik nicht genannt wurden, in der HIS-Analyse sehr hoch erscheinen, wenn man sie mit anderen zur Verfügung stehenden Quellen vergleicht. HIS nennt für 1995 Studienanfängerquoten von

- 54,7 Prozent (1994) in den Niederlanden,
- 49,1 Prozent in Schweden,
- 38,5 Prozent im Vereinigten Königreich,
- 35,3 Prozent in Frankreich,
- 29,0 Prozent in Deutschland,
- 28,4 Prozent in Österreich und
- 17,2 Prozent in der Schweiz.

Dem *UNESCO Statistical Yearbook* (1997) zufolge variiert die Zahl der Studierenden, die im universitären Erststudium eingeschrieben sind, in Europa stark (siehe Tab. 2-2). Im europäischen Vergleich sind

- das Vereinigte Königreich, Italien und Deutschland als Länder mit überdurchschnittlich hoher Anzahl Studierender (952.000 bis 1,86 Millionen) ausgewiesen,
- Belgien, Finnland, Griechenland, Österreich, die Niederlande und Portugal mit einer wesentlich niedrigeren Anzahl Studierender (etwa 145.000 bis 287.000) und

- die Schweiz und Dänemark mit jeweils etwa 73.000 und 85.000 Studierenden als Länder mit vergleichsweise sehr geringen Studierendenzahlen zu bezeichnen.

Für Irland, Schweden und Spanien bestehen keine Angaben für Studierende im universitären Erststudium.

Tab. 2-2: Zahl der Studierenden im universitären Erststudium in ausgewählten europäischen Ländern laut Angaben der UNESCO (ISCED-Level 6)

Land	Jahr	Zahl der Studierenden
Dänemark	1994/95	84.664
Schweden	..	..
Finnland	1994/95	145.492
Niederlande	1993/94	282.424
Frankreich	1993/94	1.415.784
Belgien	1993/94	144.759
Deutschland	1994/95	1.856.542
Österreich	1994/95	241.262
Schweiz	1993/94	72.614
Irland	..	..
Vereinigtes Königreich	1993/94	951.794
Spanien	..	..
Portugal	1994/95	286.692
Italien	1994/95	1.660.747
Griechenland	1992/93	213.595

Quelle: UNESCO 1997.

In welchem Umfange in Europa studiert wird, lässt sich nur bedingt aus Studienanfängerquoten erschließen. Denn die durchschnittliche Studierdauer bis zu einem Studienabschluss variiert von etwa dreieinhalb Jahren von Bachelor-Abschlüssen im Vereinigten Königreich bis zu fast sieben Jahren oder sogar darüber bei universitären Abschlüssen in Österreich, Finnland, Deutschland, Italien und Spanien. Auch variiert die durchschnittliche Studienerfolgsquote zwischen über 80 Prozent im Vereinigten Königreich und etwa 35 Prozent in Italien.

Ein im Hinblick auf Studienförderung wohl brauchbarerer Wert ist die Schätzung der OECD, wie viele Jahre bis zum ersten Abschluss im Durchschnitt pro Kopf der Bevölkerung in der entsprechenden Altersgruppe studiert werden (siehe Tab. 2-3).

Diese durchschnittliche Studiendauer pro Kopf der Bevölkerung
- ist in Finnland mit 3,2 Jahren besonders hoch,
- beträgt in der Mehrzahl der europäischen Länder zwischen 2,0 und 2,7 Jahren,
- ist in Deutschland mit 1,9 und in der Schweiz mit 1,5 Jahren besonders niedrig.

Tab. 2-3: Geschätzte durchschnittliche Studiendauer pro Kopf der Bevölkerung in ausgewählten europäischen Ländern 1995*

Land	Männer	Frauen	Insgesamt
Dänemark	2,0	2,5	2,3
Schweden	1,9	2,5	2,2
Finnland	3,0	3,4	3,2
Niederlande	2,3	2,2	2,2
Frankreich	2,3	2,9	2,6
Belgien	2,6	2,8	2,7
Deutschland	2,0	1,8	1,9
Österreich	2,0	2,0	2,0
Schweiz	1,8	1,1	1,5
Irland	2,1	2,2	2,2
Vereinigtes Königreich	2,3	2,3	2,4
Spanien	2,3	2,6	2,5
Portugal	1,7	2,2	2,0
Italien	..	..	..
Griechenland	2,1	2,1	2,1

* Erwartete durchschnittliche Dauer des Studiums in den Studiengängen, die mindestens zu einem bachelor-äquivalenten Abschluss führen, pro Kopf der Bevölkerung im Alter von 17 Jahren im Jahr 1995.

Quelle: OECD 1998, S. 184.

In den meisten europäischen Ländern wird nicht eindeutig zwischen Vollzeit- und Teilzeitstudierenden unterschieden. Wo das der Fall ist – insbesondere im Vereinigten Königreich und in den Niederlanden – beträgt der Anteil der Teilzeitstudierenden weniger als 25 Prozent.

Schließlich ist das Alter der Studierenden eine wichtige Grundinformation im Rahmen einer Studie zu Kosten und Finanzierung des Studiums. Die OECD errechnete das typische Alter des zwanzigsten, des fünfzigsten und des achtzigsten Perzentils der Studienanfänger (siehe Tab. 2-4).

Tab. 2-4: Alter bei Studienbeginn in ausgewählten europäischen Ländern 1996*

Land	20. Perzentil	50. Perzentil	80. Perzentil
Dänemark	21,4	23,6	29,4
Schweden (1995)	20,1	22,1	28,8
Finnland	19,8	21,4	26,5
Niederlande	18,7	20,2	24,0
Frankreich (1995)	18,3	18,9	20,0
Belgien	..	..	..
Deutschland	20,1	21,6	25,0
Österreich	19,1	20,4	23,4
Schweiz	20,2	21,3	23,4
Irland	18,0	18,6	19,4
Vereinigtes Königreich	18,5	19,5	24,3
Spanien	..	..	..
Portugal	..	..	..
Italien	..	..	..
Griechenland	18,5	19,4	20,5

* Alter des 20sten, 50sten und 80sten Perzentils der Studienanfänger in Studiengängen, die zu einem mindestens bachelor-äquivalenten Abschluss führen.

Quelle: OECD 1998, S. 183. (Daten von 1995 aus OECD 1997, S. 164.)

Nach der Altersverteilung der Studienanfänger lassen sich drei Gruppen von Ländern bilden:

– Länder, in denen fast alle Studierende ihr Studium sehr jung beginnen: Frankreich, Griechenland und Irland;

– Länder, in denen das Alter beim Studienbeginn in gewissem Umfang streut: Österreich, Deutschland, die Niederlande, die Schweiz und das Vereinigte Königreich;

– Länder mit einem bemerkenswert großen Anteil älterer Studierender: Dänemark, Finnland und Schweden.

Wie später ausgeführt wird, besteht die Tendenz, ein Studium mit vergleichsweise höherem Alter aufzunehmen, eher in Ländern mit ganz oder weitgehend elternunabhängiger Förderung als in Ländern mit elternabhängiger Förderung.

3 Direkte und indirekte Studienausgaben in Europa

3.1 Einführung in die Thematik

Um die Studienfinanzierung im europäischen Vergleich zu bilanzieren, werden in der vorliegenden Studie jene Ausgaben, die den Studierenden im Rahmen ihres Studiums entstehen, ihren Einnahmen – sowohl in Form von direkter staatlicher Studienförderung als auch in indirekter Weise mittels staatlicher Transferleistungen und kommerzieller Vergünstigungen – gegenübergestellt. Dementsprechend erfolgt in diesem Kapitel zunächst eine detaillierte Analyse aller empirisch erfassbaren Studienausgaben, bevor in den nachfolgenden Kapiteln die Förderung seitens des Staates sowie sonstige Leistungen und Vergünstigungen für Studierende Gegenstand der Untersuchung sein werden.

Studienausgaben lassen sich in drei Kategorien einteilen: direkte Studienausgaben, indirekte Studienausgaben und Ausgaben für den Lebensunterhalt.

1. Unter direkten Studienausgaben werden jene Aufwendungen verstanden, die unmittelbar an die Hochschulen zu zahlen sind. Dies sind zum einen Studiengebühren und zum anderen Gebühren für die Studentenvertretung sowie sonstige Leistungen von Seiten des Studierenden an die Hochschule. Johnstone definiert direkte Studienausgaben wie folgt: „Tuition fees are charges levied upon students, or upon students and their parents, that cover some proportion of the underlying costs of higher education. Tuition fees are related to the institutional costs of instruction and are thus distinct from charges related to the costs of student living, or maintenance – for example, room, board, laundry [and] transportation." (Johnstone 1992, S. 1501.)

2. Als indirekte Studienausgaben gelten die Ausgaben des Studierenden für Studienmaterialien wie zum Beispiel für Bücher und Fachzeitschriften, Schreibutensilien sowie die Anschaffung eines Computers samt Zubehör.

3. Ausgaben für den Lebensunterhalt subsumieren sämtliche Ausgaben des Studierenden, die nicht unmittelbar in Zusammenhang mit dem Studium stehen und in ähnlicher Weise auch bei anderen Beschäftigungen anfallen: Dies sind unter anderem Wohn- und Fahrtkosten, Ausgaben für Ernährung und

sonstige persönliche Aufwendungen, etwa für Kleidung, Urlaubsreisen und Genussmittel.

Im Folgenden werden sämtliche Studienausgaben europäischer Studierender zunächst für die einzelnen Länder dargestellt und anschließend im internationalen Kontext verglichen. Dabei erfährt die erste Kategorie – direkte Studienausgaben – eine gesonderte Darstellung. Die zweite und dritte Kategorie – indirekte Studienausgaben und Ausgaben für den Lebensunterhalt – werden aufgrund ihrer engen inhaltlichen Verbindung jeweils gemeinsam in einem Abschnitt behandelt. Sofern nicht anders vermerkt, sind die direkten Studienkosten als Maximalwerte pro Jahr und Person angegeben, während die indirekten Studienausgaben sowie die Ausgaben für den Lebensunterhalt als Durchschnittswerte pro Monat und Person angeführt werden (siehe Synopsen 3-1 und 3-2).

3.2 Einzeldarstellungen für die Länder

Dänemark

Direkte Studienausgaben

An dänischen Hochschulen werden keinerlei Studiengebühren erhoben: „Tuition in higher education at Danish public and most private institutions is free. ... This educational level consists exclusively of public institutions. Tuition-, entrance examination-, course examination and administration fees and other education-related charges are therefore non-existent items at higher education institutions in Denmark." (Anthony und Molander 1998, S. 7.) Die Befreiung der Studierenden von Studiengebühren entspricht dem Prinzip der Chancengleichheit, welches in allen skandinavischen Ländern Grundlage der Bildungspolitik ist.

In Dänemark ist die Mitgliedschaft in einer Studierendenorganisation freiwillig, und die Gebühren liegen in der moderaten Höhe von etwa EUR 20 pro Jahr.

Indirekte Studienausgaben und Ausgaben für den Lebensunterhalt

Dänische Studierende geben etwa EUR 713 monatlich für ihren Lebensunterhalt aus.[1] Davon entfallen EUR 32 auf Studienmaterialien, EUR 260 auf Mietkosten,

---

[1] In Dänemark werden keine Statistiken über die soziale Situation der Studierenden erhoben. Dänische Bildungsexperten gehen jedoch davon aus, dass sich die Ausgaben Studierender nicht wesentlich von den Ausgaben dänischer Bürger der Altersgruppe 20 bis 28 Jahre unterscheiden. Die im Text genannten Werte beruhen auf entsprechenden Daten der dänischen Verbraucherbehörde und einer Studie der Universität Kopenhagen (Anthony und Elbrus 1997).

EUR 255 auf Lebensmittel, EUR 13 auf Fahrtkosten und EUR 153 auf sonstige Ausgaben.

Die Kosten für Studienmaterialien variieren deutlich in Abhängigkeit von dem gewählten Studienfach. Medizinstudenten beispielsweise wenden durchschnittlich EUR 80 für Fachliteratur auf, während Studierende der Wirtschaftswissenschaften im Mittel EUR 48 und Studierende der Geisteswissenschaften lediglich EUR 11 für Fachbücher zahlen.

Die Höhe der Mietkosten hingegen unterscheidet sich stark nach der Wohnform. Studierende, die ein Apartment gemietet haben, geben dafür durchschnittlich EUR 321 im Monat aus. Ein Zimmer im Studentenwohnheim wird im Mittel für EUR 116 vermietet. 73 Prozent der dänischen Studierenden, die sich 1994 erstmals immatrikuliert haben, wohnen zur Miete in einer Wohnung, 15 Prozent in Wohnheimen und lediglich 12 Prozent zu Hause bei den Eltern (siehe Tab. 3-1).

Für Dänemark liegen zusätzlich Informationen zum Zusammenhang zwischen der Wohnform und dem Alter der Studierenden vor. Wie aus Tab. 3-1 hervorgeht, verändert sich die bevorzugte Wohnform mit zunehmendem Alter. So leben über 40 Prozent der 18- bis 21-jährigen Studienanfänger zu Hause, während der Vergleichswert in der Altersgruppe 26 bis 30 Jahre nur noch bei zwei Prozent und schließlich in der Gruppe der über Dreißigjährigen bei null Prozent liegt. Lediglich vier Prozent aller Studierenden wohnen zur Untermiete in privaten Haushalten.

Tab. 3-1: Wohnform der Studierenden in Dänemark zum Zeitpunkt der Erstimmatrikulation 1994 (nach Altersgruppen, in %)

Wohnform	Alter zum Zeitpunkt der Immatrikulation				Alle Altersgruppen
	18 – 21 J.	22 – 25 J.	26 – 30 J.	> 30 J.	
Mietwohnung	14	33	35	42	34
Wohngemeinschaft	29	14	19	23	15
Studentenwohnheim	14	17	12	0*	15
Elternhaushalt	43	16	2	0	12
Eigentumswohnung	0	8	16	28	12
Sonstige	1	12	16	7	12
Gesamt	101	100	100	100	100

* Das Wohnen in Studentenwohnheimen ist Studierenden bis zum Alter von 30 Jahren vorbehalten.

Schweden

Direkte Studienausgaben

Schwedische Studierende zahlen, wie die Studierenden in anderen skandinavischen Ländern auch, keine Studiengebühren. Sie sind jedoch verpflichtet, pro Jahr einen Betrag von durchschnittlich EUR 100 an die Studierendenorganisation ihrer Hochschule zu entrichten. Da in großen schwedischen Universitäten üblicherweise mehrere Studentenorganisationen vertreten sind, die unterschiedlich hohe Beiträge erheben, kann der Betrag auch innerhalb einer Universität variieren.

Indirekte Studienausgaben und Ausgaben für den Lebensunterhalt

Schwedische Studierende geben monatlich jeweils EUR 600 für ihren Lebensunterhalt aus. Davon entfallen EUR 41 auf Studienmaterialien, EUR 245 auf die Mietkosten, EUR 164 auf Lebensmittel, EUR 44 auf Fahrtkosten und EUR 106 auf sonstige Ausgaben.[2]

Je nach gewähltem Studienfach fallen unterschiedlich hohe Ausgaben für Studienmaterialien an. Insbesondere die Teilnahme an medizinischen Kursen und an Lehramtsstudiengängen erfordert größere Investitionen in Arbeitsmittel und Fachliteratur.

Die Wohnkosten und somit auch die Lebenshaltungskosten differieren vor allem nach der Wohnform. Studierende, die zu Hause wohnen, tragen Mietkosten von lediglich EUR 111 im Monat, wohingegen ein Studentenzimmer für durchschnittlich EUR 245 und ein Apartment sogar für EUR 370 im Mittel vermietet werden. Somit kann der oben angegebene Durchschnittswert für die Mietausgaben lediglich als Richtwert angesehen werden.

In Bezug auf die Wohnsituation erweisen sich schwedische Studierende als heterogene Gruppe (siehe Abb. 3-1). Etwa ein Drittel der Studierenden wohnt allein oder ist allein erziehend, ein weiteres Drittel wohnt mit der Partnerin oder dem Partner und gegebenenfalls mit einem oder mehreren Kindern zusammen. 14 Prozent aller Studierenden wohnen bei den Eltern oder Verwandten, und nur zehn Prozent leben im Studentenwohnheim. Ein noch geringerer Anteil der Studierenden wohnt in Wohngemeinschaften: Nur jeder 14. Studierende entscheidet sich für diese Wohnform.

---

2 Diese Angaben beziehen sich auf alleinlebende Studierende.

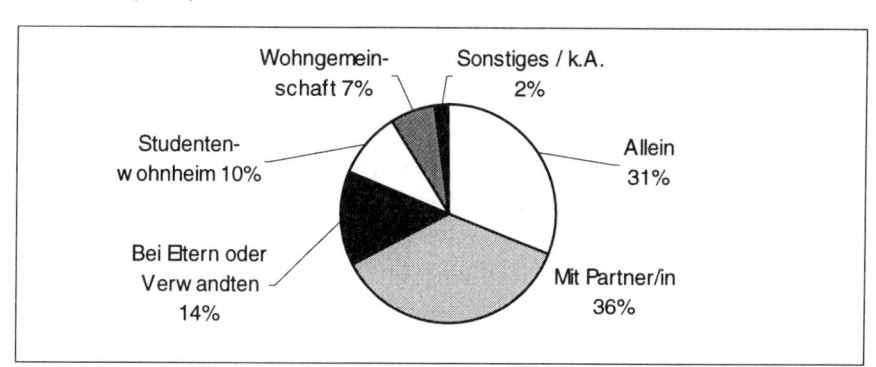

Abb. 3-1: Wohnformen der Studierenden in Schweden im Herbstsemester 1996 (in %)

- Wohngemeinschaft 7%
- Sonstiges / k.A. 2%
- Studentenwohnheim 10%
- Allein 31%
- Bei Eltern oder Verwandten 14%
- Mit Partner/in 36%

Finnland

Direkte Studienausgaben

Gemäß dem in nordischen Ländern geltenden Prinzip der Chancengleichheit sind auch im finnischen Hochschulsystem keine Studiengebühren vorgesehen: „In Finland – as in other Nordic welfare states – the central goal has been to provide equal opportunities for students with differing economic opportunities. In this spirit no actual charges are collected for tuition, entrance examinations, administration or course examinations." (Kivinen und Hedman 1998, S. 7.) Finnische Studierende sind jedoch verpflichtet, einen Beitrag von etwa EUR 81 an die Studentenorganisation ihrer Hochschule zu zahlen. Die Mitgliedsbeiträge für die einzelnen Organisationen, die unter dem Dachverband SYL zusammengeschlossen sind, variieren mitunter erheblich.

Indirekte Studienausgaben und Ausgaben für den Lebensunterhalt

Für ihren Lebensunterhalt geben Studierende in Finnland monatlich etwa EUR 532 aus. Diese Summe ist aufgegliedert in EUR 154 für Mietkosten, EUR 117 für Lebensmittel, EUR 48 für Fahrtkosten und EUR 213 für sonstige Lebenshaltungskosten.[3] Eine empirische Studie, die an ausgewählten finnischen Universitäten durchgeführt wurde, kommt zu ähnlichen Ergebnissen. Der Anteil der Mietkosten an den Gesamtkosten liegt dort jedoch mit 37 Prozent höher als der hier ermittelte Wert von 29 Prozent (Ritakallio 1995).

---

3 Zu den indirekten Studienausgaben liegen keine Angaben vor.

Finnische Studierende, die bei ihren Eltern wohnen, tätigen im Vergleich zu Studierenden, die nicht mehr im Elternhaus leben, weitaus geringere Ausgaben für ihren Lebensunterhalt. Ihnen steht somit eine größere Summe für Freizeitbeschäftigungen und Genussmittel zur Verfügung, und zwar EUR 69 gegenüber EUR 58.

Wie aus Tab. 3-2 hervorgeht, hat sich die Verteilungsstruktur der Lebenshaltungskosten finnischer Studierender in den letzten 30 Jahren nicht wesentlich geändert. Der Ausgabenanteil für Ernährung und Kleidung ist in den letzten Jahren etwa in dem Maße zurückgegangen, wie der Anteil der Wohnkosten an allen Lebenshaltungskosten gestiegen ist.

Tab. 3-2: Entwicklung der studentischen Lebenshaltungskosten in Finnland von 1964 bis 1994 (in %)

	1964	1969	1972	1973	1977	1980	1984	1992	1994
Wohnen	21	24	20	24	23	19	25	29	37
Ernährung	24	28	25	29	28	31	26	22	22
Kleidung	11	7	7	7	5	9	7	5	4
Gesundheit, Körperpflege	5	5	5	6	5	4	6	2	4
Reisen	7	7	7	8	7	8	8	9	8
Sonstiges	31	30	36	27	32	30	27	33	25
Gesamt	100	100	100	100	100	100	100	100	100

Niederlande

Direkte Studienausgaben

An allen niederländischen Hochschulen werden Studiengebühren erhoben, deren Höhe vom Wissenschaftsministerium festgelegt und landesweit einheitlich vorgeschrieben wird. Einer Weisung des Ministeriums von 1995 entsprechend, sind die Studiengebühren in den vergangenen Jahren kontinuierlich angehoben worden. Im Studienjahr 1990/91 betrugen sie noch EUR 782, fünf Jahre später bereits EUR 1.006, in 1996/97 EUR 1.073 und in 1997/98 dann EUR 1.151 (siehe Tab. 3-3). Dies entspricht einer Erhöhung der Gebühren um fast 50 Prozent des Ausgangswertes.

Besondere Regelungen gelten für Langzeit- und für Teilzeitstudierende. Studierende, die länger als sechs Jahre an einer Hochschule eingeschrieben sind, mussten bis einschließlich 1995/1996 prinzipiell einen höheren Satz an Studiengebühren zahlen als reguläre Vollzeitstudierende. Seither können die Hochschulen selbst bestimmen, ob ihre Langzeitstudierenden den gleichen oder einen höheren Betrag zahlen müssen, wobei die allgemeingültige Obergrenze bei EUR 1.610 liegt (Studienjahr 1997/98). Teilzeitstudierende hingegen zahlen geringere Studiengebühren als Vollzeitstudierende. Auch hier ist es den Hochschulen überantwortet worden, den betreffenden Gebührensatz festzulegen; im Mittel liegt er bei EUR 805 pro Jahr.

Tab. 3-3: Studiengebühren in den Niederlanden 1990/91 bis 1997/98 (in EUR pro Jahr)

	1990/91	1995/96	1996/97	1997/98
Vollzeitstudierende	782	1.006	1.073	1.151
Langzeitstudierende	1.158	1.409	1.073-1.476	1.151-1.610
Teilzeitstudierende	593	760	mind. 715	760-1.556
Prüfungsstudierende*	447	581	mind. 581	581-1.151

* Studierende, die an der betreffenden Hochschule keine Studienveranstaltungen besuchen, sondern dort lediglich ihre Prüfungen ablegen.

Entschließt sich ein Studierender zu einer freiwilligen Mitgliedschaft in einer Studentenorganisation, so hat er dort einen Jahresbeitrag von umgerechnet EUR 11 zu zahlen.

Indirekte Studienausgaben und Ausgaben für den Lebensunterhalt

Studierende in den Niederlanden geben monatlich im Durchschnitt EUR 646 für ihre Lebenshaltung aus. Die Gesamtsumme teilt sich auf in EUR 67 für Studienmaterialien, EUR 177 für Miete, EUR 112 für Lebensmittel, EUR 64 für Fahrtkosten und EUR 226 für sonstige Kosten.

Die Ausgaben für den Lebensunterhalt weisen eine starke Streuung zwischen den Studierenden auf, wobei sowohl das gewählte Studienfach als auch der persönliche Lebensstil eine große Rolle spielen. Die Mietkosten, die mehr als ein Viertel der Lebensunterhaltsausgaben darstellen, variieren mit der Wohnform: Zum einen sind Wohnheimplätze generell günstiger als Apartments, und zum anderen unterscheidet sich das Mietniveau der einzelnen Städte in den Niederlanden wesentlich voneinander. Studentenzimmer sind, je nach Größe und Ort, für einen monatlichen Betrag von EUR 101 bis EUR 201 zu mieten.

Frankreich

Direkte Studienausgaben

An französischen Hochschulen werden Studiengebühren von EUR 109 jährlich erhoben. Das Bildungsministerium legt die Höhe der Studiengebühren jedes Jahr neu fest.

Indirekte Studienausgaben und Ausgaben für den Lebensunterhalt

Französische Studierende haben pro Person monatliche Ausgaben von durchschnittlich EUR 710. Dabei geben sie für Studienmaterialien EUR 49 aus. Den vergleichsweise geringen Kostenbeträgen von EUR 126 für Mietzahlungen und EUR 87 für Lebensmittel stehen die im Ländervergleich überdurchschnittlich hohen Fahrtkosten von EUR 124 sowie EUR 324 für Kleidung, Urlaub, Genussmittel und sonstige Ausgaben entgegen.

Diejenigen Studierenden, die nicht bei ihren Eltern leben – das sind rund 60 Prozent aller Studierenden in Frankreich – geben EUR 249 bis EUR 396 monatlich für ihre Miete aus. Die Bereitschaft, diese hohen Beträge zu zahlen, lässt sich dadurch erklären, dass im Rahmen der Studienförderung vergleichsweise großzügige Mietbeihilfen gewährt werden. Die Nachfrage nach Plätzen in den Wohnheimen, die das französische Studentenwerk *Centre Régional des Oeuvres Universitaires et Scolaires* (CROUS) zur Verfügung gestellt hat, ist entsprechend gering. „Subsidised accommodation ... is much cheaper but, owing to the generous housing benefits to which students are eligible, renting small flats from private or public owners has become more popular and CROUS has almost stopped building 'traditional' halls of residence for students, offering instead to manage blocks of flats built on campuses or nearby by public bodies in charge of social housing." (Chevaillier und Eicher 1998, S. 12.)

Belgien

Direkte Studienausgaben

In Belgien[4] werden Studiengebühren erhoben, deren Umfang an den Erhalt von Studienförderung gebunden ist. Für das Studienjahr 1998/99 gilt folgende Regelung: Bezieht ein Studierender Zuschüsse im Rahmen der direkten staatlichen Studienförderung, so fallen Studiengebühren in Höhe von EUR 77 pro Jahr an, wohingegen nicht geförderte Studierende zur Zahlung des Höchstbetrags von EUR 444 verpflichtet sind (siehe Tab. 3-4).

---

4 Sämtliche im Folgenden genannten Informationen beziehen sich auf die Region Flandern.

Tab. 3-4: Studiengebühren in Belgien 1998/99 (in EUR pro Jahr)

	Studierende, die staatliche Studienförderung beziehen	Studierende mit geringem Einkommen*	Studierende, die keine staatliche Studienförderung beziehen
Vollzeitstudierende	77	233	444
Teilzeitstudierende	50	134	244

* Studierende mit einem Einkommen, das nicht mehr als EUR 1.199 über der jährlichen Einkommensgrenze für den Erhalt von Studienförderung liegt.

Indirekte Studienausgaben und Ausgaben für den Lebensunterhalt

Für Belgien liegen im Bereich der indirekten Studienausgaben und Ausgaben für den Lebensunterhalt lediglich Angaben zu den Wohnkosten Studierender vor. Neuere Studien haben ergeben, dass etwa ein Drittel der Mietpreise für Studentenzimmer in Belgien unter EUR 144 pro Monat liegt; einen wesentlichen Anteil an dieser Kategorie nehmen die Wohnheimplätze ein. Mehr als die Hälfte der Preise bewegt sich im Bereich zwischen EUR 144 und EUR 192, und nur knapp zehn Prozent der Zimmer werden für über EUR 216 monatlich vermietet. Im Mittel entstehen einem Studierenden demnach EUR 183 pro Monat an Mietkosten.

Deutschland

Direkte Studienausgaben

In Deutschland wurden bis vor wenigen Jahren keine Studiengebühren erhoben. Den Studierenden entstanden lediglich Ausgaben in Form eines Sozialbeitrags von maximal EUR 36 pro Semester, der an das zuständige Studentenwerk zu entrichten war. Dies ist in weiten Teilen auch heute noch der Fall. Das Bundesland Baden-Württemberg hat allerdings im akademischen Jahr 1996/97 Studiengebühren für Langzeitstudierende[5] in Höhe von EUR 511 pro Semester eingeführt. In Bayern und Sachsen werden seit Ende der 90er Jahre Gebühren für Zweitstudiengänge in Höhe von EUR 511 beziehungsweise EUR 307 je Semester erhoben. Darüber hinaus fordern der Stadtstaat Berlin sowie die Länder Brandenburg und Niedersachsen EUR 51 pro Semester als Verwaltungs- oder Rückmeldegebühren von den Studierenden ein.

---

5 Als Langzeitstudierender gilt, wer die Regelstudienzeit im betreffenden Studiengang um mehr als vier Semester überschritten hat.

Indirekte Studienausgaben und Ausgaben für den Lebensunterhalt

Die Ausgaben für den Lebensunterhalt unterscheiden sich in Deutschland deutlich zwischen den alten und neuen Bundesländern. Studierende, die nicht bei ihren Eltern leben, geben in den alten Ländern pro Kopf und Monat durchschnittlich EUR 656 für ihren Lebensunterhalt aus, während Studierende in den neuen Ländern insgesamt EUR 516 aufwenden. Für Studienmaterialien werden dabei in den alten Ländern EUR 31 (neue Länder: EUR 27) ausgegeben, für Lebensmittel EUR 137 (EUR 112), für Fahrtkosten EUR 60 (EUR 61) und für Sonstiges EUR 197 (EUR 152). Die Ausgaben für den Lebensunterhalt bemessen sich demnach in den neuen Bundesländern, mit Ausnahme der Fahrtkosten, auf nur etwa 70 bis 85 Prozent der Kosten in den alten Bundesländern (siehe Tab. 3-5). Dieser Unterschied wird jedoch durch die Tatsache nivelliert, dass die Erwerbstätigen – eingeschlossen die erwerbstätigen Studierenden – in den alten Bundesländern ein höheres Durchschnittseinkommen verzeichnen.

Tab. 3-5: **Indirekte Studienkosten und Lebenshaltungskosten der Studierenden in Deutschland 1997* (in EUR pro Monat)**

	Alte Bundesländer	Neue Bundesländer
Studienmaterialien	31	27
Wohnen	231	164
Ernährung	137	112
Fahrten	60	61
Sonstiges	197	152
Gesamt	656	516

* Studierende, die bei ihren Eltern leben, sind nicht berücksichtigt.

Quelle: Schnitzer et al. 1998.

Die Mietkosten stellen mit EUR 231 (neue Länder: EUR 164) den größten Posten dar, den die Studierenden für ihren Lebensunterhalt aufbringen. Er variiert in Abhängigkeit von der gewählten Wohnform. Studierende, die allein in einer Wohnung leben, geben hierfür durchschnittlich EUR 291 (EUR 246) aus. Studierende hingegen, die in staatlich unterstützten Wohnheimen leben, zahlen mit EUR 157 (EUR 111) wesentlich geringere Mieten. Dementsprechend haben „Studierende, die eine Unterkunft im kostengünstigen Wohnheim gefunden haben, ... die geringsten Ausgaben für den Lebensunterhalt. Die Studierenden hingegen, die eine Wohnung – für die dann relativ hohe Ausgaben anfallen – angemietet haben, weisen auch insgesamt die höchsten Ausgaben für den Lebensunterhalt auf. Die Lebensunterhaltungskosten dieser beiden Gruppen unterscheiden sich immerhin um gut 35 %." (Schäferbarthold 1998, S. 6.) Dennoch liegt der

Anteil der Studierenden, die im Wohnheim wohnen, in den alten Ländern mit 13 Prozent weit unter der Quote derjenigen, die in einer eigenen Wohnung leben; dies sind über 40 Prozent. In den neuen Ländern hingegen werden beide Möglichkeiten gleich häufig gewählt (siehe Abb. 3-2).

Abb. 3-2: Wohnformen der Studierenden in Deutschland 1997 (in %)

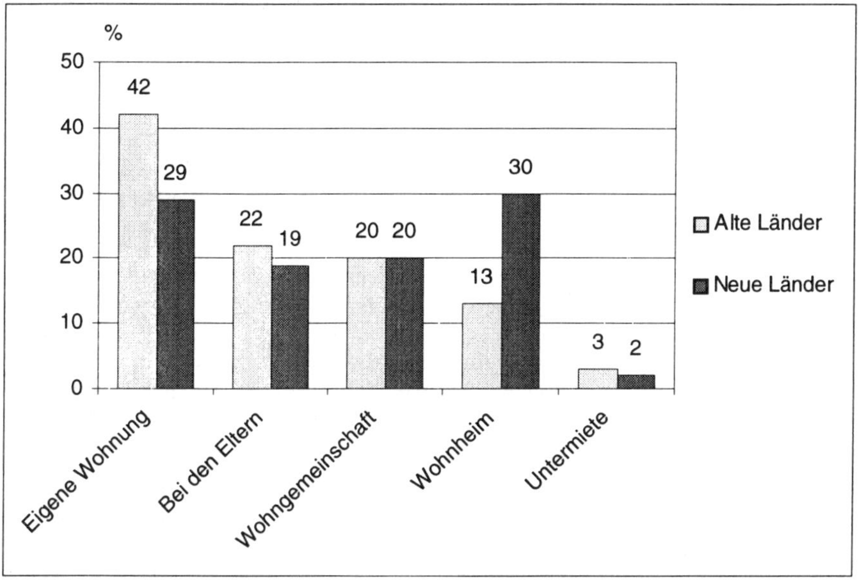

Wohnform	Alte Länder	Neue Länder
Eigene Wohnung	42	29
Bei den Eltern	22	19
Wohngemeinschaft	20	20
Wohnheim	13	30
Untermiete	3	2

Österreich

Direkte Studienausgaben

Österreichische Studierende zahlen keine Studiengebühren, sind jedoch verpflichtet, pro Semester einen Betrag von EUR 26 an den öffentlich-rechtlichen Verband „Österreichische Hochschülerschaft" zu überweisen. Die Leistung des Hochschülerschaftsbeitrags ist Voraussetzung für die Zulassung zum jeweiligen Semester.

Indirekte Studienausgaben und Ausgaben für den Lebensunterhalt

Studierende in Österreich finanzieren ihren Lebensunterhalt mit insgesamt EUR 400 pro Monat.[6] Dabei werden für Studienmaterialien EUR 34 gezahlt; die Mietkosten betragen EUR 190, die Kosten für Lebensmittel EUR 124 und für Fahrten EUR 54. Weitere Lebenshaltungskosten sind mit EUR 151 beziffert.[7]

Der wesentliche Unterschied hinsichtlich der Ausgaben für den Lebensunterhalt liegt, wie in anderen Ländern auch, in der Wohnform begründet. Beispielsweise betragen die Gesamtausgaben eines Studierenden, der im Studentenwohnheim lebt, durchschnittlich EUR 420 im Monat. Dieser relativ niedrige Wert ist vor allem durch die geringen Mietkosten von EUR 144 bedingt. Im Vergleich dazu zahlen Studierende, die mit einem Partner oder einer Partnerin in einer gemeinsamen Wohnung leben, einen Mietanteil von EUR 225; sie weisen entsprechend höhere Gesamtausgaben von monatlich EUR 580 auf.

In Tabelle 3-6 sind die Ausgaben für Studienmaterialien sowie die Lebenshaltungskosten österreichischer Studierender nach der Wohnform aufgeschlüsselt.

Tab. 3-6: Indirekte Studienausgaben und Lebenshaltungskosten der Studierenden in Österreich 1993 (nach Wohnform, in EUR pro Monat)

Wohnform	Studienmaterial.	Wohnen	Ernährung	Fahrten	Sonstiges	Gesamt*
Elternhaushalt	33	0	71	53	148	229
Studentenwohnheim	32	144	140	42	136	420
Wohngemeinschaft	32	193	147	42	146	494
Untermiete	32	182	143	46	139	464
Einzelhaushalt	36	213	148	67	170	530
Partnerhaushalt	38	225	159	74	176	580
Alle Wohnformen	34	190	124	54	151	400

* Der Gesamtbetrag ist jeweils geringer als die Summe der Einzelwerte, da nicht alle Studierenden zu jedem Aspekt Angaben geliefert hatten.

Die höheren Mietausgaben – und damit auch höheren Gesamtausgaben – betreffen vor allem ältere Studierende, die größtenteils in Wohngemeinschaften oder im eigenen Apartment wohnen, während jüngere Studierende häufig noch bei

---

6   In Österreich wird regelmäßig im Abstand von fünf Jahren eine repräsentative Untersuchung zu den Lebenshaltungskosten Studierender durchgeführt. Die angegebenen Werte entstammen der Erhebung des Jahres 1993.

7   Der Gesamtbetrag ist niedriger als die Summe der Einzelposten, da nicht alle in der Erhebung befragten Studierenden in den einzelnen Ausgabengruppen tatsächlich Ausgaben getätigt hatten.

ihren Eltern leben. Generell sind die Ausgaben für Studierende, die von zu Hause ausgezogen sind, mehr als doppelt so hoch wie Ausgaben für Studierende, die bei den Eltern wohnen.

Schweiz

Direkte Studienausgaben

An allen Hochschulen der Schweiz werden Studiengebühren erhoben, deren Höhe – je nach Kanton – zwischen EUR 607 und EUR 850 variiert. Die erst 1996 gegründete Hochschule von Lugano im Kanton Tessin bildet eine Ausnahme: Hier werden Studiengebühren in Höhe von EUR 2.428 pro Jahr erhoben.

Eine Besonderheit schweizerischer Universitäten liegt darin, dass sie nicht als eigenständige öffentlich-rechtliche Anstalten gelten, sondern Teil der staatlichen Verwaltung sind. Dementsprechend werden die Gebühren für einzelne Universitäten von den verantwortlichen Regierungsräten in Zusammenarbeit mit der jeweiligen universitären Rechnungsstelle festgelegt.

Indirekte Studienausgaben und Ausgaben für den Lebensunterhalt

In der Schweiz belaufen sich die Gesamtausgaben eines Studierenden auf etwa EUR 767 monatlich.[8] Dieser Betrag umfasst EUR 36 für Studienmaterialien, EUR 455 für Mietkosten, EUR 224 für Lebensmittel und EUR 52 für Fahrtkosten. Dabei sind Unterkunft und Verpflegung „mit Abstand der größte Budgetposten der Studierenden. Sie belasten das studentische Budget mit rund 60 Prozent, was deutlich über der durchschnittlichen Belastung der schweizerischen Wohnbevölkerung (40 %) liegt." (Staehelin-Witt und Parisi 1998, S. 3.) Zwar liegen keine Angaben darüber vor, in welcher Höhe weitere Ausgaben für die Lebenshaltung getätigt werden, jedoch weisen bereits die auffallend großen Beträge, die für Mietzahlungen und den Kauf von Lebensmitteln geleistet werden, auf das generell hohe Preisniveau in der Schweiz hin.

Etwaige unterschiedliche Kosten für Studienmaterialien, je nach gewähltem Studienfach, sind nicht bekannt. Die Ausgaben für den Lebensunterhalt variieren vor allem nach der Wohnform. Wie aus Tabelle 3-7 hervorgeht, haben Schweizer Studierende, die außerhalb des Elternhauses wohnen, mehr als doppelt so hohe Ausgaben zu verzeichnen wie Studierende, die bei ihren Eltern leben (Deutsches Studentenwerk 1997, S.223 f.).

---

8 Die Ausgabenwerte Schweizer Studierender beruhen auf Daten aus dem Kanton Thurgau. Sie entstammen verschiedenen Teilerhebungen, Vergleichen mit Angaben anderer Kantone und Abschätzungen (Deutsches Studentenwerk 1997, S. 223 f.).

Tab. 3-7: Indirekte Studienausgaben und Lebenshaltungskosten der Studierenden in der Schweiz 1997 (nach Wohnform, in EUR pro Monat)

Wohnform	Studienmaterialien	Wohnen u. Ernährung	Fahrten	Kleidung	Sonstiges	Gesamt
Elternhaushalt	40	261	40	51	72	464
Eigene Wohnung	40	715	15	51	118	939

Quelle: Deutsches Studentenwerk 1997.

Irland

Direkte Studienausgaben

Bis noch vor wenigen Jahren haben irische Hochschulen die im europäischen Vergleich höchsten Studiengebühren für Vollzeitstudierende in Kurzstudiengängen erhoben. Im Studienjahr 1996/97 wurden diese Gebühren jedoch abgeschafft. Als Begründung wird, analog zu den skandinavischen Ländern, das Prinzip der Chancengleichheit genannt: Studierende aus allen sozioökonomischen Schichten sollen gleichermaßen mit dem Ziel des erfolgreichen Studienabschlusses gefördert werden. Allerdings gilt die Studiengebührenbefreiung weder für Teilzeitstudierende noch für Studierende in Aufbaustudiengängen[9], da diese Studierenden, so die politische Begründung, ihr Studium durch Erwerbstätigkeit finanzieren könnten. Die Studiengebühren für Teilzeitstudierende im ersten Studiengang variieren zwischen jährlich EUR 2.191 (Sozial- und Geisteswissenschaften) und EUR 3.919 (Tiermedizin).

Alle irischen Studenten sind verpflichtet, eine zusätzliche Verwaltungsgebühr von bis zu EUR 185 im Jahr zu zahlen. Dieser Betrag soll die Immatrikulationskosten, Prüfungs- und Bibliotheksgebühren sowie weitere Verwaltungskosten abdecken.

Indirekte Studienausgaben und Ausgaben für den Lebensunterhalt

Im Mittel gibt ein irischer Studierender monatlich EUR 400 aus. Davon entfallen EUR 39 auf Studienmaterialien, EUR 148 auf Mietkosten, EUR 106 auf Lebensmittel, EUR 39 auf Fahrtkosten und EUR 68 auf sonstige Kosten.[10]

---

9   Unter Aufbaustudiengängen werden jene Programme verstanden, die mit dem Titel *Master* oder *PhD* abschließen.

10 Zusätzlich zu den Lebenshaltungskosten zahlen irische Studenten mit einem Nettoeinkommen von wöchentlich über EUR 99 Abgaben an die Sozialversicherung. Die Höhe des Betrags ist nach Einkommen gestaffelt. Kosten für ärztliche Spezialbehandlungen, Schwangerschaftsurlaub und Rentenbeiträge werden bezuschusst.

Bei einer genaueren Betrachtung der Wohnausgaben sind zwei Punkte bemerkenswert: Zum einen ist die Miete für ein Zimmer im Studentenwohnheim mit monatlich EUR 155 im europäischen Vergleich überdurchschnittlich hoch. Dementsprechend wird diese Wohnform von nur etwa sechs Prozent der Studierenden gewählt (siehe Abb. 3-3).

Abb. 3-3: Wohnformen der Studierenden in Irland 1996 (in %)

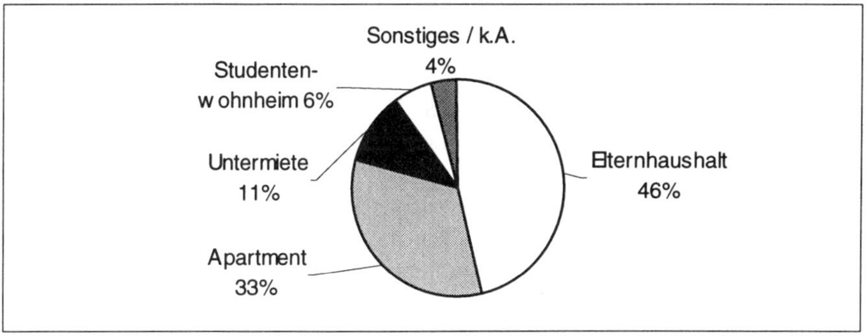

Studentenwohnheim 6%
Sonstiges / k.A. 4%
Untermiete 11%
Elternhaushalt 46%
Apartment 33%

Zum anderen leben, wie ebenfalls aus Abbildung 3-3 hervorgeht, im Vergleich zu den Studierenden in Nord- und Mitteleuropa viele irische Studierende bei den Eltern (46 %). Diese Studierenden geben im Durchschnitt EUR 301 für ihren Lebensunterhalt aus: EUR 42 für Studienmaterialien, EUR 57 für Miete und Ernährung, EUR 28 für Kleidung, EUR 41 für Fahrtkosten und EUR 133 für Sonstiges. Studierende dagegen, die nicht bei ihren Eltern wohnen, weisen Gesamtausgaben von EUR 500 auf: EUR 37 für Studienmaterialien, EUR 281 für Miete und Ernährung, EUR 15 für Kleidung, EUR 39 für Fahrtkosten und EUR 128 für Sonstiges (siehe Tab. 3-8). Die Wohn- und Ernährungskosten sind also die wesentlichen Determinanten der unterschiedlichen Gesamtsummen.

Tab. 3-8: Indirekte Studienausgaben und Lebenshaltungskosten der Studierenden in Irland 1995 (nach Wohnform, in EUR pro Monat)

Wohnform	Studienmaterialien	Wohnen u. Ernährung	Kleidung	Fahrten	Sonstiges	Gesamt
Elternhaushalt	42	57	28	41	133	301
Eigene Wohnung	37	281	15	39	128	500

Vereinigtes Königreich

Direkte Studienausgaben

Das Studiengebührensystem des Vereinigten Königreichs war bis 1998 dem im vorherigen Abschnitt beschriebenen irischen System vergleichbar. Studiengebühren wurden ausschließlich von Teilzeitstudierenden und Studierenden in Aufbaustudiengängen erhoben, während Vollzeitstudierende im ersten Studiengang davon ausgenommen waren. Stattdessen überwiesen die zuständigen staatlichen Stellen, sogenannte *Local Education Authorities*, die geforderten Gebühren direkt an die jeweilige Hochschule. Seit der Einführung der neuen Gebührenordnung im Studienjahr 1998/99 jedoch sind prinzipiell auch Vollzeitstudierende zur Zahlung von Studiengebühren in Höhe von EUR 1.539 pro Jahr verpflichtet. Unter bestimmten Voraussetzungen kann ein Teil der Gebühren oder der gesamte Gebührensatz erlassen werden (vgl. Kapitel 4). Neben den Studiengebühren im engeren Sinne (*tuition fees*) ist es den Hochschulen erlaubt, weitere Gebühren (*approved fees*) von den Studierenden einzufordern.

Indirekte Studienausgaben und Ausgaben für den Lebensunterhalt

Ein britischer Studierender gibt im Monat durchschnittlich EUR 419 aus. Davon entfallen auf Mietkosten EUR 140, auf Lebensmittel EUR 130, auf Fahrgeld EUR 20 und auf sonstige Kosten[11] EUR 72. Studienmaterialien werden mit EUR 57 im Mittel veranschlagt. Dabei erweisen sich Mathematik und Informatik mit monatlichen Studienmaterialkosten von EUR 75 als die kostenintensivsten Studienfächer. Hier ist insbesondere die Anschaffung eines eigenen Computers ein wesentlicher Ausgabenfaktor. Am anderen Ende der Kostenskala findet sich die Fächergruppe der klassischen Naturwissenschaften mit monatlichen Materialausgaben von EUR 45.

Wie in vielen anderen Ländern liegen auch im Vereinigten Königreich die Kosten für Studierende, die außerhalb des Elternhauses wohnen, wesentlich höher als die Ausgaben der Studierenden, die bei ihren Eltern leben. Während eigenständig wohnende Studierende im Durchschnitt monatliche Lebenshaltungskosten von EUR 556 aufbringen müssen, betragen die Kosten für Studierende, die bei den Eltern wohnen, nur etwa zwei Drittel dieser Summe (EUR 346), was vor allem auf die geringeren Ausgaben für Wohnen und Ernährung zurückzuführen ist (siehe Abb. 3-4). Britische Studierende, die zu Hause wohnen, geben aller-

---

11 Die hier angeführten sonstigen Kosten umfassen weniger Einzelwerte als der Posten „Sonstiges" in Abbildung 3-4 sowie Tabelle 3-9 und summieren sich daher zu einem geringeren Betrag.

dings etwas mehr Geld für Urlaub und Konsumgüter aus als Studierende, die nicht bei den Eltern wohnen.

Abb. 3-4: Indirekte Studienausgaben und Lebenshaltungskosten der Studierenden im Vereinigten Königreich 1996 (nach Wohnform, in EUR)

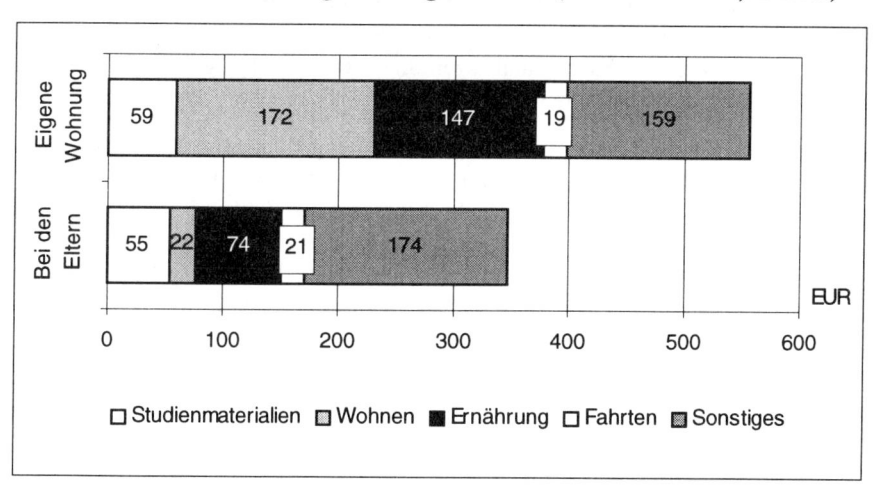

Wohnform	Studienmaterialien	Wohnen	Ernährung	Fahrten	Sonstiges
Eigene Wohnung	59	172	147	19	159
Bei den Eltern	55	22	74	21	174

Deutliche Unterschiede in den Lebenshaltungskosten zeigen sich auch bei einer Aufgliederung nach dem Studienort (siehe Tab. 3-9). Die Finanzierung des Lebensunterhaltes ist in London mit monatlich EUR 597 am aufwendigsten, was hauptsächlich auf hohe Mietkosten und höhere Preise für Lebensmittel zurückzuführen ist. Studierende, die in anderen Großstädten leben, geben dagegen mit monatlich EUR 478 sogar weniger als Studierende in Kleinstädten aus (EUR 509). Diese müssen vor allem einen höheren Betrag für Studienmaterialien aufbringen als Studierende in Großstädten (EUR 60 im Vergleich zu EUR 48).

Tab. 3-9: Indirekte Studienausgaben und Lebenshaltungskosten der Studierenden im Vereinigten Königreich 1996 (nach Studienort, in EUR)

Studienort	Studienmaterialien	Wohnen	Ernährung	Fahrten	Sonstiges (Freizeit, Reisen)	Gesamt
London	81	172	157	19	168	597
Andere Großstadt	48	124	121	20	165	478
Keine Großstadt	60	139	126	20	164	509

Spanien

Direkte Studienausgaben

In Spanien werden Studiengebühren erhoben, deren Höhe sowohl regional als auch nach Fächergruppen variieren kann. Die Verwaltungen der einzelnen Regierungsbezirke erhalten von der spanischen Staatsregierung jeweils einen Vorschlag zur Höhe der Gebühren und legen diese dann endgültig fest. Die Gebühren betragen maximal EUR 593 pro Jahr.

In Abbildung 3-5 wird die Entwicklung der Studiengebühren an den öffentlichen Universitäten Spaniens deutlich. Demnach sind die mindestens zu entrichtenden Gebühren von EUR 171 im Studienjahr 1984/85 über EUR 251 in 1990/91 auf EUR 371 im Referenzjahr 1996/97 gestiegen, was einer Steigerung um mehr als 100 Prozent gegenüber dem Ausgangswert entspricht. Der Betrag für die maximale jährliche Studiengebühr ist im gleichen Zeitraum sogar um fast 150 Prozent angestiegen.

Abb. 3-5: Entwicklung der Studiengebühren an Universitäten in Spanien von 1984 bis 1997 (in EUR pro Jahr)

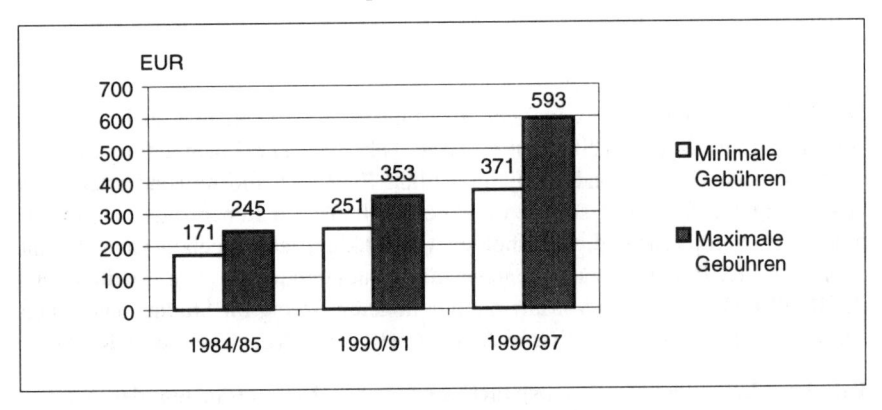

Jahr	Minimale Gebühren	Maximale Gebühren
1984/85	171	245
1990/91	251	353
1996/97	371	593

1994/95 wurden die Gebühren für Studierende, die einen Kurs aufgrund ihrer unzureichenden akademischen Leistungen wiederholen müssen, für das Wiederholungsjahr um durchschnittlich 45 Prozent erhöht. Sollte ein Studierender auch beim zweiten Anlauf den belegten Kurs nicht erfolgreich abschließen, so verdoppeln sich die Studiengebühren für jede weitere Kurswiederholung. Die systematische Änderung konnte jedoch nicht den gewünschten Effekt erzielen. Statt einer Verkürzung der Studienzeiten führte das neue System lediglich dazu, dass leistungsschwache Studierende nun insgesamt weniger Kurse belegen als vorher.

Indirekte Studienausgaben und Ausgaben für den Lebensunterhalt

80 Prozent der spanischen Studierenden leben bei ihren Eltern. Aufgrund dessen werden studentische Lebenshaltungskosten in den amtlichen Statistiken nicht gesondert erfasst: „Even when students commute daily, transportation is considered in the surveys as a family cost not related to attending a higher education institution. Consequently, data on costs related to higher education that are not specifically academic are scarce." (Mora und García 1998, S. 19.) Dennoch soll an dieser Stelle mit Hilfe von Schätzungen dargelegt werden, wie viel ein spanischer Studierender in etwa monatlich für seinen Lebensunterhalt ausgibt. Für die Gesamtsumme gilt ein Näherungswert von EUR 433, wobei die Kosten für Studienmaterialien EUR 46, für das Wohnen EUR 227, für Lebensmittel EUR 114 und für Fahrtkosten weitere EUR 46 betragen. Zusätzlich müssen die Studierenden eine geringe Abgabe von monatlich EUR 0,10 für ihre Sozialversicherung zahlen. Diese Versicherung deckt verschiedene Gesundheitskosten ab und bietet finanzielle Unterstützung bei familiären Notfällen.

Angaben zu je nach Studienfach variierenden indirekten Studienkosten liegen nicht vor. Bezüglich der kleinen Gruppe von Studierenden, die unabhängig von den Eltern wohnen (20 %), können jedoch exemplarisch die Wohnkosten genannt werden. Studierende in Wohngemeinschaften leben am günstigsten: Sie zahlen zwischen EUR 57 und EUR 228 Miete pro Monat. Für ein Zimmer zur Untermiete werden zwischen EUR 85 und EUR 427 pro Monat gezahlt. Die Preise für Apartments hingegen variieren zwischen EUR 228 und EUR 456, je nach Lage und Größe.

Portugal

Direkte Studienausgaben

In Portugal werden, wie im Nachbarland Spanien, Studiengebühren erhoben. Im Zeitraum der letzten dreißig Jahre unterlag die Höhe dieser Gebühren starken Schwankungen: Sie betrugen seit Ende der 60er Jahre bis Anfang der 90er Jahre jeweils lediglich EUR 6 im Jahr, stiegen dann zeitweilig auf über EUR 409 an und wurden schließlich in 1997/98 von der portugiesischen Regierung auf EUR 269 pro Jahr festgesetzt.

Indirekte Studienausgaben und Ausgaben für den Lebensunterhalt

Ähnlich wie im Falle Spaniens liegen auch für Portugal lediglich unvollständige Daten über die Lebenshaltungskosten von Studierenden vor, da diese überwiegend bei ihren Eltern wohnen und demnach in den amtlichen Statistiken nicht als eigene Gruppe gelten. Dennoch können auch hier Schätzwerte für die studentischen Ausgaben angeführt werden (CNASES/CEOS 1997). Für portugiesische Studierende ergeben sich demnach monatliche Durchschnittskosten von EUR 331. Davon entfallen auf Studienmaterialien EUR 29, auf Mietkosten EUR 100, auf Lebensmittel EUR 154 und sowohl auf Fahrtkosten als auch auf sonstige Kosten jeweils EUR 24.

In Portugal sind die Ausgaben für Studienmaterialien in technischen und naturwissenschaftlichen Fächern höher als in den Sozial- und Geisteswissenschaften. Genaue Zahlen zu diesem Aspekt liegen jedoch nicht vor.

Diejenigen Studierenden, die bei den Eltern wohnen, haben praktisch keine Wohnkosten zu verzeichnen. Studierende, die nicht bei ihren Eltern leben, werden von diesen häufig finanziell unterstützt: „Of these students 89 % do not work at all and 84 % depend entirely on their families for economic support." (Couto d'Oliveira und Telhado Pereira 1998, S. 8.) Obwohl die Miete für ein Zimmer im Studentenwohnheim mit monatlich EUR 31 ausgesprochen niedrig ist, wählen nur etwa zehn Prozent aller nicht zu Hause lebenden Studierenden diese Wohnform. Die Preise für Zimmer zur Untermiete variieren entsprechend der geographischen Lage und liegen insgesamt etwas über dem oben genannten Durchschnittswert von EUR 100 pro Monat; ein Zimmer in Lissabon beispielsweise kostet im Mittel EUR 114 monatlich.

Italien

Direkte Studienausgaben

In Italien zahlen die Studierenden sowohl Studiengebühren als auch sogenannte „Regionalsteuern für studentische Unterstützung". Während die Studiengebühren von den einzelnen Universitäten festgelegt und direkt erhoben werden, fallen die Regionalabgaben in den Zuständigkeitsbereich des jeweiligen Bezirks. Die maximale Studiengebühr beträgt jährlich EUR 1.166, die höchste regionale Gebühr EUR 83. In Tab. 3-10 wird die durchschnittliche Höhe der Studiengebühren an staatlichen Universitäten in Abhängigkeit von dem Familieneinkommen und der Studienleistung aufgezeigt. Demnach zahlen Studierende, die aus einkommensschwachen Familien stammen und überdurchschnittliche Studienleistungen erbringen, jährlich knapp EUR 153 und damit weniger als ein Drittel des Betrags, den leistungsschwache Studierende aus Familien mit hohem Einkommen aufbringen müssen (EUR 489 pro Jahr).

3 Direkte und indirekte Studienausgaben in Europa

Tab. 3-10: **Studiengebühren in Italien 1994/95 (nach Familieneinkommen und Studienleistung, in EUR pro Jahr)**

	Hohes Familieneinkommen	Mittleres Familieneinkommen	Geringes Familieneinkommen
Geringe Studienleistung	489	426	331
Mittlere Studienleistung	481	387	266
Hohe Studienleistung	404	288	153

Bis in die 90er Jahre wurden in Italien unterschiedslos relativ geringe Studiengebühren erhoben. Seit den in 1993/94 verabschiedeten Gesetzesänderungen jedoch existieren zum einen die oben genannten unterschiedlichen Gebührenarten; zum anderen wurde den einzelnen Hochschulen eine hohe Autonomie bei der Ausgestaltung der Studiengebühren zugebilligt, so dass man heute insgesamt nicht von einem einheitlichen italienischen Studiengebührensystem sprechen kann.

Indirekte Studienausgaben und Ausgaben für den Lebensunterhalt

Italienische Studierende tätigen im Durchschnitt monatliche Ausgaben in Höhe von EUR 429. Studienmaterialien werden im Wert von EUR 28 erworben. Über die Hälfte des Budgets, EUR 252, entfällt auf die Mietkosten; außerdem werden EUR 104 für Ernährung, EUR 11 für Fahrten und EUR 34 für Sonstiges ausgegeben.

Die Ausgaben der Studierenden für ihren Lebensunterhalt variieren unter anderem mit dem Studienfach. An der Universität Mailand beispielsweise belaufen sich die Kosten der Studienmaterialien auf monatlich EUR 22 in den Geisteswissenschaften, EUR 27 in den Wirtschaftswissenschaften und EUR 37 in medizinischen Studiengängen.

Ähnlich wie in anderen europäischen Ländern unterscheiden sich die studentischen Ausgaben jedoch vor allem nach der Wohnform. Ergebnissen einer an der Universität Mailand durchgeführten Studie zufolge weisen Studierende, die bei ihren Eltern leben, Ausgaben für den Lebensunterhalt in Höhe von nur EUR 139 auf, während Studierende, die ein Apartment bewohnen, mit EUR 429 mehr als dreimal so viel bezahlen. Demgegenüber haben Studierende, die im Wohnheim wohnen, mittlere Lebenshaltungskosten von EUR 229 im Monat, da die Mieten staatlich subventioniert werden.

Griechenland

Direkte Studienausgaben

In Griechenland werden keinerlei Studiengebühren erhoben. Gemäß der griechischen Verfassung hat jeder Bürger das Recht auf unentgeltliche Erziehung, einschließlich der Bildung an weiterführenden Schulen. Der Zugang zu den Hochschulen ist jedoch auf Personen beschränkt, welche die amtlich vorgeschriebene Aufnahmeprüfung (*Genikes Eksetaseis*) bestanden haben. Für die Prüfungsvorbereitung, die in Form privater Kurse angeboten wird, müssen die Studienanwärter hohe Gebühren zahlen, die ihnen nicht erstattet werden. In den offiziellen Erhebungen der Bildungskosten finden diese Ausgaben keine Berücksichtigung, so dass die reale Höhe der Studienkosten in Griechenland nicht ermittelt werden kann: „Ein öffentliches Eingeständnis der Tatsache, dass der Abschluss eines Studiums, trotz des öffentlich-rechtlichen Charakters und der geldfreien Form des tertiären Bildungswesen, Privatkosten verursacht, hätte aber bestimmte Folgen nach sich gezogen. Vor allem hätte es zur Anerkennung der Tatsache beigetragen, dass geldfreie Bildung eine für die Studierenden zwar gebührenfreie, aber keine kostenlose Bildung bedeutet." (Georgiadou 1998, S. 37.)

Indirekte Studienausgaben und Ausgaben für den Lebensunterhalt

Ein griechischer Studierender, der nicht bei seinen Eltern lebt, gibt insgesamt mindestens EUR 425 pro Monat aus. Davon entfallen auf Studienmaterialien EUR 40, auf die Miete genau wie auf sonstige Kosten EUR 106, auf Ernährung EUR 120 und auf Fahrtkosten EUR 53.

Die Ausgaben für Studienmaterialien variieren stark nach Studienfach. Aufgrund der mangelnden Ausstattung von Universitätsbibliotheken, insbesondere in Bezug auf ausländische Literatur, sind Studierende in der Regel auf den Erwerb privater Bücher angewiesen. Dies führt in manchen Studienfächern zu extrem hohen Kosten für Fachliteratur: Architekten beispielsweise benötigen monatlich EUR 133, um ihren Bedarf an Studienmaterialien zu decken.

3.3 Ergebnisse im europäischen Vergleich

Direkte Studienausgaben

Weltweit werden Hochschulen zumeist finanziert aus einer Kombination von Beiträgen der Steuerzahler, der Studierenden, der Eltern und gegebenenfalls aus Spendengeldern (Johnstone 1992). Die hochschulpolitische Fragestellung, ob und in welcher Höhe Studierende und Eltern in Form von Studiengebühren zu

3 Direkte und indirekte Studienausgaben in Europa

der Hochschulfinanzierung eines Landes beitragen sollten und welche Gruppen unter den Eltern/Studierenden (z.B. einkommensstarke Familien und/oder Langzeitstudierende) die Studiengebühren zu zahlen haben, ist eine prinzipielle Frage, die tief in die philosophische Grundordnung eines Gesellschaftssystems eingreift und dort fest verankert ist.

Entsprechend langsam – das zeigen die geringen Änderungen in der grundsätzlichen Gestaltung der Studiengebühren in europäischen Ländern – vollzieht sich ein Wandel der Studiengebührengestaltung, auch wenn er immer wieder von vielen Beteiligten vehement gefordert wird, wie zum Beispiel in der Debatte zu Studiengebühren in der Bundesrepublik Deutschland (Dohmen 1995; Centrum für Hochschulentwicklung 1996; Fritsche, Lindner u. Renkes 1996).

Wie eingangs dargestellt, können Studiengebühren aus unterschiedlichen Komponenten zusammengesetzt sein, wie zum Beispiel aus Einschreibegebühren, Computernutzungsgebühren und anderen Verwaltungsgebühren. Studiengebühren sind demnach alle Gebühren, die direkt für die Finanzierung der Hochschulen eingesetzt werden. Andere Abgaben, wie beispielsweise für Studienmaterialien oder besondere Einzelleistungen der Hochschulen (z.B. kulturelle Angebote), sind gesondert zu betrachten und werden in dieser Studie getrennt dargestellt.

Studiengebühren werden nicht in allen europäischen Ländern erhoben. Im Ländervergleich ergibt sich folgendes Bild (siehe Abb. 3-6):

Von den 15 europäischen Ländern, die in die Studie einbezogen sind,

- erheben sechs Länder keinerlei Studiengebühren (Dänemark, Schweden, Finnland, Deutschland[12], Österreich und Griechenland);[13]
- erheben fünf Länder geringe Studiengebühren von unter EUR 600 im Jahr (Frankreich, Irland, Portugal, Belgien und Spanien);
- erheben vier Länder Studiengebühren in Höhe von EUR 850 und mehr pro Jahr (Schweiz, Niederlande, Italien und Vereinigtes Königreich[14]).

---

12 Seit Ende der 90er Jahre werden in Baden-Württemberg, Bayern und Sachsen Gebühren in Höhe von EUR 307 bis EUR 511 pro Semester von Langzeitstudierenden bzw. für Zweitstudiengänge erhoben. Einige Bundesländer erheben Rückmeldegebühren in Höhe von EUR 51 pro Semester.

13 In einigen der genannten Länder werden allerdings Gebühren für die Mitgliedschaft in Studierendenorganisationen in Höhe von maximal EUR 102 pro Jahr erhoben.

14 Bis zum Jahr 1998 wurden im Vereinigten Königreich zwar Studiengebühren für Studierende im Erststudium erhoben; die Zahlung der Gebühren wurde jedoch für alle Studierenden von den sogenannten *Local Authorities* übernommen.

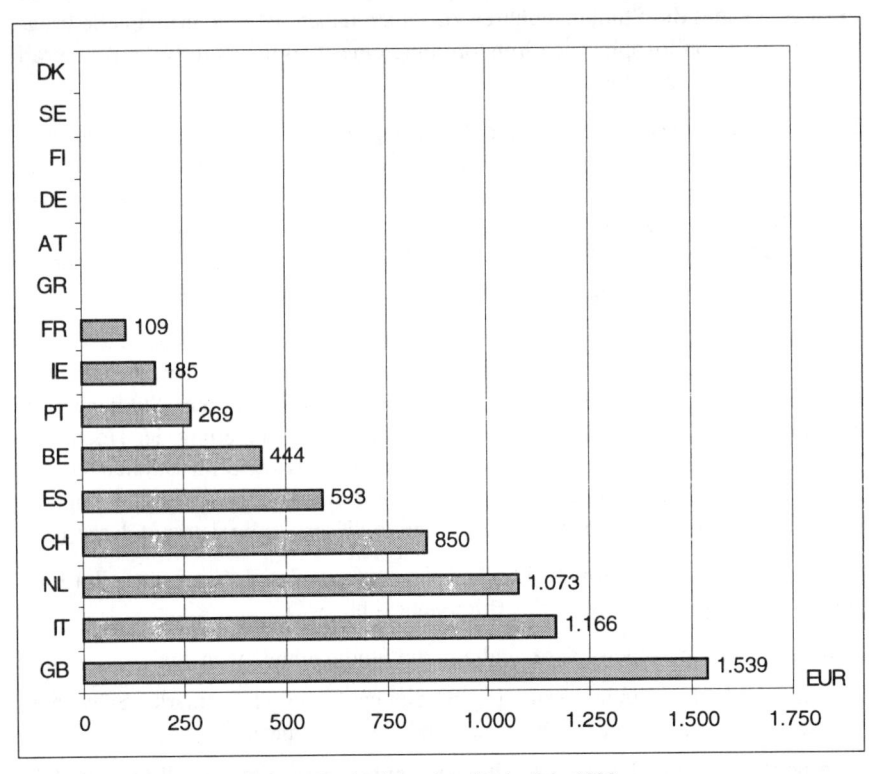

Abb. 3-6: Direkte Studienausgaben in ausgewählten europäischen Ländern*
(Maximalwerte in EUR pro Studierenden und Jahr)

Land	EUR
DK	
SE	
FI	
DE	
AT	
GR	
FR	109
IE	185
PT	269
BE	444
ES	593
CH	850
NL	1.073
IT	1.166
GB	1.539

* Die Angaben zum Vereinigten Königreich gelten für das Jahr 2000.

Die Darstellung der Studiengebührenhöhe an europäischen Hochschulen veranschaulicht, dass der Beitrag, den Studierende beziehungsweise die Eltern der Studierenden in Europa zur direkten Hochschulfinanzierung zuzahlen, sehr gering oder nicht gegeben ist. Studien belegen, dass selbst in denjenigen Ländern, in denen die Höhe der durchschnittlichen Studiengebühren mehr als EUR 500 pro Studierenden und Jahr beträgt, die Summe nur zu einem sehr kleinen Teil zur Verringerung der Gesamtkosten der Hochschulen beiträgt: „In the majority of the [European] countries concerned, the percentage of the real cost covered by tuition fees has remained very low for several decades ... their purpose was usually to cover not the real cost of education but simply ancillary expenditure related to the award of qualifications, registration, insurance and so forth." (Eurydice 1999, S. 188.)

Studiengebühren können, müssen aber nicht für alle Studierenden in der gleichen Höhe erhoben werden. Innerhalb einiger Länder, die Studiengebühren erheben, können diese stark variieren; so ist beispielsweise die Gebühr für Studierende an spanischen Universitäten je nach Region oder Studienfach unterschiedlich hoch. In den meisten Ländern ist die Höhe jedoch landesweit einheitlich festgelegt, wie zum Beispiel an niederländischen Universitäten.

In Europa ist die Gewährleistung eines Studiums, das für Studierende frei beziehungsweise fast vollständig frei von Studiengebühren ist, historisch begründbar. Die Demokratisierungsbestrebungen in den 60er und 70er Jahren mit der Forderung nach der „Bildung für alle" bedeuteten in der hochschulpolitischen Konsequenz, dass Studierende nicht durch Studiengebühren von der Aufnahme eines Studiums abgehalten werden sollten. „Overall, the current situation is identical to the one conceived during the establishment of the major structures for funding higher education and/or contemporary systems of student financial support. During this period [in the 60's and 70's], tuition fees were seen as a barrier to democratisation, given the need to step up the involvement of younger people in higher education." (Eurydice 1999, S. 185.)

Die mögliche Barriere, die aufgrund der Erhebung von Studiengebühren für Studierwillige entstehen kann, wird in der derzeitigen aktuellen Debatte von einer Reihe von Bildungsforschern sowohl als finanzielle wie auch als psychologische Barriere dargestellt. Zum einen, so die Argumentation gegen die Einführung von Studiengebühren, ist es Studierenden aus einkommensschwachen Familien aufgrund der Zusatzkosten, die durch Studiengebühren entstehen, nicht möglich, ein Studium aufzunehmen; zum anderen erfahren potentielle Studierende aus Herkunftsfamilien ohne Akademikeranteile die Aufnahme eines Studiums als höhere psychologische Hürde denn Studierende aus Herkunftsfamilien mit Akademikeranteilen. „The extent to which 'social reproduction', or the self-perpetuation of social strata, is at work in higher education enrolment has been demonstrated. If parents are themselves graduates, it is more likely that their children will enter higher education. In 'graduate' families, this is considered normal. Only financial difficulties may prevent it. In families where the parents are not graduates, enrolment in higher education is a novelty, or even a 'cultural revolution'. If access is free, studying becomes a universal right, and may thus occur more easily, irrespective of social background. By contrast, the obligation to pay a significant amount, or to take steps to obtain support, may meet with family resistance." (Eurydice 1999, S. 189.)

Die Studiengebührendebatte von Befürwortern und Gegnern zeigt in ihrer Gesamtheit sechs Themenbereiche, die in aller Regelmäßigkeit diskutiert werden (Johnstone 1992; Eurydice 1999):

- *Massification of Higher Education*: Befürworter argumentieren, dass aufgrund der zunehmenden Massifizierung des Hochschulsektors einerseits und der immer knapper werdenden staatlichen Mittel andererseits der Studierende als Kunde für die Leistungen zahlen und somit auch einen direkten Beitrag zur Hochschulfinanzierung leisten sollte.

- *Social Justice*: Befürworter argumentieren, dass soziale Gerechtigkeit hergestellt wird, wenn nicht die Steuerzahler die Gesamtbürde der Studienfinanzierung tragen, sondern insbesondere der einzelne Nutzer. Gegner argumentieren, dass Studiengebühren als soziales Gut einen so hohen – auch volkswirtschaftlichen – Stellenwert haben, dass die Allgemeinheit für die Finanzierung von Hochschulen aufkommen sollte, da sie auch erheblich von den Benefits profitiert.

- *Financial Justice*: Befürworter argumentieren, dass zur Zeit überaus viele Steuerzahler mit unterdurchschnittlichem Einkommen ausnehmend viele Kinder aus Elternhäusern mit überdurchschnittlichem Einkommen finanzieren; mit der Einführung von Studiengebühren würde Gerechtigkeit hergestellt werden. Gegner argumentieren, dass Studiengebühren als Bildungsbarriere den Hochschulzugang verhindern können; dies treffe insbesondere auf Kinder aus Familien mit unterdurchschnittlichem Familieneinkommen zu.

- *Marketization of Higher Education*: Befürworter argumentieren, dass Studierende und Familien von Studierenden die Hochschule als Dienstleister betrachten und sich somit die Qualität und der Service der Hochschulen in der Konkurrenzsituation des Marktes verbessert. Andererseits weisen Gegner darauf hin, dass die Verbesserung der Qualität und des Services sich durchaus mit anderen systematischen Anreizen erzielen lässt.

- *Promoting Motivation of Students*: Befürworter argumentieren, dass Studiengebühren die Motivation zum Studieren anheben, da derjenige, der zahlt, im Allgemeinen ein stärkeres Interesse hat, seine Leistungen zu verbessern. Gegner argumentieren, dass die Motivation der Studierenden durch andere Anreize besser zu fördern sei.

- *Restricted Access to Higher Education*: Befürworter argumentieren, dass Studiengebühren „die Spreu vom Weizen trennen", da mit der Einführung von Studiengebühren nur diejenigen Schulabgänger ein Studium aufnehmen, die auch tatsächlich ernsthaftes Interesse an dessen Durchführung und Abschluss haben. Gegner befürchten, dass die Einführung von Studiengebühren

3 Direkte und indirekte Studienausgaben in Europa 65

Studierende aus sozial benachteiligten Familien von der Aufnahme des Studiums abhält.

Aus der Perspektive der Hochschulforschung kann weder die Argumentationslinie der Befürworter noch die der Gegner gestützt werden, da bislang keine repräsentativen empirischen Forschungsergebnisse zu den oben genannten Argumenten erbracht worden sind.

Seit Mitte der 90er Jahre diskutiert eine zunehmende Zahl von Bildungspolitikern und -experten in Mittel- und Südeuropa verschiedene Möglichkeiten der Einführung von Studiengebühren. Diese Debatten werden insbesondere aufgrund der zunehmenden finanziellen Mittelknappheit im Hochschulbereich geführt. Als Ergebnis der Diskussionen wurden zwar in vielen Systemen die Bedingungen für die direkte staatliche Studienförderung – die mit der Thematik Studiengebühren eng zusammenhängt – geändert, nicht aber, wie von den Experten gefordert, Studiengebühren eingeführt. Zusammenfassend kann festgehalten werden, dass in den 90er Jahren sehr viel über die Einführung von Studiengebühren diskutiert worden ist, die Systeme aber im Großen und Ganzen bezüglich der Studiengebührenerhebung unverändert geblieben sind. Ausnahmen bilden die angelsächsischen Bildungssysteme, wobei auch hier keine einheitliche Tendenz zu verzeichnen ist: Irland hat in den 90er Jahren die Studiengebühren abgeschafft, während das Vereinigte Königreich Studiengebühren eingeführt hat.

Indirekte Studienausgaben und Ausgaben für den Lebensunterhalt

Wie bereits in der Einführung zu diesem Kapitel dargestellt, sind indirekte Studienausgaben definiert als alle Ausgaben, die ein Studierender aufzubringen hat und die direkt mit dem Studium zusammenhängen, nicht aber in die Hochschulfinanzierung einfließen, wie zum Beispiel Ausgaben für Bücher, Computer und Schreibmaterial. Hingegen sind die Ausgaben für den Lebensunterhalt als diejenigen Ausgaben definiert, welche für die Dinge des Lebens während der Studienzeit anfallen, wie etwa für das Wohnen, für Fahrten, Kleidung und Hobbys.

Die indirekten Studienausgaben und die Ausgaben für den Lebensunterhalt variieren bei Studierenden in Europa zum Teil erheblich (siehe Abb. 3-7; dort sind die Wohnkosten als gewichtiger Teil der studentischen Ausgaben hervorgehoben). Tendenziell haben Studierende in den nordischen Ländern die höchsten indirekten Studienausgaben und Lebenshaltungskosten zu verzeichnen, gefolgt von Studierenden in mitteleuropäischen, westeuropäischen und südeuropäischen Ländern.

Die Ergebnisse dieser Studie zeigen, dass die Art der Lebensführung der Studierenden in allen Ländern Europas eine wesentliche Determinante für die Höhe der studentischen Ausgaben darstellt.

Abb. 3-7: Wohnkosten und weitere Lebenshaltungskosten in ausgewählten europäischen Ländern* (in EUR)

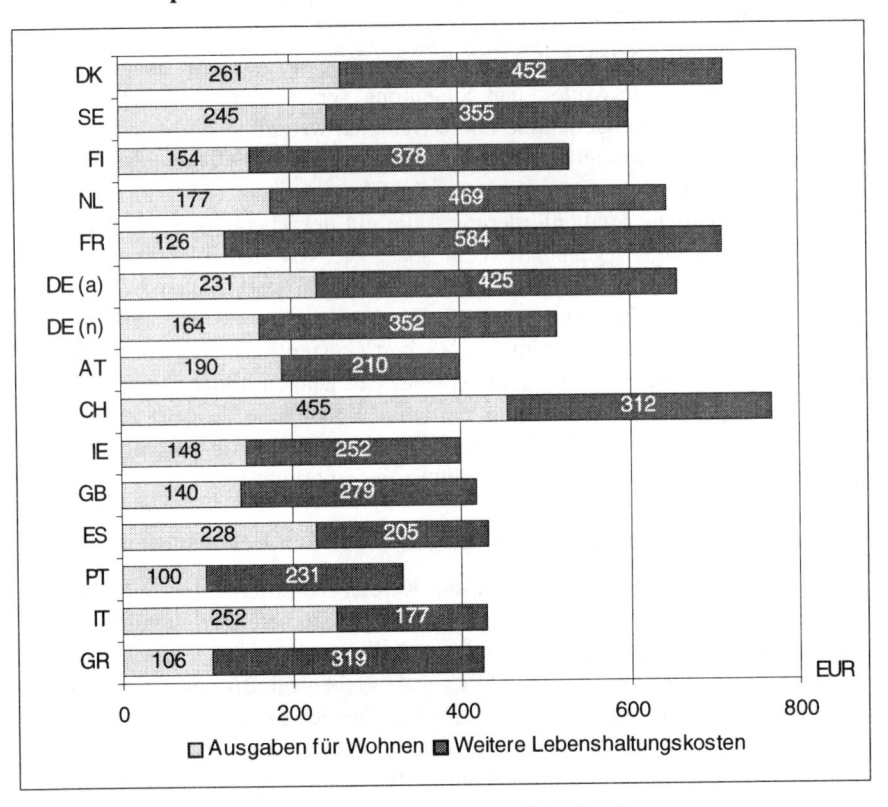

Land	Ausgaben für Wohnen	Weitere Lebenshaltungskosten
DK	261	452
SE	245	355
FI	154	378
NL	177	469
FR	126	584
DE (a)	231	425
DE (n)	164	352
AT	190	210
CH	455	312
IE	148	252
GB	140	279
ES	228	205
PT	100	231
IT	252	177
GR	106	319

* Für Belgien liegen bezüglich der Lebenshaltungskosten keine Angaben vor.

Der dabei wiederum gewichtigste Faktor ist die Wohnform; große Unterschiede ergeben sich insbesondere zwischen Studierenden, die zu Hause bei ihren Eltern leben, und Studierenden, die elternunabhängig wohnen. Bezüglich der entsprechenden Anteile der Studierenden unterscheiden sich die europäischen Länder deutlich (siehe Abb. 3-8).

Studierende in den nordeuropäischen und teilweise auch in den mitteleuropäischen Ländern wohnen zum größten Teil unabhängig von den Eltern und haben

3 Direkte und indirekte Studienausgaben in Europa 67

entsprechend höhere Lebenshaltungskosten zu tragen als Studierende in westeuropäischen und südeuropäischen Ländern, die zum überwiegenden Teil bei den Eltern wohnen.

Abb. 3-8: Anteile der bei ihren Eltern wohnenden und der nicht bei ihren Eltern wohnenden Studierenden in ausgewählten europäischen Ländern* (in %)

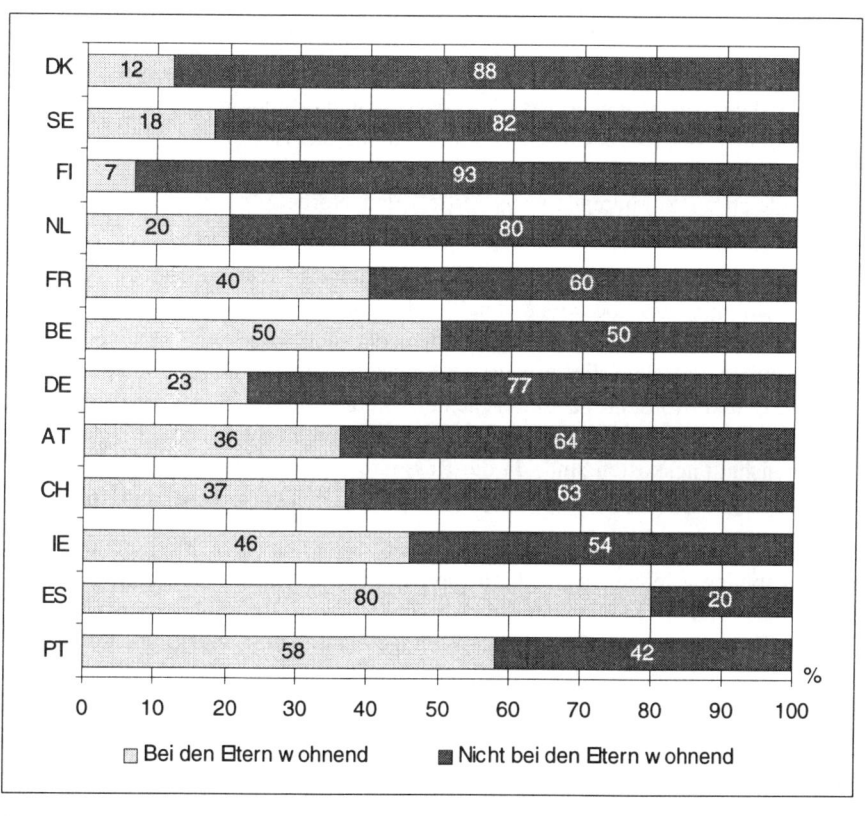

Land	Bei den Eltern wohnend	Nicht bei den Eltern wohnend
DK	12	88
SE	18	82
FI	7	93
NL	20	80
FR	40	60
BE	50	50
DE	23	77
AT	36	64
CH	37	63
IE	46	54
ES	80	20
PT	58	42

* In Dänemark, Finnland und Belgien beziehen sich die Werte auf staatlich geförderte Studierende. Für das Vereinigte Königreich, Italien und Griechenland liegen keine Angaben vor.

- In Dänemark, Schweden und Finnland wohnen 80 bis 90 Prozent der Studierenden elternunabhängig. In diesen Ländern verbindet sich das eigenständige Wohnen sehr stark mit einer Lebensgestaltung, die ähnlich der junger Erwachsener ist, welche kurz vor dem Abschluss ihrer Ausbildung stehen oder als Berufsanfänger die ersten Erfahrungen sammeln. Entsprechend hoch ist der allgemeine Lebensstandard skandinavischer Studierender, verbunden mit hohen durchschnittlichen Kosten für den Lebensunterhalt. Dazu gehören zum Beispiel die Miete einer eigenen kleinen Wohnung und dementsprechend der eigenständige Haushalt sowie ausgeprägte Hobbys und Reisen.

- In Mitteleuropa, d.h. in den Niederlanden, in Frankreich, Belgien, Deutschland, Österreich und der Schweiz leben 50 bis 80 Prozent der Studierenden elternunabhängig. Entsprechend variieren die durchschnittlichen Ausgaben für den Lebensunterhalt.

- In Irland lebt etwa die Hälfte der Studierenden bei den Eltern. Allgemein kann davon ausgegangen werden, dass sich für Studierende in Irland aufgrund des vergleichsweise straffen Studiensystems weniger Möglichkeiten der kostspieligen Freizeitgestaltung ergeben. Entsprechend niedrig sind, im Vergleich zu Studierenden aus Mittel- und Nordeuropa, die durchschnittlichen Ausgaben für den Lebensunterhalt.

- Studierende, die in den südeuropäischen Ländern Spanien und Portugal leben, wohnen zum überwiegenden Teil im elterlichen Haushalt. Diese Wohnform ist an einen Lebensstil gebunden, der sich in seiner Grundgestaltung wesentlich von dem der zumeist elternunabhängig lebenden Studierenden in Mittel- und Nordeuropa unterscheidet. Studierende in Südeuropa leben als „Kinder" im Elternhaushalt, mit entsprechenden Rechten und Pflichten. Die Lebenshaltungskosten sind, da die Ressourcen des elterlichen Haushalts umfassend genutzt werden, im europäischen Vergleich entsprechend gering.

Allgemein kann davon ausgegangen werden, dass diejenigen Studierenden, die elternunabhängig leben, hinsichtlich ihrer Lebenshaltungskosten keine homogene Gruppe bilden. Mietkosten für Apartments zum Beispiel liegen teilweise doppelt so hoch wie für Zimmer in Wohngemeinschaften und Studentenwohnheimen. Differenziert werden muss außerdem danach, ob Studierende mit Ehepartner und/oder mit Kindern zusammenwohnen. Insbesondere für Studierende mit eigener Familie ergeben sich überdurchschnittlich hohe Lebenshaltungskosten aufgrund höherer durchschnittlicher Ausgaben für das Wohnen, die Ernährung und die allgemeine Haushaltsführung. Zudem ist die Lage der Wohnung, ob in einer Metropole oder in einer Kleinstadt, ausschlaggebend für die Höhe der Mietkosten. Das Beispiel des Vereinigten Königreichs zeigt, dass Studierende, die in der Metropole London wohnen, viel höhere durchschnittliche Lebenshaltungskosten tragen müssen als Studierende, die in einer Kleinstadt außerhalb Londons wohnen.

4 Direkte staatliche Studienförderung in Europa

4.1 Einführung in die Thematik

Im vorliegenden Kapitel werden die staatlichen Systeme der direkten Studienförderung in den verschiedenen europäischen Ländern erörtert und vergleichend analysiert. Als direkte staatliche Studienförderung gelten dabei alle monetären Leistungen des Staates, die unmittelbar an den Studierenden übertragen werden, um diesen während seiner Studienzeit finanziell zu unterstützen und damit einen erfolgreichen Studienabschluss zu fördern.

Das Förderungssystem eines Staates wird über die Behörden repräsentiert, die für die Verwaltung und Zuweisung der Fördermittel verantwortlich sind. Das jeweilige staatliche Konzept der Studienförderung ist vor allem durch die Förderungsform und die Förderhöhe charakterisiert.

Im Wesentlichen wird zwischen zwei Formen der Studienförderung unterschieden:

- Zuschussförderung ist die in europäischen Ländern vorherrschende Art direkter Studienförderung. Zuschüsse sind monetäre Leistungen, die nicht zurückgezahlt werden müssen. „'Student grants' are understood as any payment made to a student in cash that is not normally refundable, the specific purpose of which is to facilitate the pursuit of higher education by the student." (Eurydice 1999, S. 12.) Im Rahmen der Studienförderung setzen sich diese Leistungen häufig aus mehreren Elementen zusammen, so zum Beispiel aus allgemeinen Zuschüssen zum Lebensunterhalt, Fahrtkostenzuschüssen, Mietbeihilfen und gegebenenfalls Zuschüssen zu Studiengebühren.

- Darlehensförderung wird zum Teil als Alternative, oft aber auch als Ergänzung zur Zuschussförderung gewährt. Darlehen sind monetäre Leistungen, die – im Unterschied zu Zuschüssen – rückzahlungspflichtig sind. In der vorliegenden Studie werden ausschließlich staatliche Darlehen betrachtet, obgleich der Staat nicht notwendigerweise alleiniger Darlehensanbieter sein muss.

Die Beträge, die den Studierenden in Form von Zuschüssen und Darlehen als direkte staatliche Studienförderung gewährt werden, können je nach Land und auch individuell variieren. In allen Staaten ist die Studienförderung pro Monat jedoch auf einen Förderungshöchstbetrag begrenzt.

Für die Entscheidung, ob ein Studierender berechtigt ist, staatliche Studienförderung zu erhalten, sind verschiedene Kriterien relevant, die in drei Kategorien gefasst werden können:

1. Der Antragsteller muss im Regelfall bestimmte sozialstrukturelle Kriterien erfüllen, wozu vor allem der Nachweis über die Staatsbürgerschaft des betreffenden Landes sowie die Einhaltung von Altersgrenzen zählen.

2. Des Weiteren werden Förderungsgelder aufgrund sozioökonomischer Bedürfniskriterien vergeben, und zwar vor allem in Abhängigkeit von der finanziellen Situation des Studierenden selbst, seiner Eltern und/oder des Ehepartners. Dabei sind Mischformen der Einkommensabhängigkeit möglich. Ist zum Beispiel das sogenannte Familieneinkommen ein Kriterium für den Erhalt von Studienförderung, dann werden in der Regel sowohl das elterliche Einkommen als auch dasjenige des Studierenden berücksichtigt. Neben der finanziellen Situation des Studierenden ist seine Wohnform ein weiteres wichtiges Kriterium für die Zuweisung staatlicher Studienförderung. Dabei handelt es sich allerdings eher um einen Faktor, der die Förderungshöhe beeinflusst, als um eine Voraussetzung für den Erhalt.

3. Schließlich sind zur Aufrechterhaltung der Förderungsleistungen studienbezogene Kriterien von Seiten des Studierenden zu erfüllen, und zwar im Wesentlichen in Form von Leistungsnachweisen. Daneben kann ein Studienfachwechsel oder der Abbruch des Studiums ebenfalls Auswirkungen auf die Höhe und Dauer der Studienförderung zeitigen.

Ein weiterer wichtiger Aspekt der direkten staatlichen Studienförderung ist die Förderungshöchstdauer, die sich im Normalfall an der Regelstudienzeit in dem jeweiligen Land bemisst.[1] Sofern die Studienförderung in Form von Darlehen gewährt worden ist, sind außerdem die entsprechenden Rückzahlungsmodalitäten bedeutsam. Dazu gehören sowohl der Beginn der Rückzahlung und der Erstattungszeitraum als auch die monatliche zu leistende Mindestrate und der ihr zugrunde liegende Zinssatz.

Um das Bild des jeweiligen Studienförderungssystems eines Landes zu vervollständigen, werden in diesem Kapitel Informationen zu den wichtigsten Kennziffern zusammengestellt: die staatlichen Gesamtausgaben für direkte Studienförde-

---

[1] In vielen Ländern bestehen für Härtefälle Ausnahmeregelungen. Diese sind im Folgenden aufgrund mangelnder Datengrundlagen jedoch nicht durchgehend aufgeführt.

rung, differenziert nach der Förderungsform, und die Anteile der geförderten Studierenden an allen Studierenden. Zunächst werden die Studienförderungssysteme in Bezug auf jedes Land gesondert dargestellt. Anschließend folgt eine vergleichende Übersicht (siehe auch Synopsen 4-1 bis 4-8).

4.2 Einzeldarstellungen für die Länder

Dänemark

Staatliches Förderungssystem und Förderungsbeträge

In Dänemark werden staatliche Studienförderungsgelder durch die Behörde für *Statens Uddannelsesstøtte* (SUstyrelsen) verwaltet. Die staatliche Förderung wird als Zuschuss- und Darlehensförderung gewährt, wobei 79 Prozent des Förderungsbudgets in Form von Zuschüssen und 21 Prozent als Darlehen ausgezahlt werden. Studierende können selbst entscheiden, ob sie ausschließlich den Zuschussanteil oder sowohl Zuschüsse als auch den Darlehensanteil in Anspruch nehmen möchten.

Das Zuschusssystem basiert auf der Vergabe von Vouchers (*klipperkort*); dies sind flexibel einsetzbare monatliche Bildungsgutscheine, die von der SUstyrelsen zugeteilt werden. Zuschüsse gelten in Dänemark als steuerpflichtiges Einkommen. Maximal erhält ein Studierender EUR 459 pro Monat als Zuschusskomponente und EUR 238 als Darlehen, so dass insgesamt im Höchstfall EUR 697 Studienförderung gewährt werden.

Kriterien für die Vergabe staatlicher Studienförderung

a) Sozialstrukturelle Kriterien

Voraussetzung für den Erhalt von Studienförderung ist die dänische Staatsbürgerschaft. Außerdem müssen Studierende mindestens 18 Jahre alt sein, damit sie förderungsberechtigt sind.

b) Sozioökonomische Kriterien

Die Studienförderung erfolgt unabhängig vom Einkommen der Eltern: „In Denmark young people become legally independent of their parents when they reach the age of 18 years. In order to provide opportunities for everyone above this age to participate in education, regardless of economic and social background, the state has to a large extent taken over the responsibility to support them economically. The fundamental principle is that everyone of 18 years of age or over should be entitled to economic support from the government if they attend an eligible course and are personally eligible." (Anthony und Molander 1998, S. 12.)

Die Studierenden selbst behalten den Anspruch auf Studienförderung auch dann, wenn sie durch Erwerbstätigkeit ein eigenes Einkommen erzielen, sofern dieses die Grenze in Höhe von EUR 593 im Monat nicht übersteigt. Die Obergrenze kann aber von Studierenden umgangen werden, indem sie darauf verzichten, ihre Vouchers zum Zeitpunkt des höheren Einkommens einzubringen, um sie dann in einer Zeit mit geringerem Verdienst wieder einzusetzen. Studierenden ist es so möglich, ihr Studien- und Erwerbsleben auf individuelle Bedürfnisse auszurichten, ohne dabei den Anspruch auf Studienförderung zu verlieren. Lediglich vier Prozent aller Studierenden in Dänemark werden aufgrund ihres zu hohen Einkommens nicht staatlich gefördert.

Die Höhe der monatlichen Zuschüsse wird in Abhängigkeit von der Wohnform festgelegt: Studierende, die eigenständig leben, erhalten einen wesentlich höheren monatlichen Zuschuss (EUR 459) als Studierende, die bei ihren Eltern leben (EUR 232); die zweitgenannte Gruppe umfasst aber ohnehin nur sechs Prozent aller dänischen Studierenden. Die Berechnung des Darlehensbetrags wird für alle Altersgruppen ohne Berücksichtigung der Wohnform vorgenommen (siehe Tab. 4-1).

Tab. 4-1: Förderungsbeträge für Studierende in Dänemark 1997 (in EUR)

	Zuschuss*		Darlehen		Förderung gesamt	
	pro Monat	pro Jahr	pro Monat	pro Jahr	pro Monat	pro Jahr
Förderung für Studierende, die bei ihren Eltern leben	232	2.777	238	2.860	470	5.637
Förderung für Studierende, die nicht bei ihren Eltern leben	459	5.503	238	2.860	697	8.363
Darlehensförderung im letzten Studienjahr	—	—	615	7.373	615	7.373

* Wert vor Steuern.

c) Studienbezogene Kriterien

In Dänemark werden Studierende unabhängig von der Güte ihrer Studienleistungen gefördert, müssen jedoch belegen können, dass sie aktiv studieren. Die aktive Studiengestaltung wird durch die Beteiligung an Kursen, durch die Anfertigung von Hausarbeiten und die Teilnahme an Examen nachgewiesen. Verzögert sich das Erbringen der Leistungsnachweise um mehr als ein Jahr, so wird die Förderung bis zu dem Zeitpunkt eingestellt, an dem alle Nachweise vorgelegt werden können. Ein Studienfachwechsel hingegen hat keinen Einfluss auf die Höhe der Zuschüsse und Darlehen. Der flexible Einsatz von Vouchers ermöglicht die Belegung mehrerer Kurse, die nicht notwendigerweise aufeinander aufbauen müssen.

Förderungsdauer und Rückzahlungsmodalitäten

Im Gegensatz zu den meisten europäischen Ländern sieht das dänische Förderungssystem keine zeitliche Begrenzung für den Studienabschluss vor. Insgesamt stehen dem Studierenden 70 monatliche Vouchers zur Verfügung. Dies entspricht formal dem Zeitraum der Regelstudienzeit von knapp fünf Jahren (58 Monate) plus einer Verlängerung von zwölf Monaten. Der Einsatz der Vouchers muss jedoch nicht an diese Spanne gebunden sein, sondern kann völlig flexibel erfolgen: „Within this maximum of 70 vouchers, they [the students] are eligible for a number of monthly grants corresponding to the prescribed duration of the chosen study (or studies), plus 12 months to make up for possible delays according to exam requirements during their studies. They are free to change from one course to another course at the same, or another educational institution (provided that they are admitted). The courses do not need to be consecutive. There is no limitation period for the vouchers." (Anthony und Molander 1998, S. 18.) So ist es beispielsweise dem einzelnen Studierenden überlassen, in den ersten Studienjahren Vouchers anzusparen und diese im letzten Studienjahr doppelt einzusetzen, um finanziell nicht auf eigene Erwerbstätigkeit angewiesen zu sein. Darüber hinaus bleibt Studierenden im letzten Studienjahr, die bereits alle Vouchers eingesetzt haben, immer noch die Möglichkeit, ein Darlehen in Höhe von monatlich EUR 615 zu beantragen.

Die Rückzahlung der Darlehen beginnt entweder bereits in der Studienzeit oder spätestens ein Jahr nach Studienabschluss und sollte innerhalb von 15 Jahren beendet sein. Die staatlich festgelegten Zinsen betragen für die Rückzahlung während des Studiums vier Prozent und für die Zahlung nach dem Studienabschluss derzeit 4,25 Prozent. Die Höhe der zweimonatlich zu zahlenden Rate hängt von der Höhe des Darlehens, dem Rückzahlungszeitraum und dem Zinssatz ab. Den Absolventen mit geringem Einkommen können die in Anspruch genommenen staatlichen Leistungen ab dem zwölften Jahr nach Studienabschluss erlassen werden. In 1996 hatten 243.900 Personen in Dänemark Darlehensschulden von insgesamt EUR 1,231 Milliarden aus der direkten staatlichen Studienförderung zu verzeichnen; damit belief sich der durchschnittliche Schuldenbetrag pro Person auf EUR 5.047.

Staatliche Gesamtausgaben für direkte Studienförderung

Die staatlichen Gesamtausgaben für direkte Studienförderung betragen in Dänemark EUR 716 Millionen. Von dieser Summe entfallen EUR 563 Millionen auf Zuschüsse und EUR 153 Millionen auf verzinsliche Darlehen.

Von den 170.000 Studierenden im dänischen Hochschulsektor (Angabe laut Eurostat 1997) werden 147.900 Studierende staatlich gefördert. Mit diesem Anteil, dem eine Gefördertenquote von 87 Prozent entspricht, liegt Dänemark im europäischen Vergleich an der Spitze. Dabei erhalten nahezu alle Geförderten, die allein leben, den maximalen Förderungsbetrag in Höhe von EUR 697 pro Monat.

Schweden

Staatliches Förderungssystem und Förderungsbeträge

Die schwedische Studienförderung wird zentral durch die staatliche Einrichtung *Centrala Studiestödsnämnden* (CSN) verwaltet. CSN wird in jeder Universität durch Informationsbüros repräsentiert, welche die studentischen Daten für die Studienförderung erheben und an die Zentrale in Stockholm weiterleiten. Die Entscheidungen über Anträge werden dezentral in den jeweiligen Informationsbüros getroffen, Einspruch gegen abgelehnte Anträge von Seiten der Studierenden kann dagegen nur bei der Verwaltungszentrale von CSN eingelegt werden.

In Schweden wird nur etwa ein Drittel (35 %) der Studienförderung in Form von Zuschüssen gewährt, während zwei Drittel der Gelder (65 %) als Darlehen an die Studierenden vergeben werden. Diese können eigenständig entscheiden, ob sie ausschließlich den Zuschussanteil oder sowohl den Zuschuss als auch den Darlehensanteil in Anspruch nehmen möchten. Dabei kann das Darlehen sowohl teilweise als auch vollständig zur Verfügung gestellt werden (Deutsches Studentenwerk 1997, S. 213).

Die Höhe der Studienförderung richtet sich nach dem sogenannten Basissatz, der jedes Jahr von der schwedischen Regierung neu bestimmt wird. Für 1997 betrug der jährliche Basissatz EUR 4.037. Um die monatliche Fördersumme festzulegen, wird das neun Monate umfassende akademische Jahr in 18 Abschnitte zu je 15 Tagen eingeteilt. Ein Vollzeitstudierender erhält für jeden dieser Abschnitte 9,75 Prozent des Basissatzes, also in 1997 insgesamt EUR 7.084 im Jahr. Dies entspricht einer durchschnittlichen monatlichen Förderung von EUR 591 oder, sofern nur die Förderungsmonate berücksichtigt werden, EUR 788. Diese Summe wiederum setzt sich aus einem Zuschussbetrag von EUR 219 und einem Darlehensbetrag von EUR 569 zusammen (siehe Tab. 4-2).

4 Direkte staatliche Studienförderung in Europa

Tab. 4-2: Förderungsbeträge für Studierende in Schweden 1997 (in EUR)

Anzahl der Monate		Zuschuss	Darlehen	Gesamt
1	(Einzelkurs)	219	569	788
4,5	(ein Semester)	985	2.557	3.542
9	(ein Studienjahr)	1.969	5.115	7.084

Kriterien für die Vergabe staatlicher Studienförderung

a) Sozialstrukturelle Kriterien

Es liegen keine Angaben darüber vor, ob die schwedische Staatsbürgerschaft Voraussetzung für den Erhalt staatlicher Förderungsgelder ist. Eine untere Altersgrenze besteht nicht, förderberechtigte Studierende dürfen jedoch die obere Altersgrenze von 45 Jahren nicht überschreiten. Bedürftigen Studierenden wird eine Ausnahme von dieser Regelung gewährt.

b) Sozioökonomische Kriterien

In Schweden erfolgt die Zuteilung staatlicher Studienförderung unabhängig vom elterlichen Einkommen. Hingegen wird das eigene Einkommen der Studierenden berücksichtigt: Bei einer Überschreitung einer ersten Einkommensgrenze in Höhe von monatlich EUR 505 werden die Zuschüsse und Darlehen um die Hälfte des über die Grenze reichenden Einkommensbetrags gekürzt. Studierende, deren Einkommen die zweite Einkommensgrenze von EUR 1.668 im Monat übersteigt, erhalten keine staatliche Studienförderung.[2]

In Schweden wird die direkte Studienförderung unabhängig von der Wohnform des Studierenden vergeben.

c) Studienbezogene Kriterien

Das wesentliche Kriterium für die Vergabe von Zuschüssen und Darlehen ist die erfolgreiche Durchführung des Studiums. Studierende müssen eine bestimmte Anzahl von Credits pro Semester erwerben und dabei mindestens 75 Prozent der erforderlichen Studienleistungen in der Regelstudienzeit des betreffenden Studiengangs erbringen. Angaben über mögliche Auswirkungen auf die Studienförderung bei einem Studienfachwechsel liegen nicht vor.

---

[2] Die genannten Beträge gelten für Vollzeitstudierende, die in allen Semestermonaten studieren. Für Studierende, die nur einen Teil des Semesterprogramms wahrnehmen, sind höhere Einkommensgrenzen relevant. Zu beachten gilt außerdem, dass in Schweden für das Frühjahrs- und für das Herbstsemester unterschiedliche Einkommensgrenzen festgelegt werden, die hier zu einem Wert zusammengefasst worden sind.

Förderungsdauer und Rückzahlungsmodalitäten

In Schweden wird staatliche Studienförderung maximal sechs Jahre lang gewährt. Wie bereits erwähnt, wird die Förderung im Unterschied zu den meisten anderen europäischen Ländern auf neun Monate pro Jahr beschränkt; in der vorlesungsfreien Zeit im Sommer erhalten Studierende keine finanzielle Unterstützung.

Sofern den Studierenden die Studienförderung in Form von Darlehen zugewiesen worden ist, beginnen sie mit der Rückzahlung ihrer Schulden frühestens sechs Monate nach Erhalt des letzten Darlehens. Die Rückzahlungsrate bemisst sich auf vier Prozent des Einkommens (Dohmen und Ullrich 1996, S. 37). Der Zinssatz wird jährlich neu festgelegt; in 1997 betrug er sechs Prozent. Im Fall ausgesprochen niedrigen Einkommens oder bei Nichterwerbstätigkeit wird die Rückzahlung des Darlehens storniert – es kann auch völlig auf eine Rückzahlung verzichtet werden. Darlehensschulden werden von staatlicher Seite abgeschrieben, wenn der ehemalige Darlehensempfänger das Pensionsalter von 65 Jahren erreicht.

Da das Darlehenssystem in Schweden erst seit Beginn der 90er Jahre existiert, liegen bisher nur wenige empirische Daten über die diesbezüglichen Staatsausgaben vor. Es ist jedoch zu erwarten, dass dem Staat durch die mangelnde Rückzahlungsfähigkeit eines Teils der Absolventen Abschreibungskosten in erheblichem Ausmaß entstehen: „The structure of the Swedish study allowances system with a considerably higher loan component than grant component means that many students incur debts which they will never be able to repay. Through the relatively generous write-off rules a large part of the state subsidy lies in the loan component and the future write-off." (Andersson 1998, S. 27.) In 1996 hatten 1,2 Millionen schwedische Absolventen Darlehensschulden mit einem Gesamtvolumen von EUR 10,6 Milliarden zu verzeichnen.

Staatliche Gesamtausgaben für direkte Studienförderung

In Schweden betragen die staatlichen Gesamtausgaben für die Studienförderung circa EUR 1,023 Milliarden. Diese Förderungssumme unterteilt sich in Ausgaben für Zuschüsse in Höhe von EUR 358 Millionen und Darlehensausgaben in Höhe von EUR 665 Millionen.

Über 200.000 Studierende, das sind 79 Prozent aller Studierenden, erhalten Zuschussförderung, und an 150.000 Studierende (58 %) werden Darlehen in der üblichen Form vergeben. Weitere knapp 5.000 Studierende (6 %) kommen in den Genuss der sogenannten Sonderdarlehen.

4 Direkte staatliche Studienförderung in Europa

Finnland

Staatliches Förderungssystem und Förderungsbeträge

In Finnland wird die Studienförderung durch das *Centre for Student Financial Aid* innerhalb der *Social Insurance Institution* (KELA) verwaltet. Die staatliche Förderung ist erst seit 1994 in die finnische Sozialversicherung eingebunden. Mit der Integration wurde beabsichtigt, alle wohlfahrtsstaatlichen Aspekte zu bündeln und damit das Gesamtsystem effizienter zu gestalten: „The idea was to make it possible for the clients to run all their social security errands in one booth. In other words, the effectiveness of the welfare system was expected to increase. Also better co-operation between the state level student financial aid and the local level social security was in mind. It sounds altogether rational that the information on student's rights as a citizen comes from a central office which is also fully responsible to ensure that those rights are available in practice." (Kivinen und Hedman 1998, S. 13.)

Ähnlich wie in Schweden wird die zentrale Verwaltungsstelle durch Informationsbüros an jeder Universität unterstützt. In den Büros erhalten Studierende Antragsformulare und Informationen zur staatlichen Studienförderung. Im Unterschied zum schwedischen System entscheidet jedoch die Zentralverwaltung über die Genehmigung der Anträge.

Der Staat gewährt fünf Arten der Studienbeihilfe: 1. allgemeine Zuschüsse, 2. Darlehen, 3. Mietbeihilfe, 4. den sogenannten „Extrazuschuss" für Studierende aus einkommensschwachen Familien sowie 5. Erwachsenenförderung. Die Zuschüsse werden überwiegend in Form von Vouchers bewilligt, also als monatliche Bildungsgutscheine, die flexibel eingesetzt werden können. Sie bilden mit 92 Prozent Anteil an der Gesamtförderung die wichtigste Komponente der Studienförderung im finnischen System. Erst wenn der Antrag auf Zuschussförderung von KELA bewilligt wird, hat der Studierende Anspruch auf weitere Förderungsleistungen, wie zum Beispiel Darlehen und Mietbeihilfe. Die Darlehen stellen mit einem Anteil von lediglich acht Prozent der gesamten Förderung einen relativ kleinen Teil der direkten staatlichen Studienförderung in Finnland dar.

Der monatliche Höchstbetrag für Zuschüsse liegt bei EUR 248; Darlehen werden maximal in Höhe von EUR 210 gewährt. Die Mietbeihilfe soll zwei Drittel der Wohnkosten abdecken; bei einer angenommenen Höchstmiete von EUR 206 pro Monat werden dementsprechend maximal EUR 138 gezahlt. Insgesamt beläuft sich also die maximale Fördersumme pro Monat auf EUR 596. Die durchschnittliche Fördersumme beträgt EUR 564 im Monat, also nur unwesentlich weniger als im Maximalfall.

Aus Abbildung 4-1, in der die mittlere Studienförderung anderen, auch Nichtstudierenden zugänglichen Formen finanzieller Förderung durch den Staat gegenübergestellt wird, ist ersichtlich, dass sich die Höhe der verschiedenen staatlichen Unterstützungsbeträge kaum unterscheidet.

Abb. 4-1: Formen staatlicher Unterstützung in Finnland (in EUR pro Monat)

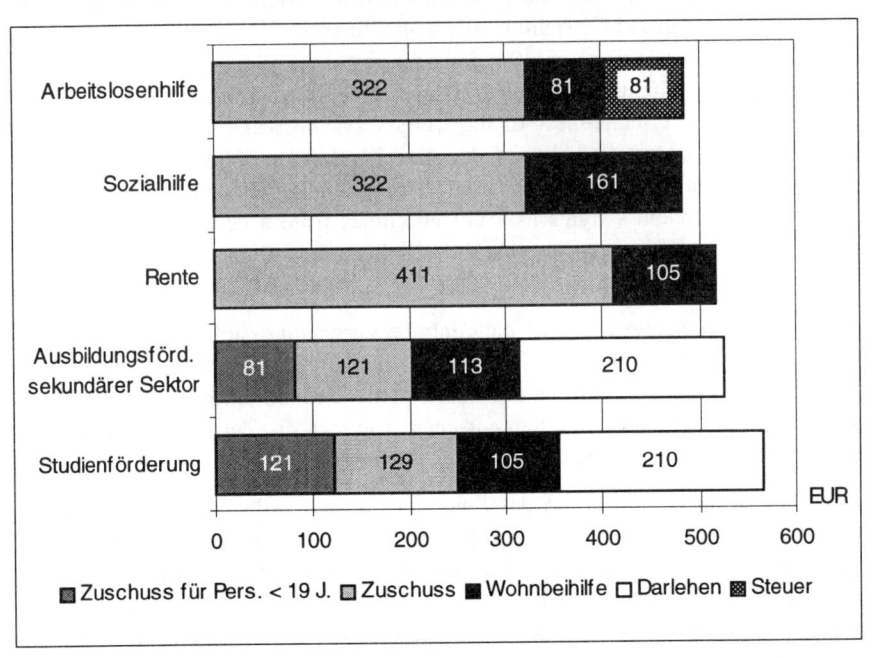

Form	Zuschuss für Pers. < 19 J.	Zuschuss	Wohnbeihilfe	Darlehen	Steuer
Arbeitslosenhilfe		322	81		81
Sozialhilfe		322	161		
Rente		411	105		
Ausbildungsförd. sekundärer Sektor	81	121	113	210	
Studienförderung	121	129	105	210	

In Finnland existiert neben der oben genannten Form direkter Studienförderung die spezielle „Erwachsenenförderung". Sie kann von Studierenden im Alter von 30 bis 54 Jahren beantragt werden, die innerhalb der letzten fünf Jahre nicht länger als vier Monate lang ein Studienprogramm belegt haben, das zum Erhalt staatlicher Studienförderung berechtigt. Außerdem gilt als Voraussetzung, dass der Studierende seine vorherige Hauptbeschäftigung niederlegt und keine anderen Einkommen über EUR 322 monatlich bezieht. Die Förderhöhe für das Studium Erwachsener liegt bei 25 Prozent des zu versteuernden Einkommens, das vor Aufnahme des Studiums bezogen wurde, jedoch immer im Bereich von monatlich EUR 248 bis EUR 451. Das Darlehen, das aufbauend auf den Zuschuss bewilligt werden kann, beträgt EUR 290 pro Monat. Die Erwachsenenförderung wird jedoch wesentlich seltener beantragt als die allgemeine Zuschussförderung;

auch ist der Anteil vollzeitlich studierender Erwachsener an allen Studierenden in Finnland gering.

Kriterien für die Vergabe staatlicher Studienförderung

a) Sozialstrukturelle Kriterien

Die finnische Staatsangehörigkeit wird für eine Förderung nicht vorausgesetzt, dennoch bestehen gewisse Einschränkungen für ausländische Studierende. Zuschussgeförderte Personen müssen mindestens 17 Jahre alt sein. Für die Beantragung von Darlehen gilt keine Altersbeschränkung, obgleich die Darlehenshöhe mit dem Alter variiert. Studierende, die 30 Jahre alt oder älter sind, können unter den oben beschriebenen Voraussetzungen Erwachsenenförderung beantragen.

b) Sozioökonomische Kriterien

Die zwei wesentlichen Kriterien für die Höhe der Studienförderung in Finnland sind das Alter des Studierenden und seine Wohnform. Darüber hinaus spielen der Familienstand und das eigene Einkommen des Studierenden eine Rolle. Sofern das steuerpflichtige Einkommen der Eltern monatlich EUR 1.211 nicht übersteigt, wird es ebenfalls zur Berechnung der Förderhöhe herangezogen. Wenn die Studierenden zudem jünger als 19 Jahre alt sind und/oder bei den Eltern leben, wird ihnen der sogenannte Extrazuschuss bewilligt. In Tabelle 4-3 sind exemplarisch verschiedene Studienförderungsbeträge dargestellt. Die dort an unterster Position aufgeführte Kategorie, „mindestens 19 Jahre alt und allein lebend", ist jene, der die meisten finnischen Studierenden zuzuordnen sind.

Anfang des Jahres 1998 ist in Finnland das sogenannte „Dänische Modell" eingeführt worden, welches das studentische Einkommen bei der Vergabe von Förderungsgeldern berücksichtigt. Für jeden Monat, in dem der Studierende staatliche Studienförderung in Form eines Vouchers erhält und einsetzt, gilt ein Einkommenslimit in Höhe von EUR 483. Für die Monate, in denen kein Voucher verwendet wird, ist jeweils eine Obergrenze von EUR 1.450 relevant. Aus diesen Werten wird die jährliche Einkommensgrenze berechnet. Beispielsweise liegt die Obergrenze eines Studierenden, der elf monatliche Vouchers einsetzt, bei EUR 6.764 im Jahr. Überschreitet ein Studierender mit seinem Einkommen den Jahreshöchstwert, so muss er einen Teil der erhaltenen Studienförderung zurückzahlen, und zwar einen Betrag in Höhe von 50 Prozent des über die Grenze hinaus erzielten Einkommens. Überschreitet das studentische Jahreseinkommen die errechnete Einkommensgrenze um mehr als EUR 966, so muss die Überschreitungssumme vollständig zurückgegeben werden; allerdings wird dann maximal der Betrag eingefordert, der dem Gesamtbetrag an bewilligten Zuschüssen entspricht.

Tab. 4-3: Förderungsbeträge für Studierende in Finnland (nach Alter und Wohnform, in EUR pro Monat)

	Zu-schuss	Darlehen	Mietbeihilfe*	Extra-zuschuss	Gesamt
< 17 J., allein lebend	—	145	108	—	253
= 17 J., bei den Eltern lebend	37	145	—	56	238
= 17 J., allein lebend	121	145	108	56	430
< 18 J., m. eig. Familie lebend	248	145	—	—	393
= 18 J., bei den Eltern lebend	37	210	—	56	303
= 18 J., allein lebend	121	210	108	56	495
≥ 18 J., m. eig. Familie lebend	248	210	—	—	458
≥ 19 J., bei den Eltern lebend	101	210	—	56	367
≥ 19 J., allein lebend	248	210	108	—	566

* Grundlage der Berechnungen sind monatliche Mietkosten von EUR 161.

c) Studienbezogene Kriterien

Für den Erhalt direkter staatlicher Studienförderung muss der Studierende nachweisen, dass er über eine Zeitspanne von mindestens zwei Monaten an einer Hochschule eingeschrieben war, was dem Erwerb von sechs Credits entspricht. Da das finnische Förderungssystem auf der Vergabe von flexibel einsetzbaren monatlichen Vouchers beruht, ist ein Studienfachwechsel im Rahmen der maximalen Förderungsdauer problemlos möglich.

Förderungsdauer und Rückzahlungsmodalitäten

Die Studierenden, denen direkte staatliche Studienförderung gewährt wird, erhalten bis zu 55 Vouchers, das entspricht einer Förderungsdauer von etwa viereinhalb Jahren. Studierende, die im Studiengang Medizin oder für Afrikanische und Asiatische Sprachen eingeschrieben sind, können weitere zehn Monate Förderung beantragen. Auch besondere familiäre Umstände berechtigen zu einer erweiterten Förderungszeit. Die obere Grenze liegt bei 70 Fördermonaten, also bei insgesamt knapp sechs Jahren.[3] Studierende in Bachelor-Programmen erhalten allerdings – je nach Studienfach – lediglich 33 bis 41 monatliche Zuschüsse.

Der Zeitraum und der Zinssatz für die Rückzahlung des Darlehens werden ebenso wie die Höhe der monatlichen Raten zwischen dem Studierenden und seiner

---

3 Ausnahme: Studierende, die schon vor dem Stichdatum Juni 1992 Förderung in Form von Zuschüssen erhalten haben, können insgesamt sieben Jahre lang Studienförderung beziehen.

Bank ausgehandelt. Im Unterschied zum Darlehen selbst können die damit verbundenen Zinsen nicht bereits in der Studienzeit zurückgezahlt werden.

Staatliche Gesamtausgaben für direkte Studienförderung

Die staatlichen Gesamtausgaben für direkte Studienförderung betragen in Finnland EUR 536 Millionen. Davon werden EUR 490 Millionen als Zuschüsse gewährt, inklusive der Erwachsenenförderung in Höhe von EUR 24 Millionen sowie der Wohnzuschüsse von EUR 97 Millionen. Demgegenüber belaufen sich die Kosten, die der Staat für die Darlehensförderung aufbringt, jährlich auf EUR 46 Millionen.[4]

In 1996 wurden 59 Prozent aller Hochschulstudierenden durch Zuschüsse gefördert, während 40 Prozent keinen Förderungsantrag gestellt hatten. Somit verbleibt nur ein kleiner Anteil von einem Prozent aller Studierenden, deren Antrag auf Studienförderung abgelehnt worden ist. Durch Darlehen – die, wie bereits erwähnt, lediglich aufbauend auf die Zuschussförderung bezogen werden können – wird etwa ein Drittel aller Studierenden an Hochschulen gefördert.

Niederlande

Staatliches Förderungssystem und Förderungsbeträge

In den Niederlanden ist das Ministerium für Bildung, Kultur und Wissenschaften zuständig für die Bewilligung der Studienfördergelder. Die Verwaltung des Förderungssystems erfolgt durch die zentrale Behörde *Informatie Beheer Groep* (IBG), die auch für die Auszahlung der Gelder zuständig ist. Die jeweiligen Universitäten bieten zusätzlich an ihren Standorten Informationsdienste zum Thema Studienförderung an.

Direkte staatliche Studienförderung wird sowohl in Form von Zuschüssen (*Performance Grants*) als auch über verzinsliche Darlehen zur Verfügung gestellt. Die Zuschussförderung überwiegt dabei mit 78 Prozent gegenüber 22 Prozent Darlehensförderung, gemessen an der gesamten staatlichen Förderung.

---

4 Die angegebenen Werte für die staatlichen Gesamtausgaben beziehen die Studienförderung im sekundären Bildungssektor mit ein. Diese Rechnungsart ist auch in einigen anderen Ländern üblich (vgl. Deutsches Studentenwerk 1997). Wird ausschließlich die Förderung von Studierenden an Hochschulen betrachtet, so ergibt sich folgendes Bild: Die staatlichen Gesamtausgaben betragen EUR 237 Millionen, wovon EUR 232 Millionen als Zuschüsse gewährt werden, einschließlich EUR 7 Millionen für Erwachsenenförderung und EUR 49 Millionen für Wohnzuschüsse. EUR 6 Millionen werden als Darlehen ausgezahlt.

Der maximale Förderungsbetrag pro Monat und Studierenden beträgt EUR 580. Im Wesentlichen setzt er sich aus einem Grundförderungsbetrag von EUR 190, einem Ergänzungsbetrag von höchstens EUR 181 und verzinslichen Darlehen in Höhe von maximal EUR 166 zusammen. Außerdem erhalten alle Studierenden, die Grundförderung beziehen, zusätzlich einen Ausweis, die *OV-kaart*, der – wahlweise an Wochenenden oder an Werktagen – zur kostenlosen Nutzung öffentlicher Verkehrsmittel berechtigt und dessen Wert sich auf monatlich EUR 43 beziffern lässt.[5]

Kriterien für die Vergabe staatlicher Studienförderung

a) Sozialstrukturelle Kriterien

Voraussetzung für den Erhalt von Studienförderung ist die niederländische Staatsbürgerschaft. Ausnahmen von dieser Regel gelten für Studierende aus Ländern der Europäischen Union sowie für offiziell anerkannte Flüchtlinge.

Studienförderungsberechtigte müssen mindestens 18 Jahre alt und dürfen bei Studienbeginn nicht älter als 27 Jahre sein. Ab dem Monat, in dem der Studierende das 27. Lebensjahr vollendet, wird die Studienförderung nicht mehr als Zuschuss, sondern gänzlich als Darlehen ausgezahlt.

b) Sozioökonomische Kriterien

Alle Vollzeitstudierenden sind zum Erhalt von Grundförderung berechtigt, und zwar unabhängig vom Einkommen der Eltern. Die Höhe des Ergänzungsbetrags hingegen richtet sich sowohl nach dem elterlichen als auch nach dem eigenen Einkommen: Die obere Einkommensgrenze für das studentische Einkommen liegt bei EUR 559 pro Monat. Von den Eltern wird in Abhängigkeit von der Höhe ihres Einkommens erwartet, dass sie einen sogenannten Elternbeitrag zur Finanzierung des Studiums ihrer Kinder leisten: je höher das Einkommen, desto größer der erwartete Betrag. Eine Familie mit einem Jahreseinkommen von EUR 15.339 beispielsweise sollte den Studierenden mit monatlich EUR 147 unterstützen. Zusammen mit der staatlichen Förderung in Höhe von EUR 432 ergeben sich also EUR 580 Gesamtförderung (siehe Tab. 4-4).

---

5 Die Klassifizierung der Fahrtkostenzuschüsse als direkte Studienförderung ist nicht unumstritten. Als Argument für diese Einordnung kann gelten, dass zeitgleich mit der Einführung der *OV-kaart* die Grundförderung um den entsprechenden Betrag gekürzt worden ist.

Tab. 4-4: Direkte Studienförderung und erwarteter Elternbeitrag in den Niederlanden* (in EUR pro Monat)

Steuerpflichtiges Jahreseinkommen der Eltern	Grundförderung	Fahrtkostenzuschuss	Zusatzförderung	Darlehen	Erwarteter Elternbeitrag	Angenommenes Budget der Stud.
≤ 11.086	190	43	181	166	0	580
11.087 – 13.413	190	43	139	166	42	580
13.414 – 17.885	190	43	34	166	147	580
17.886 – 19.226	190	43	0	166	181	580
19.227 – 20.121	190	43	0	148	199	580
20.122 – 22.356	190	43	0	94	253	580
22.357 – 24.592	190	43	0	42	304	580
24.593 – 26.827	190	43	0	0	347	580

* Die aufgeführten Werte gelten für einen unabhängigen Studierenden mit einem Geschwisterkind, welches nicht studiert. Für andere familiäre Konstellationen weichen die Werte geringfügig von den hier genannten ab.

Die Förderhöhe variiert außerdem mit der Wohnform des Studierenden. Studierende, die bei den Eltern wohnen, erhalten einen Grundförderungsbetrag von monatlich EUR 56 und einen maximalen Ergänzungsbetrag von monatlich EUR 166. Demgegenüber beziehen Studierende, die nicht bei den Eltern wohnen, Grundförderung in Höhe von EUR 192 und – bis zum 21. Lebensjahr – einen Ergänzungsbetrag von EUR 182.

c) Studienbezogene Kriterien

Die Vergabe von Studienfördergeldern erfolgt in den Niederlanden leistungsabhängig, und zwar gemessen an zwei Kriterien:

1. Studierende müssen im ersten Studienjahr mindestens 50 Prozent der erforderlichen Credits erwerben; nur dann wird die für das erste Studienjahr gewährte Förderung im Nachhinein in einen Zuschuss umgewandelt.

2. Das Studium muss innerhalb der maximalen Förderdauer abgeschlossen werden; nur dann erfolgt rückwirkend eine Wertung der Grundförderungsbeträge und der darüber hinaus gewährten Ergänzungsbeträge des zweiten, dritten und vierten Studienjahres als Zuschüsse. Sollte der Studierende nicht in der Lage sein, sein Studium im Rahmen der maximalen Förderzeit erfolg-

reich zu beenden, bleiben die Förderungsschulden bestehen und müssen als verzinsliche Darlehen zurückgezahlt werden.[6] Förderungsberechtigte Studierende können das Studienfach wechseln, dürfen dabei aber die maximale Förderdauer nicht überschreiten. Die Studierenden sollen damit veranlasst werden, sich vor dem Beginn des Studiums ernsthaft mit der Wahl ihres Studienfaches auseinander zu setzen. Bei einem Studienabbruch wird die gewährte Grundförderung nicht in einen Zuschuss umgewandelt, sondern muss als Darlehen zurückgezahlt werden. Hierbei gilt für das erste Studienjahr eine Ausnahmeregelung, der zufolge Studienabbrecher, die 50 Prozent der im ersten Jahr geforderten Studienleistungen erbringen, die erhaltene Grundförderung nicht zurückzahlen müssen. Dies entspricht der oben angeführten üblichen Regelung für das erste Studienjahr.

Förderungsdauer und Rückzahlungsmodalitäten

Die maximale Förderdauer geht zwei Jahre über die Regelstudienzeit von vier Jahren hinaus und beläuft sich somit auf sechs Jahre. Studierende, die ihr Erststudium in weniger als vier Jahren abgeschlossen haben, können die Restsumme der Grundförderung prinzipiell für weitere Studien nutzen.

Studierende, die im Rahmen der direkten Studienförderung Darlehen erhalten haben, müssen diese nicht sofort nach Abschluss ihres Studium erstatten. Die Rückzahlung ist erst nach Ablauf des Abschlussjahres und der folgenden beiden Kalenderjahre erforderlich. Die Darlehensbeträge werden dann über einen Zeitraum von 15 Jahren an die *Informatie Beheer Groep* zurückerstattet. Die minimale monatliche Rückzahlungsrate beträgt EUR 44. Der Zinssatz liegt jeweils um 2,15 Prozent höher als der staatliche Kreditzinssatz des betreffenden Jahres. 1996/97 lag der Darlehenszinssatz bei 6,6 Prozent, ein Jahr später bei 5,7 Prozent. Sieht sich ein Absolvent nicht in der Lage, sein Darlehen zurückzuzahlen, kann er jährlich die Neubemessung seiner Schuld beantragen. In diesem Fall wird seine finanzielle Lage überprüft, und die Höhe der Rückzahlungsraten wird unter Berücksichtigung des monatlichen Bruttoeinkommens und der Anzahl der Kinder verringert.

---

6 Zu beachten ist dabei, dass lediglich die als Grundförderung und Ergänzungsförderung bezeichneten Förderungsmittel in Zuschüsse umgewandelt werden können. Andere zusätzlich aufgenommene Darlehen sind in jedem Fall nach Beendigung des Studiums rückzahlungspflichtig.

4 Direkte staatliche Studienförderung in Europa

Staatliche Gesamtausgaben für direkte Studienförderung

Die Gesamtausgaben für direkte staatliche Studienförderung in den Niederlanden belaufen sich auf EUR 1,222 Milliarden. Dabei gliedern sich die Zuschüsse in Höhe von EUR 952 Millionen in EUR 557 Millionen für die Grundförderung und EUR 132 Millionen für Ergänzungsbeträge, weitere EUR 260 Millionen für Fahrtbeihilfen und schließlich EUR 3 Millionen in Form von Subventionen für Studiengebühren. Staatliche Darlehen werden mit EUR 270 Millionen finanziert (siehe Tab. 4-5).

Tab. 4-5: Staatsausgaben für direkte Studienförderung in den Niederlanden 1990, 1995 und 1996 (nach Förderungsform)

Förderungsform	Staatsausgaben (in Mio. EUR)			Anzahl der Empfänger (in Tsd.)			Durchschnittl. Ausgaben pro Empfänger und Jahr (in EUR)		
	1990	1995	1996	1990	1995	1996	1990	1995	1996
Grundförderung	843	680	557	309	347	339	2.727	1.958	1.642
Ergänzungsbeträge	70	137	132	104	111	110	666	1.229	1.199
Darlehen	159	199	270	149	—	174	1.066	—	1.555
Fahrtkostenzuschüsse (*OV-kaart*)	—	170	260	—	347	339	—	487	510
Subventionen f. Stud.gebühren	—	2	3	—	4	7	—	559	447
Gesamt	1.072	1.188	1.222	309	363	359	3.466	3.272	3.405

Die Gefördertenquote in den Niederlanden beträgt 82 Prozent. Dieser Prozentsatz ist identisch mit dem Anteil der Studierenden, der Grundförderung bezieht. 30 Prozent der Studierenden beziehen darüber hinaus Ergänzungsförderung.

Frankreich

Staatliches Förderungssystem und Förderungsbeträge

In Frankreich werden die staatlichen Studienförderungsgelder vom Bildungsministerium zur Verfügung gestellt und durch das *Centre Régional des Oeuvres Universitaires et Scolaires* (CROUS), einer dem deutschen Studentenwerk ähnlichen Einrichtung, verwaltet.

Zu über 99 Prozent wird direkte Studienförderung als Zuschussförderung gewährt, wobei der monatliche Förderbetrag maximal EUR 240 beträgt.[7] Studierende, die keinen Anspruch auf Zuschussförderung haben, können ein zinsfreies Darlehen beantragen, welches im Fall der Bewilligung einmalig in Höhe von EUR 733 bis EUR 2.930 ausgezahlt wird. Jährlich erhalten lediglich wenige tausend Studierende diese Form der Förderung; in 1995 beispielsweise wurden 2.800 Darlehen vergeben.

Kriterien für die Vergabe staatlicher Studienförderung

a) Sozialstrukturelle Kriterien

Zu den sozialstrukturellen Kriterien, Staatsbürgerschaft und Alter der Studierenden, liegen in Bezug auf das französische Förderungssystem keine Informationen vor.

b) Sozioökonomische Kriterien

Die Zuschussförderung (*bourses sur critères sociaux*), welche den wesentlichen Teil der direkten staatlichen Studienförderung in Frankreich darstellt, wird ausschließlich finanziell bedürftigen Studierenden gewährt, wohingegen leistungsabhängige Stipendien (*bourses sur critères académiques*) nur an postgraduierte Studierende vergeben werden. Der Grad an Bedürftigkeit und damit auch die Förderungshöhe werden mit Hilfe eines komplexen Punktesystems ermittelt, wobei vor allem das steuerpflichtige Einkommen der Eltern, die Anzahl der Geschwister des Studierenden sowie die Entfernung vom Wohnort zur Universität relevant sind.

Tab. 4-6: Förderungsbeträge für Studierende in Frankreich (in EUR)

Förderungssatz	Förderungsbetrag		
	pro Jahr	pro Monat	pro Monat, bei neun Monatsraten im Jahr
1	1.088	90	121
2	1.632	136	181
3	2.067	172	230
4	2.522	210	280
5	2.883	240	320

Quelle: Deutsches Studentenwerk 1997.

---

7 In Frankreich sind Mietzuschüsse kein Teil der direkten Studienförderung, da sie allen entsprechend bedürftigen Bürgern gewährt werden können. Aus diesem Grund ist der höchstmögliche monatliche Mietzuschuss von EUR 147 an dieser Stelle nicht eingerechnet (vgl. Kapitel 5).

4 Direkte staatliche Studienförderung in Europa   87

Üblicherweise wird der Förderungsbetrag für ein akademisches Jahr in neun Monatsraten ausgezahlt. Die Höhe dieser Raten entspricht – je nach sozialer Lage des Studierenden und seiner Familie – einem der fünf Förderungssätze (*échelons*), die in Tabelle 4-6 aufgeführt sind (Deutsches Studentenwerk 1997, S. 145). Bei einem jährlichen Familieneinkommen von über EUR 36.621 haben Studierende kein Anrecht auf direkte staatliche Studienförderung.

c) Studienbezogene Kriterien

Voraussetzung für den Erhalt staatlicher Studienförderung ist der erfolgreiche Abschluss aller Prüfungen des jeweiligen Studienprogramms innerhalb der Regelstudienzeit. Studierende, die ihre Zwischenprüfungen nicht bestehen und sich dann für ein anderes Fach einschreiben, verlieren den Anspruch auf Studienförderung. Für den Fall, dass schwerwiegende Gründe für das Nichtbestehen vorliegen, werden den betroffenen Studierenden besondere Zuschüsse (*aides individuelles exceptionnelles*) zugeteilt.

Förderungsdauer und Rückzahlungsmodalitäten

Die Förderungsdauer entspricht der Regelstudienzeit des jeweiligen Studienganges. Staatliche Darlehen, die – wie bereits erwähnt – nur selten vergeben werden, sind zinsfrei und müssen innerhalb von zehn Jahren nach Beendigung des Studiums zurückgezahlt werden. Über die Höhe der monatlichen Raten liegen keine Angaben vor.

Staatliche Gesamtausgaben für direkte Studienförderung

Die Staatsausgaben für Zuschussförderung haben sich im Jahr 1995 auf insgesamt EUR 879 Millionen belaufen, wohingegen lediglich EUR 6 Millionen für Darlehen aufgebracht worden sind. Die Gesamtausgaben des Staates im Rahmen der direkten Studienförderung lassen sich also mit EUR 885 Millionen beziffern.[8]

Von den 20 Prozent aller Studierenden in Frankreich, die direkte staatliche Studienförderung beziehen, erhalten wiederum 43 Prozent – das sind über 155.000 Studierende – den maximalen Förderbetrag.

---

8 Die Summe der staatlichen Gesamtausgaben enthält keine Ausgaben für Mietzuschüsse, da diese nicht Bestandteil der direkten Studienförderung sind.

Belgien

Staatliches Förderungssystem und Förderungsbeträge

Die Verwaltung der direkten staatlichen Studienförderung fällt in den Kompetenzbereich der jeweiligen Regionalregierung. Im Falle der hier betrachteten Region Flandern ist das *Ministerie van de Vlaamse Gemeenschap* zuständig für die Prüfung der Förderungsberechtigung und die Verteilung der Förderungsgelder.

In der Flämischen Gemeinschaft wird direkte staatliche Studienförderung ausschließlich als Zuschussförderung gewährt.[9] Die maximale Förderungssumme für einen Studierenden beträgt in der Regel EUR 205 pro Monat. Als Ausnahme ist jedoch für Studierende, deren Familieneinkommen deutlich unter dem flandrischen Minimaleinkommen liegt, ein Zuschuss in Höhe von EUR 307 monatlich vorgesehen.

Kriterien für die Vergabe staatlicher Studienförderung

a) Sozialstrukturelle Kriterien

Als Voraussetzung für den Erhalt von Studienförderung gilt der Nachweis der belgischen oder einer in Belgien als gleichwertig anerkannten Staatsbürgerschaft. Das Alter der Studierenden spielt hingegen keine Rolle.

b) Sozioökonomische Kriterien

Staatliche Studienförderung wird in Flandern einkommensabhängig vergeben. In den meisten Fällen ist dabei das Einkommen der Eltern ausschlaggebend, in wenigen Fällen auch dasjenige der Studierenden, wobei die Obergrenze bei EUR 454 im Monat liegt.

Die Einkommensgrenzen für das elterliche Einkommen sind nach der Anzahl der Personen in der Familie gestaffelt (siehe Abb. 4-2). Dabei ist zwischen der ersten Grenze, die eine Verringerung des Förderbetrags bedeutet, und der zweiten Grenze, oberhalb derer keine Studienförderung gezahlt wird, zu unterscheiden.

Auch die Wohnform sowie die Entfernung zum Studienort beeinflussen die Förderhöhe. So gilt der oben angegebene maximale Förderbetrag von EUR 205 pro Monat nur für Studierende, die nicht bei den Eltern leben. Studierende hingegen,

---

9 Seit der Privatisierung der zuständigen Behörde im Jahr 1996 werden in Flandern offiziell keine staatlichen Darlehen mehr vergeben. Private Darlehen sind jedoch weiterhin über einige ausgesuchte Hochschulen, den Nachfolgeverband der privatisierten Behörde sowie Banken günstig zu beziehen.

die bei ihren Eltern wohnen, erhalten maximal EUR 133, wenn sie mehr als zehn Kilometer von der Universität entfernt wohnen, und EUR 121, sofern sie im Umkreis von zehn Kilometern leben.

Abb. 4-2: Obergrenzen für das elterliche Einkommen in Flandern 1998/99 (in Tsd. EUR pro Jahr)

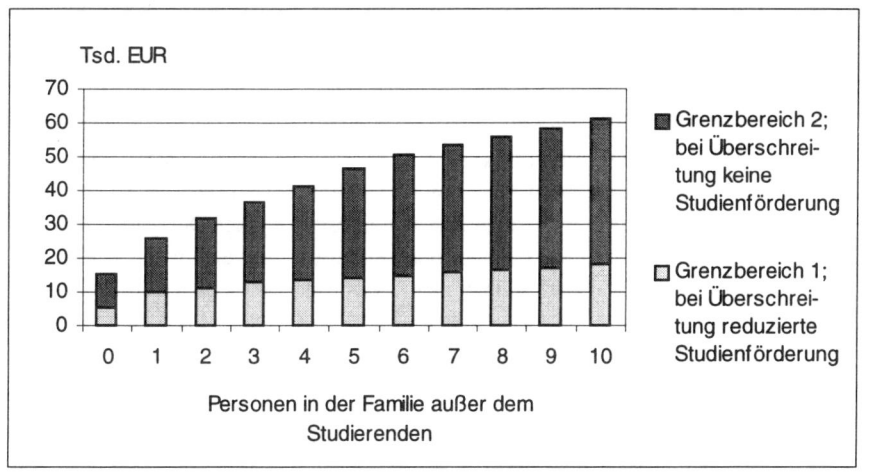

[Balkendiagramm: x-Achse: Personen in der Familie außer dem Studierenden (0–10); y-Achse: Tsd. EUR (0–70); Legende: Grenzbereich 2; bei Überschreitung keine Studienförderung / Grenzbereich 1; bei Überschreitung reduzierte Studienförderung]

c) Studienbezogene Kriterien

Für den Erhalt der Studienförderung müssen belgische Studierende erfolgreiche Studienleistungen nachweisen. Im Fall einer Nichtversetzung in das nächste Studienjahr wird der Zuschuss nicht weiter gewährt. Es liegen jedoch keine genaueren Informationen darüber vor, welche Arten von Studienleistungen erbracht werden müssen, um ein erfolgreiches Studium nachzuweisen.

Der Anspruch auf Studienförderung erlischt, sobald das Erststudium an einer Universität abgeschlossen wurde; weitere Studienabschlüsse werden nicht gefördert. Bei einer Studienunterbrechung oder bei einem Studienabbruch muss der Zuschussbetrag zurückgezahlt werden.

Förderungsdauer und Rückzahlungsmodalitäten

Staatliche Studienförderung wird in Flandern für die reguläre Dauer eines Universitätsstudiums gewährt, das bedeutet – je nach Studiengang – für drei bis sieben Jahre.

Im Rahmen der direkten Studienförderung werden keine Darlehen vergeben.

Staatliche Gesamtausgaben für direkte Studienförderung

In Belgien belaufen sich die staatlichen Gesamtausgaben für direkte Studienförderung pro Jahr auf EUR 35 Millionen. Der Anteil der über Zuschüsse geförderten Studierenden an allen Studierenden beträgt 19 Prozent. 22 Prozent dieser Geförderten wiederum haben in 1994/95 den maximalen monatlichen Betrag erhalten.

Deutschland

Staatliches Förderungssystem und Förderungsbeträge

Die finanziellen Mittel für direkte staatliche Studienförderung werden in Deutschland zu 65 Prozent vom Bund und zu 35 Prozent von den Bundesländern aufgebracht. Die lokalen Ämter für Ausbildungsförderung des Deutschen Studentenwerks entscheiden darüber, ob und gegebenenfalls in welcher Höhe ein Studierender berechtigt ist, Gelder nach dem Bundesausbildungsförderungsgesetz (BAföG) zu erhalten. Diesem Gesetz zufolge „hat jeder Studierende einen Rechtsanspruch auf staatliche Ausbildungsförderung für eine seiner Neigung, Eignung und Leistung entsprechende Ausbildung, wenn ihm die für seinen Lebensunterhalt und seine Ausbildung notwendigen Mittel anderweitig, d.h. vorrangig aus dem Einkommen der Eltern, nicht zur Verfügung stehen" (Schäferbarthold 1998, S. 6).

Die Fördersumme wird – wie das Gesetz selbst – kurz BAföG genannt. Sie besteht jeweils zur Hälfte aus einem Zuschuss und einem zinslosen Darlehen. Pro Studierenden beträgt die Förderung in den alten Bundesländern maximal EUR 516 monatlich, wobei EUR 258 als Zuschuss und EUR 258 als Darlehen gewährt werden. Der individuelle monatliche Förderungsbetrag wird in sogenannten Bedarfssätzen festgelegt. Die Höchstförderung beträgt EUR 309, wenn die Studierenden nur den sogenannten Basissatz erhalten; sie kann erhöht werden für Studierende, die nicht bei den Eltern wohnen, in Härtefällen sowie für Studierende, welche die Gebühren für Kranken- und Pflegeversicherung selbst tragen (siehe Tab. 4-7).[10]

---

10 Im April 2001 haben sich entsprechend der BAföG-Novellierung in Deutschland unter anderem folgende Änderungen ergeben: Der Förderhöchstsatz beläuft sich auf EUR 583 pro Monat und gilt für Studierende in den alten und in den neuen Bundesländern in gleicher Weise. Die Gesamtdarlehensbelastung wird auf EUR 10.226 begrenzt, um die Schuldenlast für Studierende nicht zu hoch werden zu lassen. Das BAföG kann nach einem Studienjahr in Deutschland bei der Aufnahme eines Auslandsstudiums aufrechterhalten werden.

Tab. 4-7: **Basissatz und maximale Ergänzungsbeträge der Studienförderung in Deutschland (in EUR pro Monat)**

	Höhe der Ergänzungsbeträge	
	Alte Länder	Neue Länder
Basissatz	309	309
Ergänzung, wenn Studierender nicht bei Eltern wohnt	123	43
Ergänzung bei eigener Krankenversicherung	38	33
Ergänzung bei eigener Pflegeversicherung	8	8
Maximale Ergänzung in Härtefällen, vor allem bei hohen Mietkosten	38	38
Summe	516	432

Kriterien für die Vergabe staatlicher Studienförderung

a) Sozialstrukturelle Kriterien

In Deutschland können sowohl deutsche Staatsbürger als auch Ausländer, die deutschen Staatsbürgern gleichgestellt sind, nach dem BAföG gefördert werden. Ausbildungsförderung wird nur dann gewährt, wenn die betreffende Person bei Beginn des Ausbildungsabschnitts, für den die Förderung beantragt wird, das 30. Lebensjahr noch nicht vollendet hat.

b) Sozioökonomische Kriterien

Nach dem in Deutschland geltenden Unterhaltsrecht sind die Eltern gesetzlich verpflichtet, für die Kosten der Ausbildung ihrer Kinder aufzukommen. Sofern jedoch bestimmte sozioökonomische Kriterien erfüllt sind, haben die Studierenden selbst Anspruch auf staatliche Ausbildungsförderung. Die Entscheidung, ob ein Studierender zum Erhalt von Studienförderung berechtigt ist, basiert im Wesentlichen auf der Höhe des eigenen sowie des elterlichen Einkommens und Vermögens.[11] Die Einkommensgrenze für Studierende liegt bei EUR 325 brutto im Monat, die Grenze für die Eltern bzw. die Familie bei EUR 1.250 monatlich. Hinzu kommen weitere Freibeträge für Geschwister.

Die Höhe des monatlichen Förderungsbetrags ist zudem von der Wohnform des Studierenden abhängig. Studierende, die bei den Eltern leben, erhalten eine Zusatzförderung von EUR 38 pro Monat; leben sie nicht bei den Eltern, beträgt die zusätzliche Fördersumme EUR 123 monatlich. Außerdem gelten hohe Mietkos-

---

[11] Ist der Antragsteller verheiratet, so wird statt des elterlichen Einkommens und Vermögens dasjenige des Ehepartners veranlagt.

ten als Härtefall, so dass die Förderung um maximal weitere EUR 38 aufgestockt werden kann (siehe Tab. 4-7).

c) Studienbezogene Kriterien

Für den Erhalt staatlicher Studienförderung müssen erfolgreiche Studienleistungen in Form von Leistungsnachweisen und Zwischenprüfungen nachgewiesen werden; ein zügiges und zielorientiertes Studium soll erkennbar sein. Prinzipiell wird nur eine Ausbildung staatlich gefördert; genauere Angaben zu den Folgen eines Studienfachwechsels liegen aber nicht vor.

Förderungsdauer und Rückzahlungsmodalitäten

Die Dauer der Studienförderung richtet sich nach der Regelstudienzeit des gewählten Fachs; das sind üblicherweise acht oder neun Semester, also vier bis viereinhalb Jahre.

Die Rückzahlung der Darlehenskomponente der Studienförderung an das dafür zuständige Bundesverwaltungsamt beginnt fünf Jahre nach Beendigung der Förderungshöchstdauer und muss in den folgenden 20 Jahren abgeschlossen werden. Die Tilgung erfolgt in monatlichen Raten in Höhe von mindestens EUR 102; Zinsen fallen nicht an. Ist ein Absolvent in der Lage, direkt nach der Beendigung seines Studiums mit der Rückzahlung zu beginnen, oder kann er die Darlehensschulden mit einer einzigen Zahlung tilgen, so wird ihm ein erheblicher Nachlass auf den geforderten Betrag gewährt.

Abb. 4-3: Entwicklung der Staatsausgaben für direkte Studienförderung in Deutschland 1992 bis 1997 (in Mrd. EUR)

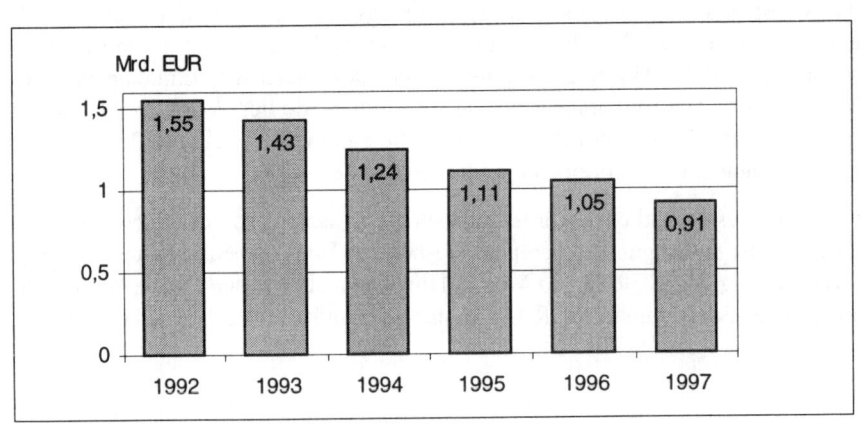

4 Direkte staatliche Studienförderung in Europa 93

Staatliche Gesamtausgaben für direkte Studienförderung

Die staatlichen Gesamtausgaben für Studienförderung betrugen im Jahr 1997 EUR 910 Millionen. Davon wurden EUR 455 Millionen als Zuschussförderung und weitere EUR 455 Millionen als Darlehen vergeben.

1997 waren 61 Prozent der eingeschriebenen Studierenden zum Erhalt von Studienförderung berechtigt, lediglich 19 Prozent aller Studierenden (das sind 238.000 Personen) wurden jedoch tatsächlich gefördert.[12] Gleichzeitig sind die staatlichen Gesamtausgaben für direkte Studienförderung in Deutschland von 1992 bis 1997 stetig gesunken, wie Abbildung 4-3 veranschaulicht.

Österreich

Staatliches Förderungssystem und Förderungsbeträge

Im österreichischen System ist die dem Bundesministerium für Wissenschaft und Verkehr unterstehende Studienbeihilfebehörde für die Verwaltung der Studienförderung zuständig. Die Fördergelder werden den Budgets der Ministerien für Wissenschaft und Verkehr, für Unterricht und kulturelle Angelegenheiten sowie für Arbeit, Gesundheit und Soziales entnommen. Direkte staatliche Studienförderung wird in Österreich ausschließlich in Form von Zuschüssen gewährt. Der maximale Förderungsbetrag pro Studierenden beträgt EUR 528 im Monat.

Kriterien für die Vergabe staatlicher Studienförderung

a) Sozialstrukturelle Kriterien

Österreichische Staatsbürger und gleichgestellte Ausländer sowie Staatenlose und Konventionsflüchtlinge haben ein Anrecht auf staatliche Studienförderung. Das Studium muss vor der Vollendung des 35. Lebensjahrs aufgenommen werden.

b) Sozioökonomische Kriterien

Die Studienförderung richtet sich nach der sozialen Bedürftigkeit, die anhand des Einkommens der Studierenden und der Eltern beziehungsweise des Ehepartners sowie gegebenenfalls anhand der Anzahl eigener Kinder ermittelt wird. Die Einkommensgrenze für Förderungsempfänger liegt bei EUR 269 pro Monat: „Neben dem Bezug der Studienbeihilfe kann der Studierende, ohne dass ein Ruhen der Studienbeihilfe eintritt, im Kalenderjahr 1997 monatlich 3.740 öS (entspricht EUR 269; Anm. d. Verf.) verdienen, wobei er nicht mehr als halbbeschäftigt sein darf. Diese Grenze ist jener Betrag, der im Allgemeinen Sozialversicherungsge-

---

12 In den alten Bundesländern erhielten 31 Prozent der Geförderten den Förderungshöchstsatz.

setz ... als Geringfügigkeitsgrenze definiert ist, bis zu der keine eigene Sozialversicherung besteht. Der Betrag wird jährlich entsprechend der Inflation angepasst. In den gesamten Ferien gelten oben genannte Einschränkungen nicht." (Schuster 1998, S. 15f.) Vom Einkommen der Eltern unabhängige Förderung wird nur denjenigen Studierenden gewährt, die mindestens vier Jahre vor Studienbeginn in Vollzeit erwerbstätig waren und für diesen Zeitraum ein monatliches Mindesteinkommen von EUR 529 aufweisen können.

Die Höhe des bewilligten Zuschusses ist auch davon abhängig, ob der Studierende bei den Eltern wohnt. Studierende, die am Studienort eine eigene Wohnung unterhalten, können einen monatlichen Höchstfördersatz von EUR 528 beziehen. Außerdem können Förderungsempfänger zwei Arten von Fahrtkostenzuschüssen erhalten: Der erste Zuschuss dient dazu, die täglichen Fahrtkosten an den Studienort zumindest teilweise abzudecken; die Auszahlung erfolgt gemeinsam mit der Studienförderung, wobei der Studierende einen Eigenanteil von EUR 72 pro Jahr zu tragen hat. Der zweite Zuschuss in Höhe von jährlich bis zu EUR 216 wird dann gezahlt, wenn die Entfernung zum Wohnort der Eltern mindestens 200 Kilometer beträgt.

c) Studienbezogene Kriterien

Österreichische Studierende haben, um Studienförderung zu erhalten, erfolgreich zu studieren. Sie müssen nachweisen, dass sie Lehrveranstaltungen und Prüfungen zielstrebig absolvieren, unter anderem, indem sie in den ersten beiden Semestern mindestens zehn Prozent der für das gesamte Studium geltenden Mindeststundenzahl abdecken. Werden die erforderlichen Leistungen nicht erbracht, so müssen die Förderbeträge zurückgezahlt werden. Das Studienfach darf insgesamt höchstens zweimal gewechselt werden.

Zusätzlich zu der bisher beschriebenen Studienförderung, die sich vorrangig nach der sozialen Bedürftigkeit des Studierenden richtet, wird in Österreich eine kleine Anzahl von leistungsabhängigen Zuschüssen vergeben. Den sogenannten Leistungs- und Förderstipendien sind 1,5 Prozent beziehungsweise ein Prozent des Studienförderungsbudgets vorbehalten. Leistungsstipendien in Höhe von maximal EUR 60 monatlich werden für hervorragende Studienleistungen vergeben. Hingegen dienen die Förderstipendien in Höhe von maximal EUR 301 pro Monat dazu, besonders hohe Studienkosten auszugleichen, die zum Beispiel mit der Anfertigung einer Diplomarbeit verbunden sein können. Voraussetzung für die Bewilligung der Förderung ist jedoch auch hier ein überdurchschnittlicher Studienerfolg.

Förderungsdauer und Rückzahlungsmodalitäten

Staatliche Studienförderung wird für die Dauer der Regelstudienzeit plus einem Semester gewährt. Bei Vorliegen wichtiger Gründe, wie Krankheit, Schwangerschaft, Pflege und Erziehung eines Kindes, zeitaufwendigen wissenschaftlichen Arbeiten und ähnlichen außergewöhnlichen Studienbelastungen, kann die Förderungsdauer verlängert werden.

Fördermittel werden in Österreich ausschließlich in Form von Zuschüssen vergeben; es gibt keine Darlehenskomponente.

Staatliche Gesamtausgaben für direkte Studienförderung

Die staatlichen Gesamtausgaben für die direkte Studienförderung in Österreich betragen EUR 131 Millionen im Jahr, wovon ein kleiner Anteil von 3,5 Prozent für leistungsabhängige Zuschüsse zur Verfügung gestellt wird. Obgleich das staatliche Studienförderungsbudget (einschließlich der Förderung von Auslandsstudien) seit Ende der 80er Jahre stetig ausgedehnt wurde, ist die österreichische Gefördertenquote relativ gering: Nur zwölf Prozent aller Studierenden erhalten direkte staatliche Studienförderung.

Schweiz

Staatliches Förderungssystem und Förderungsbeträge

In der Schweiz sind die jeweiligen Kantone für die Vergabe von Studienförderung zuständig. In Einzelfällen, etwa bei finanziellen Engpässen, kann auch der Bund Studienförderung gewähren.

Die Studienförderung erfolgt in Form von Zuschüssen, die durch verzinsliche Darlehen ergänzt werden können. Die Höhe der Zuschüsse und Darlehen variiert je nach Kanton (siehe Tab. 4-8). Zwar existieren keine aggregierten Daten auf Bundesebene, doch aus dem Vergleich kantonaler Daten geht hervor, dass der Schwerpunkt der schweizerischen Studienförderung auf Zuschüssen liegt, und zwar im Verhältnis von etwa 90 Prozent zu etwa 10 Prozent. Lediglich in fünf Kantonen beträgt der Anteil von Darlehen am Gesamtförderbudget mehr als 15 Prozent (Schweizerische Konferenz der kantonalen Erziehungsdirektoren 1997).

Die Berechnungssysteme der einzelnen Kantone sind so unterschiedlich, dass kaum allgemein gültige Aussagen getroffen werden können. Zur Festlegung der Förderhöhe werden sowohl sogenannte „Fehlbetragssysteme" als auch „Punktesysteme" eingesetzt (Deutsches Studentenwerk 1997, S. 226). In Tabelle 4-8 wird deutlich, wie stark die Förderbeträge pro Studierenden in den Kantonen differieren. Während beispielsweise im Kanton Basel-Stadt der maximale monatliche Zuschuss für einen Studierenden EUR 370 beträgt, beziffert er sich in Obwalden auf lediglich EUR 194. Die durchschnittlichen Förderhöhen liegen bei EUR 276 für Zuschüsse und EUR 271 für Darlehen.

Tab. 4-8: Zuschussförderung für Studierende in der Schweiz 1995 (nach ausgewählten Kantonen)

Kanton	Anzahl der geförderten Studierenden	Gesamte Fördersumme (in EUR pro Monat)	Durchschnittlicher Zuschuss pro Geförderten (in EUR pro Monat)
Obwalden	241	46.824	194
Tessin	3.596	821.857	229
Freiburg	2.045	471.562	231
Sankt Gallen	3.010	803.352	267
Bern	8.892	2.459.606	277
Luzern	2.035	75.538	288
Zürich	5.718	1.853.541	324
Glarus	194	63.680	328
Basel-Stadt	1.594	590.059	370

Kriterien für die Vergabe staatlicher Studienförderung

a) Sozialstrukturelle Kriterien

Voraussetzung für den Erhalt staatlicher Studienförderung ist die schweizerische Staatsbürgerschaft. Ausnahmen sind möglich, etwa für Flüchtlinge nach dem Schweizer Asylrecht sowie für Ausländer mit Aufenthaltsgenehmigung. In den meisten Kantonen beträgt das Mindestalter für den Bezug von Studienförderung 18 Jahre.

b) Sozioökonomische Kriterien

Als allgemeiner Grundsatz des schweizerischen Förderungssystems gilt, dass der Staat dem Studierenden nur dann finanziell behilflich ist, wenn dessen eigene Möglichkeiten ausgeschöpft oder zu gering sind: „Subsidiarität ist das maßgebende Organisationsprinzip des Stipendien- und Darlehenswesen in der Schweiz. Das heißt, dass zuerst jeder Studierende selbst für die Finanzierung des Studiums verantwortlich ist. ... Erst unter bestimmten Voraussetzungen (geringes Einkommen/Vermögen der Eltern, Geschwister in Ausbildung, Unmöglichkeit, während des Studiums bei den Eltern zu wohnen) haben die Studierenden Anrecht auf staatliche Ausbildungsbeiträge, d.h. auf Stipendien und/oder Darlehen." (Staehelin-Witt und Parisi 1998, S. 4.)

Je nach Kanton wird die staatliche Studienförderung abhängig oder unabhängig vom elterlichen Einkommen vergeben. Bei elternabhängiger Förderung spielt zudem die Anzahl der in Ausbildung befindlichen Geschwister eine Rolle für die Höhe des Förderbetrags. In Tabelle 4-9 werden für den Kanton Basel-Stadt exemplarisch die Obergrenzen des Elterneinkommens aufgezeigt. Studierende zum Beispiel, die zwei Geschwister im schulpflichtigen Alter haben und deren Eltern ein monatliches Einkommen von EUR 3.288 beziehen, erhalten einen Studienförderungsbetrag von EUR 61 im Monat, was der minimalen Förderungshöhe im betreffenden Kanton entspricht. Im Vergleich dazu erhalten Studierende mit einem oder zwei Geschwistern, deren Eltern weniger als EUR 2.023 pro Monat verdienen, die maximale Fördersumme von EUR 364.

Tab. 4-9: Zuschussförderung für Studierende im Kanton Basel-Stadt 1997 (in Abhängigkeit von familiären Faktoren, in EUR pro Monat)

Einkommen der Eltern	Anzahl der schulpflichtigen Geschwister des Studierenden		
(in EUR pro Monat)	0	1	2
2.023	316	364	364
2.529	63	202	342
3.035	—	61	88
3.288	—	—	61

Angaben darüber, inwiefern die Höhe der Studienförderung in Abhängigkeit vom eigenen Einkommen oder der Wohnform des Studierenden festgesetzt wird, liegen nicht vor.

c) Studienbezogene Kriterien

Förderungsberechtigte müssen nachweisen, dass ihre Leistungen den Anforderungen der jeweiligen Universität entsprechen. Spezifische Angaben über die Erfüllung von Studienleistungen liegen nicht vor; im Allgemeinen werden regelmäßige Nachweise über die weitere Immatrikulation verlangt (Deutsches Studentenwerk 1997, S. 225). In einigen Kantonen wird im Fall eines Studienfachwechsels die bereits absolvierte Studienzeit für das neue Studienfach angerechnet.

Förderungsdauer und Rückzahlungsmodalitäten

Die Förderungsdauer entspricht mindestens der Regelstudienzeit des jeweiligen Studienganges plus höchstens zwei zusätzlichen Semestern. Auch hier variieren die Bestimmungen nach Kantonen.

Sofern Studienförderung in Form eines Darlehens gewährt worden ist, beginnt dessen Rückzahlung direkt nach dem Ende des Studiums. Die Darlehensschulden müssen in monatlichen Mindestraten in Höhe von EUR 76 unter einem Zinssatz von 4,5 Prozent zurückgezahlt werden, wofür maximal zwölf Jahre zur Verfügung stehen. Den Studierenden ist es freigestellt, bereits während des Studiums mit der Rückzahlung zu beginnen; in diesem Fall sind die Raten zinsfrei.

Staatliche Gesamtausgaben für direkte Studienförderung

In 1995 betrugen die staatlichen Gesamtausgaben für direkte Studienförderung in der Schweiz EUR 189 Millionen. Davon wurden EUR 171 Millionen in Form von Zuschüssen und EUR 18 Millionen in Form von Darlehen an die Studierenden ausgezahlt. Die Gefördertenquote, also der Anteil der geförderten Studierenden an allen Studierenden, lag bei 13 Prozent.

Irland

Staatliches Förderungssystem und Förderungsbeträge

In Irland wird Studienförderung ausschließlich in Form von Zuschüssen vergeben. Diese gliedern sich in Beihilfen zum studentischen Lebensunterhalt und in Zuschüsse für die obligatorischen Studiengebühren. Grundsätzlich werden die staatlichen Förderungsgelder von der Regierung bereitgestellt und durch lokale Behörden verwaltet. Hierbei lassen sich jedoch zwei Förderungssysteme unterscheiden:

1. Im *Local Authorities Grants and Scholarship Scheme* wird staatliche Studienförderung nach Prüfung der sozialen Bedürftigkeit zugeteilt. Das Modell umfasst die Förderung von Studierenden an Universitäten (*Higher Education Grant*) und an anderen Hochschulen (*Vocational Education Committees' (VEC) Scholarship*).

2. Über das *European Social Fund (ESF) Training Grant Scheme* werden lediglich die Zuschüsse zum Lebensunterhalt, die *Maintenance Grants*, nach Bedürftigkeit vergeben, nicht aber die Beihilfen für die Zahlung von Studiengebühren. Voraussetzung für eine Förderung durch den ESF ist die Immatrikulation an einer anderen, d.h. nicht-universitären Hochschule.

Die beiden Systeme unterscheiden sich nicht in der Höhe der zugewiesenen Förderungsbeträge: Studierende in Irland werden mit maximal EUR 219 pro Monat gefördert. Aufgrund dieses vergleichsweise geringen Betrags kann das irische System als „eingeschränktes System finanzieller Unterstützung für Vollzeitstudierende im tertiären Bildungsbereich" beschrieben werden (Deutsches Studentenwerk 1997, S. 199).

Als zusätzliche Förderungsmöglichkeit besteht die Beantragung von Mitteln aus dem Härtefallbudget. Dort werden Gelder für Studierende zur Verfügung gestellt, die besondere finanzielle Bedürftigkeit aufweisen: „The hardship funds are administered by individual colleges on the basis of need and involve the student filling out a detailed application form and an interview by an officer of the college. The payments can be made in the form of grants or loans to the students. Although the hardship fund is available centrally from the Department of Education, the funds are usually augmented further by individual colleges." (Clancy und Kehoe 1998, S. 12.)

Kriterien für die Vergabe staatlicher Studienförderung

a) Sozialstrukturelle Kriterien

Voraussetzung für den Erhalt staatlicher Ausbildungsförderung ist die irische Staatsbürgerschaft; dabei gelten Ausnahmen für Bürger aus EU-Mitgliedsstaaten sowie für offiziell anerkannte Flüchtlinge. Eine weitere Bedingung ist das Mindestalter von 17 Jahren. Darüber hinaus müssen Antragsteller seit wenigstens neun Monaten in demjenigen Bezirk des Wohnorts gemeldet sein, in dem sie Studienförderung beantragen.

b) Sozioökonomische Kriterien

Die Studienförderung erfolgt in Abhängigkeit von dem Familieneinkommen, welches das Einkommen der Eltern beziehungsweise des Ehepartners und das eigene Einkommen des Studierenden umfasst. Außerdem wird die Anzahl an Geschwistern in Betracht gezogen.

Tab. 4-10: **Obergrenzen für das Familieneinkommen in Irland 1996/97 (nach Förderungsumfang, in EUR pro Monat)**

Anzahl der zu versorgenden Kinder	Obergrenzen für das Familieneinkommen (Umfang von A: Zuschuss und B: Befreiung von Studiengebühren)			
	A: 100 %; B: 100 %	A: 50 %; B: 100 %	A: —; B: 100 %	A: —; B: 50 %
< 4	1.793	1.912	2.152	2.271
4 – 7	1.972	2.092	2.331	2.450
≥ 8	2.152	2.271	2.510	2.630

Wie aus Tabelle 4-10 ersichtlich ist, liegt die familiäre Einkommensgrenze für Förderungsberechtigte mit bis zu drei Geschwistern, je nach dem Umfang der Förderungsbeträge, bei EUR 1.793 bis EUR 2.271 monatlich. Dagegen ist die Obergrenze des Familieneinkommens für Studierende, die mehr als sechs Geschwister haben und die keinen Zuschuss erhalten, aber deren Studiengebühren um 50 Prozent gemindert sind, auf über EUR 2.600 monatlich festgesetzt worden.

Es liegen keine Angaben darüber vor, ob die Wohnform des Studierenden Einfluss auf die Förderhöhe hat. Wohl aber ist bekannt, dass für die Berechnung des Förderbetrags die Entfernung vom Wohnort zum Studienort berücksichtigt wird. Der monatliche Zuschuss beträgt EUR 219 für Studierende, die eine Distanz von mehr als 25 km bis zum Studienort zurücklegen müssen, und EUR 96 für näher am Studienort wohnende Studierende.

c) Studienbezogene Kriterien

Förderungsberechtigte Studierende müssen jährlich einen Nachweis über ausreichende Studienleistungen erbringen. Nähere Angaben darüber, wie diese Leistungen im irischen System definiert sind, liegen nicht vor. Studierende, die Zuschüsse erhalten und ihr Studienfach wechseln möchten, sind dazu angehalten, die zuständige lokale Behörde zu verständigen und sie um eine entsprechende Genehmigung zu bitten. Im Rahmen der ESF-Förderung ist es möglich, im ersten Studienjahr das Fach zu wechseln und anschließend über die gesamte vorgesehene Förderdauer hinweg Zuschüsse zu beziehen.

Förderungsdauer und Rückzahlungsmodalitäten

In Irland entspricht die Förderungsdauer der Regelstudienzeit des jeweiligen Studienganges.

Staatliche Studienförderung in Form von Darlehen existiert nicht; sie ist auch für die Zukunft nicht vorgesehen. Banken bieten verschiedene Arten von Darlehen an, zum Beispiel zur Überbrückung der Zeit zwischen zwei Zuschusszahlungen, gewähren dabei allerdings keine Ermäßigungen auf die handelsüblichen Zinssätze.

Staatliche Gesamtausgaben für direkte Studienförderung

Die Gesamthöhe der staatlichen Ausgaben für Studienförderung betrug in 1994 EUR 111 Millionen. Davon entfielen rund EUR 49 Millionen auf die Zuschüsse zum Lebensunterhalt, EUR 62 Millionen auf Beihilfen für die Zahlung von Studiengebühren und schließlich knapp EUR 1 Millionen auf sonstige Förderung. Dabei belief sich der im Rahmen des *Local Authorities Grants and Scholarship Scheme* vergebene Anteil auf EUR 76 Millionen, während der *European Social Fund (ESF)* anteilige Förderung in Höhe von knapp EUR 35 Millionen bereitstellte. Insgesamt wurde 54.388 Studierenden in Irland Zuschussförderung gewährt, das entspricht bei den Vollzeitstudierenden einem Geförderten anteil von 56 Prozent.

Vereinigtes Königreich

Staatliches Förderungssystem und Förderungsbeträge

Im Vereinigten Königreich und Nordirland erfolgt staatliche Studienförderung entweder als Kombination aus Zuschüssen und Darlehen oder ausschließlich in einer der beiden Formen. Für die Verwaltung der Zuschussförderung sind örtliche Behörden, die *Local Education Authorities*, zuständig, während die Darlehen von der *Students Loan Company* (SLC) verwaltet werden. Bis 1998 hat eine Besonderheit des britischen Systems darin bestanden, dass die an den öffentlichen Hochschulen zu zahlenden Studiengebühren von den lokalen Behörden übernommen und als Teil der staatlichen Förderung für die Studierenden gezahlt worden sind. Seither sind jedoch alle Studierenden prinzipiell verpflichtet, selbst Studiengebühren zu entrichten; unter bestimmten Voraussetzungen werden Ausnahmen von dieser Regel gewährt.

Zuschüsse machen 73 Prozent und Darlehen 27 Prozent der gesamten Staatsausgaben für Studienförderung aus. Die Höhe der Maximalförderung wird jährlich neu festgelegt. Sie liegt zum untersuchten Zeitpunkt bei EUR 205 pro Monat für Zuschussförderung und EUR 149 für Darlehen, also insgesamt bei EUR 354 monatlich. Zusätzlich können Studierende in Notlagen Gelder aus den sogenannten *Access Funds* beantragen, die bei Bewilligung in Höhe von durchschnittlich EUR 43 im Monat ausgezahlt werden.

Kriterien für die Vergabe staatlicher Studienförderung

a) Sozialstrukturelle Kriterien

Die britische Staatsbürgerschaft gilt als Voraussetzung für den Erhalt staatlicher Studienförderung. Ausländische Studierende können jedoch ebenfalls gefördert werden, wenn sie vor Studienbeginn mindestens drei Jahre lang im Vereinigten Königreich gelebt haben und eine europäische Staatsbürgerschaft besitzen oder offiziell als Flüchtlinge anerkannt sind (Dohmen und Ullrich 1996, S. 26). Die Altersgrenze für Darlehensempfänger liegt bei 50 Jahren.

b) Sozioökonomische Kriterien

Im Vereinigten Königreich erfolgt die Darlehensförderung für alle geförderten Studierenden unabhängig vom Einkommen ihrer Familie; lediglich die oben genannte Altershöchstgrenze schränkt den Kreis der Förderungsberechtigten geringfügig ein. Dagegen unterliegt die Vergabe von Zuschussförderung komplexen Regelungen, in denen vor allem Alter und Einkommen berücksichtigt werden.

Zuschussförderung wird bis zur Vollendung des 26. Lebensjahrs des Studierenden in Abhängigkeit vom Einkommen der Eltern gewährt. Zunächst wird dafür das elterliche Bruttoeinkommen des Vorjahres rechnerisch um verschiedene Freibeträge gemindert; es verbleibt das sogenannte Residualeinkommen. Beläuft sich dieses auf weniger als EUR 1.711 pro Monat beziehungsweise EUR 20.537 pro Jahr, so erhält der Studierende – wie Tabelle 4-11 zu entnehmen ist – den Höchstsatz an Studienförderung seiner Kategorie (je nach Wohnort und Wohnform). Bei einem höheren Einkommen werden zwischen acht und 15 Prozent des die Grenze überschreitenden Betrags als Elternbeitrag festgesetzt.[13] Die Differenz zum studentischen Bedarf wird durch staatliche Förderung abgedeckt.

Tab. 4-11: Residualeinkommen und der erwartete Elternbeitrag zur Studienfinanzierung im Vereinigten Königreich 1993/94

Residualeinkommen (in EUR)		Erwarteter Elternbeitrag (in EUR pro Monat)	Betreffende Studierende	
pro Jahr	pro Monat		Anzahl	in %
≤ 20.537	≤ 1.711	—	182.700	32,7
20.538 – 24.771	1.712 – 2.064	< 36	52.100	9,2
24.772 – 28.752	2.065 – 2.396	36 – 72	41.900	7,6
28.753 – 32.296	2.397 – 2.691	73 – 107	33.900	6,1
32.297 – 35.839	2.692 – 2.986	108 – 143	29.700	5,3
35.840 – 39.232	2.987 – 3.269	144 – 178	23.600	4,2
39.233 – 42.088	3.270 – 3.507	179 – 214	17.900	3,2
42.089 – 44.944	3.508 – 3.745	215 – 250	13.400	2,4
44.945 – 47.800	3.746 – 3.983	251 – 286	7.300	1,3
≥ 47.801	≥ 3.984	> 286	2.800	0,5
Studierende, die nicht über Zuschüsse gefördert werden*			151.500	27,1
Studierende, die sich vollständig aus eigenem Einkommen finanzieren		—	1.600	0,3
Förderungsberechtigte gesamt			558.500	100

* Studierende, die aufgrund zu hoher Einkommen ihrer Eltern oder anderer Einkommen zwar keine Zuschussförderung erhalten, deren Studiengebühren aber von der zuständigen staatlichen Stelle übernommen werden.

Dies bedeutet: Je höher das Einkommen und damit der erwartete Beitrag der Eltern, desto geringer ist der Zuschuss für die Studierenden. Bei einem elterli-

---

13 Anstelle der Eltern ist bei verheirateten Studierenden der Ehepartner zu finanzieller Unterstützung verpflichtet, sofern dessen monatliches Einkommen die Grenze von EUR 1.464 überschreitet.

4 Direkte staatliche Studienförderung in Europa

chen Monatseinkommen von über EUR 3.983 wird staatliche Zuschussförderung als nicht notwendig erachtet.

Studierenden, die 26 Jahre alt oder älter sind, wird die Zuschussförderung unabhängig vom Einkommen der Eltern gewährt. Alternativ werden auch Studierende, die bereits seit mehr als zwei Jahren verheiratet sind oder sich seit über drei Jahren eigenständig finanzieren, elternunabhängig gefördert. Die sogenannten *Extra Allowances* betragen bei einem Alter von 26 Jahren monatlich etwa EUR 36, ein Jahr später knapp EUR 66, dann EUR 110 und schließlich, im Alter von 29 Jahren oder darüber, EUR 129. Dabei liegt die Obergrenze für das eigene Einkommen bei EUR 336 pro Monat.

Die Höhe der Studienförderung ist auch von der Wohnform des Studierenden abhängig (siehe Tab. 4-12). Studierende, die bei den Eltern wohnen, erhalten höchstens einen Zuschuss von EUR 183 pro Monat. Hingegen beziehen Studierende, die nicht bei ihren Eltern leben, den Maximalzuschuss in Höhe von EUR 205 monatlich, es sei denn, nach Auffassung der zuständigen lokalen Behörde ist es ihnen zumutbar, bei den Eltern zu wohnen.

Außerdem richtet sich sowohl die Höhe des Zuschusses als auch die eines Darlehens danach, ob der Studierende in London oder außerhalb Londons studiert. In London eingeschriebene Studierende erhalten monatlich einen maximalen Zuschuss von EUR 279 und ein Darlehen von EUR 202. Studierende, die an einer Hochschule außerhalb Londons eingeschrieben sind, erhalten demgegenüber monatlich einen Zuschuss von höchstens EUR 225 und ein Darlehen von EUR 165.

Tab. 4-12: Maximale Förderungsbeträge für Studierende im Vereinigten Königreich 1995/96 (nach Wohnform und -ort, in EUR pro Monat)

		Zuschuss	Darlehen
Wohnform	Bei den Eltern	183	127
	Nicht bei den Eltern	205	..
	Nicht bei den Eltern, obwohl zumutbar	183	183
Wohnort	London	279	202
	Ort außerhalb Londons	225	165

Mit der 1998 eingeführten Neuregelung zur Zahlung von Studiengebühren (siehe Kapitel 3) haben sich die Voraussetzungen für die Übernahme der Gebühren durch die *Local Education Authorities* geändert. Während diese vor 1998 die gesamten erforderlichen Studiengebühren für Vollzeitstudierende übernommen hatten, müssen seither die Studierenden selbst Gebühren zahlen. Wenn allerdings das zu versteuernde Jahreseinkommen von elternabhängigen Studierenden weniger als EUR 28.632 beträgt, werden die Studiengebühren weiterhin von der lokalen Behörde getragen. Für elternunabhängige Studierende liegen die Einkommensgrenzen niedriger: Überschreitet ihr Familieneinkommen den Betrag von EUR 33.686 pro Jahr, erfolgt keine Unterstützung. Liegt jedoch das zu versteuernde Jahreseinkommen unter EUR 21.198, so werden die vollen Studiengebühren übernommen (British Council Deutschland 2001).

c) Studienbezogene Kriterien

Direkte staatliche Studienförderung wird nur Studierenden gewährt, die zufriedenstellende Fortschritte im Studium nachweisen können. Es liegen jedoch keine Informationen darüber vor, wie diese definiert sind. Angaben zu möglichen Auswirkungen eines Studienfachwechsels auf die Förderungshöhe sind ebenfalls nicht verfügbar.

Förderungsdauer und Rückzahlungsmodalitäten

Die Dauer der Studienförderung entspricht der Regelstudienzeit des jeweiligen Studienganges. Diese beträgt für die meisten Studiengänge in England, Wales und Nordirland drei Jahre, in Schottland vier Jahre. In den Studienfächern Medizin und Architektur wird eine längere Förderungsdauer gewährt.

Sofern der Studierende staatliche Förderung in Form von Darlehen in Anspruch genommen hat, ist er verpflichtet, im ersten April nach Studienabschluss mit der Rückzahlung zu beginnen und diese innerhalb der folgenden fünf Jahre abzuschließen. Dieser Zeitraum kann jedoch auf sieben Jahre verlängert werden, wenn Darlehen ebenfalls um einen verlängerten Zeitraum in Anspruch genommen werden (Dohmen und Ullrich 1996, S. 25). Die Höhe der Rückzahlungsraten ist abhängig vom Einkommen der Absolventen nach ihrem Studium; sie beträgt durchschnittlich EUR 100 im Monat. Die Zinsen für staatliche Darlehen variieren im Vereinigten Königreich jährlich mit der Inflationsrate. Absolventen können von der Darlehensrückzahlung befreit werden, wenn ihr Einkommen weniger als 85 Prozent des britischen Durchschnittseinkommens beträgt.

Staatliche Gesamtausgaben für direkte Studienförderung

Die Gesamthöhe der Ausgaben für staatliche Studienförderung lag 1994/95 im Vereinigten Königreich bei EUR 2,812 Milliarden. Auf Zuschüsse entfielen EUR 2,045 Milliarden, auf Darlehen EUR 767 Millionen. Diese im europäischen Vergleich außergewöhnlich hohen Beträge erklären sich vor allem daraus, dass – wie bereits erwähnt – bis 1998 die lokalen Behörden mit staatlicher Unterstützung die Zahlung der Studiengebühren für die Studierenden übernommen haben.

70 Prozent aller Studierenden beziehen staatliche Förderung in Form von Zuschüssen zum Lebensunterhalt; etwa ein Drittel der Geförderten erhält den monatlichen Höchstbetrag. Seit einigen Jahren ist jedoch der Anteil der Zuschussgeförderten zugunsten der Darlehensgeförderten zurückgegangen. Diese Entwicklung wird durch das neue Förderungssystem von 1998 noch verstärkt: „The proportion of student support provided in the form of a grant has diminished since 1990/91 and has been supplemented by loans from the Student Loan Company. ... As noted above, this system is presently undergoing radical change. In 1998, with the introduction of £1,000 tuition fees payable by students, the loan portion of this support was increased by £1,000 and the grant portion similarly decreased. In 1999-2000 means-tested maintenance grants will be fully replaced by loans, part of the latter of which will also be means-tested."[14]

Spanien

Staatliches Förderungssystem und Förderungsbeträge

In Spanien wird die staatliche Studienförderung vom Bildungsministerium zentral gesteuert und von den Hochschulen über eigens dafür geschaffene Komitees dezentral verwaltet. Jedes Komitee ist dafür verantwortlich, Vorschläge bezüglich der zu unterstützenden Studierenden und der Förderungssummen an das Ministerium zu übermitteln, welches gemeinhin den Empfehlungen nachkommt.

Direkte Studienförderung wird im spanischen System ausschließlich in Form von Zuschüssen gewährt. Der monatliche Betrag pro Studierenden setzt sich aus folgenden Elementen zusammen (jeweils in maximaler Höhe):

1. Zuschüsse zur Minderung oder Befreiung von Studiengebühren (EUR 49);
2. Zuschüsse zu den indirekten Studienkosten und Kosten für die Lebenshaltung: Wohnhilfe (EUR 129), Lehrmittelbeihilfe (EUR 12), Beihilfe für Fahrtkosten (EUR 48), wobei Zuschüsse entweder für Wohn- oder für Fahrtkosten gewährt werden;
3. Zuschüsse zur Lebenshaltung von Studierenden aus besonders einkommensschwachen Familien, sogenannte Kompensationszuschüsse (EUR 124).

Somit beträgt die maximale monatliche Studienförderung EUR 315 pro Studierenden. Sie wird dann gezahlt, wenn es sich um einen Studierenden aus einer Familie mit geringem Einkommen handelt, der alle genannten Zuschüsse des zweiten Typs erhält und außerdem Anspruch auf den Ersatz sämtlicher Studien-

---

14 Williams und Jones 1998, S. 11. Der Betrag von £ 1,000 entspricht EUR 1.432.

gebühren für das teuerste Studienprogramm geltend machen kann. In Tabelle 4-13 wird für das Studienjahr 1993/94 aufgezeigt, welches Gewicht die einzelnen Elemente im Rahmen der Zuschussförderung haben.

Tab. 4-13: Zusammensetzung der Zuschussförderung in Spanien 1993/94

	Zuschussbetrag (in EUR pro Monat)	Anzahl der Zuschüsse	Geförderte Studierende (in %)
Zuschuss für Studiengebühren	33*	242.000	17,6
Mietzuschuss	129	70.000	5,1
Lehrmittelzuschuss	12	185.000	13,4
Fahrtkostenzuschuss	19*	75.000	5,4
Kompensationszuschuss	124	29.000	2,1
Sonstige Zuschüsse	25	1.000	0,1
Gesamt	99*	242.000	17,6

* Da die Zuschussbeträge für Studiengebühren und Fahrtkosten variieren, ist hier der durchschnittliche Wert angegeben. Bei den anderen Zuschusswerten handelt es sich um Fixbeträge.

Kriterien für die Vergabe staatlicher Studienförderung

a) Sozialstrukturelle Kriterien

Voraussetzung für den Erhalt von Studienförderungsgeldern ist die spanische Staatsbürgerschaft beziehungsweise die Staatsbürgerschaft eines EU-Landes. In Spanien anerkannte Flüchtlinge sind ebenfalls förderungsberechtigt. Direkte staatliche Studienförderung wird unabhängig vom Alter des Studierenden gewährt.

b) Sozioökonomische Kriterien

Als relevante Faktoren für die Gewähr von Studienförderung gelten das Familieneinkommen, welches gegebenenfalls eigene Einkünfte und Vermögen beinhaltet, sowie die Anzahl der Geschwister des Studierenden. Antragsberechtigt sind Studierende, deren Familieneinkommen pro Kopf und Jahr die per Gesetz festgelegten gestuften Einkommensgrenzen nicht übersteigt. Das monatliche Einkommen einer vierköpfigen Familie wird dabei mit etwa EUR 2.659 veranschlagt. Die erste Einkommensgrenze entspricht 59 Prozent dieses Familieneinkommens, also gut EUR 1.534. Liegt das Monatseinkommen der Familie des Studierenden unter diesem Wert, so werden ihm die Studiengebühren erlassen. Die nächste Grenze befindet sich bei etwa EUR 1.125 monatlich; in diesem Fall werden zusätzlich Zuschüsse für Bücher und für Fahrt- oder Wohnkosten gewährt. Liegt das Familieneinkommen unter der dritten Grenze von EUR 562, so erhalten die

Studierenden darüber hinaus einen Kompensationszuschuss, der das geringe Einkommen ausgleichen soll.[15]

Zu dem Zusammenhang von Wohnform und Förderhöhe liegen keine Angaben vor. Es gilt jedoch zu beachten, dass 80 Prozent aller Studierenden bei ihren Eltern wohnen, womit spezielle Kriterien zur Wohnform ohnehin nur auf eine kleine Gruppe von Studierenden zutreffen.

c) Studienbezogene Kriterien

In Spanien werden Studierende in Abhängigkeit von ihren Studienleistungen gefördert. Als Erstes muss ein zu fördernder Studierender die Eingangsprüfung mit mindestens fünf von zehn möglichen Punkten bestehen. In den folgenden Studienjahren sind vier Kriterien parallel zu erfüllen:

1. Prüfungen müssen im Durchschnitt mit fünf von zehn Punkten absolviert werden. a) In Studiengängen, die nicht durch Credits strukturiert sind, darf höchstens ein Kurs mit „Nicht bestanden" gewertet worden sein. b) In den neueren Studiengängen müssen mindestens 80 Prozent der für das betreffende Jahr vorgeschriebenen Credits erworben werden.
2. Die Regelstudienzeit darf um maximal ein Jahr überschritten werden.
3. Der Studierende muss eine Mindestanzahl von Credits bzw. anderen Leistungsnachweisen erbringen, wobei der Mindestwert für gewöhnlich so hoch angesetzt wird, dass das Kursprogramm einem Vollzeitstudium entspricht.

Angaben zur Studienförderung im Zusammenhang mit einem Studienfachwechsel liegen nicht vor.

Förderungsdauer und Rückzahlungsmodalitäten

Die Förderungsdauer ist ein Jahr länger als die Regelstudienzeit des jeweiligen Studienganges.

Staatliche Gesamtausgaben für direkte Studienförderung

Die Gesamtausgaben für die staatliche Studienförderung betrugen in 1994 EUR 325 Millionen. Insgesamt bezogen 18 Prozent aller Studierenden in Spanien direkte staatliche Studienförderung. Von den Geförderten wiederum erhielten zwölf Prozent den Maximalzuschuss.

---

15 Für die Gewährung von Kompensationszuschüssen wird außerdem verlangt, dass der Antragsteller im vorhergegangenen Jahr weder ein eigenes Einkommen noch Arbeitslosengeld bezogen hat.

Portugal

Staatliches Förderungssystem und Förderungsbeträge

Im Jahr 1993 ist das staatliche Studienförderungssystem in Portugal dezentralisiert worden. Seither sind die jeweiligen Institutionen, die *Serviços de Acção Social*, dafür verantwortlich, ein geeignetes Verwaltungs- und Verteilungsschema zu entwickeln und damit die hochschulpolitischen Vorgaben der Regierung umzusetzen.

Das portugiesische Studienfinanzierungsgesetz räumt jedem Studierenden – unabhängig von seiner ökonomischen Situation – das Recht ein, für die Zahlung von Studiengebühren ein Darlehen zu beantragen. Bisher existiert jedoch in Portugal kein funktionierendes Darlehenssystem, so dass die Studienförderung fast ausschließlich in Form von Zuschüssen gewährt wird. 1997/98 belief sich der maximale Förderbetrag je Studierenden auf EUR 269 pro Monat.

Kriterien für die Vergabe staatlicher Studienförderung

a) Sozialstrukturelle Kriterien

Voraussetzung für den Erhalt der Studienförderung ist die portugiesische Staatsbürgerschaft oder die eines anderen Mitgliedsstaates der Europäischen Union. Auch anerkannte politische Flüchtlinge und ausländische Studierende aus Ländern, mit denen Portugal Kooperationsverträge pflegt, sind förderungsberechtigt. Für den Erhalt von Studienförderung gibt es keine Altersbegrenzung.

b) Sozioökonomische Kriterien

In Portugal wird staatliche Studienförderung in Abhängigkeit vom elterlichen Einkommen gewährt, es sei denn, der Studierende kann nachweisen, dass er nicht bei seinen Eltern wohnt und finanziell eigenständig ist; in diesem Fall wird die Förderung elternunabhängig gewährt. Weiter wird die Entfernung zwischen der Wohnung und der Hochschule bei der Festlegung der Förderungshöhe berücksichtigt: „Support is shaped by the student's financial means and respective family, the distance between the higher education institution and the place of residence and the academic merit of the student." (Couto d'Oliveira und Telhado Pereira 1998, S. 10.)

Die Berechnung der Förderbeträge erfolgt seit dem Studienjahr 1997/98 über Regelungen des portugiesischen Bildungsministeriums. Zunächst wird die Höhe der sogenannten Referenzförderung (*Bolsa de referência*) festgelegt, wobei der gesetzliche Mindestlohn als Richtwert gilt.[16] Unter dessen Berücksichtigung wird für jeden Studierenden die Basisförderung bestimmt. Dazu dient eine spezielle Berechnungsformel, welche die Höhe des Pro-Kopf-Einkommens in der Familie des Studierenden einbezieht. Zusätzlich zur Basisförderung werden bei Bedarf weitere Zuschüsse gewährt, etwa die Wohn- und Fahrtkostenbeihilfen.

c) Studienbezogene Kriterien

Studierende, die Studienförderung erhalten, müssen nachweisen, dass sie erfolgreich studieren. Es liegen jedoch keine Angaben darüber vor, welche speziellen Kriterien für ein erfolgreiches Studium zu erfüllen sind. Bei einem Wechsel des Studienfachs wird die Förderung weiter gewährt, wenn der Studierende in der Lage ist, den neu gewählten Studiengang in der Regelstudienzeit plus einem weiteren Jahr abzuschließen, wobei die bereits geförderten Jahre angerechnet werden.

Förderungsdauer und Rückzahlungsmodalitäten

Im Fall eines Studiengangs, der bis zu vier Jahre umfasst, entspricht die Förderungsdauer der jeweiligen Regelstudienzeit plus zwei Jahre. Hingegen wird Studienförderung im Fall eines mehr als vier Jahre einschließenden Studienprogramms für die Dauer der Regelstudienzeit plus drei Jahre gewährt.

Staatliche Gesamtausgaben für direkte Studienförderung

Insgesamt finanzierte der portugiesische Staat die direkte Studienförderung im Jahr 1994 mit EUR 48 Millionen. Die Gefördertenquote, also der Anteil derjenigen Studierenden, die einen Zuschuss beziehen, betrug im genannten Jahr zwölf Prozent und in 1997 knapp 15 Prozent. In der Gruppe der Zuschussgeförderten beziehen über vier Fünftel einen Betrag von höchstens EUR 142 im Monat; 17 Prozent der Zuschussbezieher erhalten sogar nur maximal EUR 48 monatlich.

Italien

Staatliches Förderungssystem und Förderungsbeträge

Seit Ende der siebziger Jahre wird die staatliche Studienförderung in Italien auf regionaler Ebene durch die *Ente Regionale per il Diritto allo Studio Universitario* (ERDSU) verwaltet. Jede Region trifft unterschiedliche Regelungen zur

---

16 Im akademischen Jahr 1997/98 beispielsweise entspricht die Referenzförderung mit EUR 3.232 (das sind EUR 269 pro Monat) zehn Zwölfteln des portugiesischen Jahresmindestlohns in Höhe von EUR 3.879.

Studienförderung. Allerdings vergeben die Regionen bis auf zwei Ausnahmen, die Lombardei und die Toskana, ausschließlich Zuschüsse. Die Zuteilung von Darlehen hat sich verwaltungstechnisch als so aufwendig erwiesen, dass diese Förderungsform nur selten gewählt wird.

In Bezug auf den monatlichen Förderbetrag steht – im Unterschied zu den anderen europäischen Ländern – für Italien lediglich der Minimalwert zur Verfügung, der sich wiederum je nach Wohnort des Studierenden bemisst (siehe „Sozioökonomische Kriterien"). Seit dem Jahr 1997 erhalten Studierende, die nicht in einem städtischen Gebiet leben, Studienförderung in Höhe von mindestens EUR 264 pro Monat. Allerdings ist dieser Wert aufgrund der beschriebenen Vielgestaltigkeit des italienischen Förderungssystems lediglich als ein Richtwert anzusehen. Häufig verteilen die Regionen die Studienförderungsgelder nach eigenen Kriterien: „This attitude comes from a long tradition of regions and local agencies to ‚give something to everybody'." (Catalano und Silvestri 1998, S. 17.) Generell ist aber festzuhalten, dass die Förderungsleistungen pro Studierenden im Norden Italiens höher sind als im Süden (Deutsches Studentenwerk 1997, S. 166).

Die Auswahl der zu fördernden Studierenden wird in der Regel in zwei Schritten getroffen: Zunächst wird eine Bewerberliste nach Maßgabe wirtschaftlicher Mittel und Studienleistungen erstellt; danach wird die Studienförderung entsprechend der zur Verfügung stehenden Gelder zugeteilt (Deutsches Studentenwerk 1997, S. 165).

Kriterien für die Vergabe staatlicher Studienförderung

a) Sozialstrukturelle Kriterien

Voraussetzung für den Erhalt staatlicher Studienförderung ist die italienische Staatsbürgerschaft oder die Staatsbürgerschaft derjenigen Länder, mit denen Italien Abkommen auf Gegenseitigkeit geschlossen hat, wie zum Beispiel Bosnien, Griechenland und Slowenien. Andere europäische Staatsbürger erhalten nur dann Studienförderung, wenn ihre Eltern in Italien erwerbstätig sind. Es liegen keine Angaben darüber vor, ob für die staatliche Studienförderung Altersgrenzen bestehen.

b) Sozioökonomische Kriterien

Im Unterschied zu den nord- und mitteleuropäischen Ländern bezieht sich das italienische Förderungssystem in allen wesentlichen Aspekten auf die Familien der Studierenden. Wird also seitens des Studierenden staatliche Zuschussförderung beantragt, so dient die „Kernfamilie" als Grundlage für die Feststellung seines ökonomischen Status. Laut gesetzlicher Definition umfasst die Kernfamilie die leiblichen Eltern des Studierenden, seine Geschwister (sofern diese noch nicht volljährig sind und eigene Einkommen beziehen), gegebenenfalls den Ehepartner sowie andere Verwandte, die im gleichen Haushalt leben wie der Studierende. Dieser gilt als unabhängig, wenn er seit einem Jahr oder länger nicht mehr im Elternhaus wohnt und nachweisen kann, dass sein Einkommen ausreicht, um den Lebensunterhalt zu decken. Hierfür wird ein aus eigener Arbeit zu erzielendes Mindesteinkommen von EUR 5.273 pro Jahr veranschlagt.

Zuschüsse werden in voller Höhe an Studierende gezahlt, deren gesamtes Familieneinkommen maximal 67 Prozent des sogenannten Indikatorwertes (*Economic Condition Indicator*, ECI) beträgt. Dieser Wert variiert sowohl nach der Anzahl der Familienmitglieder als auch nach Regionen.[17] Liegt das Familieneinkommen über dem Indikatorwert, so wird keine staatliche Studienförderung bewilligt. Bei Einkommen, welche die Zwei-Drittel-Grenze überschreiten, wird die Höhe des Zuschusses proportional verringert. Für die Aufbringung des zur Deckung des studentischen Lebensunterhalts notwendigen Restbetrags ist dann – wie im britischen Förderungssystem – die Familie des Studierenden verantwortlich: „It can be thus inferred that students with a family condition higher than the fixed threshold have a right to maintenance from their family, whilst those with lower incomes do not; for these students the grant becomes therefore a necessary condition to be able to fully cover their expenses." (Catalano und Silvestri 1998, S. 27.)

Die Höhe des Förderbetrags richtet sich überdies nach dem Wohnort. Die minimale monatliche Förderungssumme für Studierende, die in der Stadt leben oder in die Stadt pendeln, beträgt EUR 110 bzw. EUR 154, während außerhalb der Stadt lebende Studierende einen Betrag von mindestens EUR 264 erhalten.

c) Studienbezogene Kriterien

Das italienische Förderungssystem beruht auf einer relativen Leistungsbewertung: Um als förderungsberechtigt zu gelten, muss ein Studierender eine bestimmte Anzahl von Kursen mit überdurchschnittlicher Prüfungsleistung abschließen. Da die jeweilige Hochschule für jeden Studiengang die Zahl der betreffenden Kurse festlegt, variieren die akademischen Anforderungen zur Gewährung direkter Studienförderung von Hochschule zu Hochschule und von Studienprogramm zu Studienprogramm.

---

17 ECI ist definiert als das jährliche Einkommen des vorherigen Jahres, abzüglich der Einkommensteuer und zuzüglich 20 Prozent des Familienvermögens. Für eine Familie mit vier Mitgliedern beträgt der Indikatorwert beispielsweise EUR 29.785 pro Jahr.

Förderungsdauer und Rückzahlungsmodalitäten

Die Förderungsdauer entspricht der Regelstudienzeit des jeweiligen Studienganges zuzüglich eines weiteren Jahres.

Insgesamt werden in Italien lediglich etwa 100 Darlehen pro Jahr vergeben. Angaben zu entsprechenden Rückzahlungsmodalitäten liegen nicht vor.

Staatliche Gesamtausgaben für direkte Studienförderung

Die Gesamtausgaben des italienischen Staates für Zuschussförderung haben sich im Vergleichsjahr 1996/97 auf EUR 129 Millionen belaufen.

Von den knapp 115.000 förderungsberechtigten Studierenden wurden zwar mehr als die Hälfte mit Zuschüssen unterstützt, aber die Gefördertenquote, also die Anzahl der geförderten Studierenden an allen Studierenden in Italien, betrug lediglich fünf Prozent (siehe Tab. 4-14). Im Studienjahr 1997/98 stieg die Quote zwar um nur einen Prozentpunkt an; das staatliche Budget jedoch wurde auf EUR 177 Millionen erhöht, so dass die Gefördertenquote auf Basis der berechtigten Studierenden von 55 Prozent auf 69 Prozent gestiegen ist.

Tab. 4-14: Direkte staatliche Studienförderung in Italien 1995/96 bis 1997/98

	1995/96	1996/97	1997/98
Anzahl der Förderungsberechtigten	85.048	114.821	116.000*
Anzahl der Zuschussförderungen	44.161	63.160	80.000*
Staatliche Gesamtausgaben für Zuschüsse (in Mio. EUR)	..	129	177
Durchschnittlicher Zuschuss (in EUR)	..	2.040	2.218
Gefördertenquote auf Basis der Förderungsberechtigten (in %)	52	55	69
Gefördertenquote auf Basis der potentiell zu fördernden Studierenden** (in %)	4	5	6

* Schätzwert.
** Studierende, die innerhalb der Regelstudienzeit studieren oder diese um höchstens ein Jahr überschritten haben.

Griechenland

Staatliches Förderungssystem und Förderungsbeträge

In Griechenland ist die staatliche Stipendienstiftung *Idryma Kratikon Ypotrophion* (I.K.Y.) für die Vergabe von Förderungsgeldern zuständig. Sämtliche Aspekte der direkten Studienförderung (*Foitetike merimna*) werden durch das griechische Hochschulrahmengesetz geregelt.

Die Förderung erfolgt in Form von Zuschüssen und Darlehen, wobei die Darlehensförderung bis 1996 praktisch keine Rolle spielte. In offiziellen Statistiken wurde sie nie aufgeführt. Obwohl immer wieder gefordert wurde, mit der Einführung von Darlehen die Studierenden an der Übernahme der Studienkosten zu beteiligen, hielt das im griechischen Hochschulsystem verankerte Prinzip der unentgeltlichen Bildung diesen Forderungen über eine lange Zeit stand. Erst seit wenigen Jahren werden – allerdings unter sehr strengen Voraussetzungen – in Griechenland Darlehen beziehungsweise Mischformen aus Zuschüssen und Darlehen gewährt. Gegenwärtig teilen sich die staatlichen Gesamtausgaben für direkte staatliche Studienförderung je zur Hälfte in Zuschüsse und Darlehen auf.

Pro Studierenden und Monat werden maximal EUR 88 als Zuschuss und EUR 33 als Darlehen vergeben; insgesamt kann ein Förderungsberechtigter also monatlich höchstens EUR 121 erhalten.

Kriterien für die Vergabe staatlicher Studienförderung

a) Sozialstrukturelle Kriterien

Studierende, die staatliche Fördermittel beziehen, müssen die griechische Staatsbürgerschaft besitzen. Es bestehen keine Altersgrenzen für den Erhalt von Studienförderung.

b) Sozioökonomische Kriterien

Sowohl Zuschüsse als auch Darlehen werden in Abhängigkeit vom elterlichen und vom eigenen Einkommen der Studierenden zugeteilt. Für die Vergabe von Zuschüssen darf das Einkommen der Eltern die Obergrenze von monatlich EUR 2.215 nicht überschreiten; die obere Grenze des studentischen Einkommens liegt bei EUR 665 pro Monat. Für die Zuteilung von Darlehen hingegen gelten wesentlich strengere Grenzen: Das Bruttoeinkommen in Familien mit einem Kind darf nicht mehr als EUR 310 pro Monat betragen. Für jedes weitere Kind erhöht sich die Grenze um EUR 22. Eltern, die als Beamte oder Angestellte erwerbstätig sind, dürfen maximal ein Einkommen in Höhe von EUR 377 monatlich verzeichnen. Seit dem Studienjahr 1991/92 werden sämtliche Einkommensgrenzen jährlich um zehn Prozent angehoben.

Studierende, die zur Darlehensförderung berechtigt sind, dürfen weder bei den Eltern noch im Studentenwohnheim wohnen. Die Wohnform hat jedoch keinen Einfluss auf die Förderhöhe.

c) Studienbezogene Kriterien

Im griechischen System ist zwischen zwei Arten von Zuschüssen zu unterscheiden:

1. „Stipendien" werden – in Abhängigkeit vom Familieneinkommen, wie oben beschrieben – an Studierende vergeben, die noch innerhalb der Regelstudienzeit studieren und sehr gute Studienleistungen nachweisen können. Ein Zuschuss dieser Art wird in Höhe von maximal EUR 88 monatlich gewährt.
2. An diejenigen Studierenden und Absolventen, die unter allen Prüflingen ihres Fachbereichs die besten Noten erzielen, werden zudem sogenannte „Leistungspreise" verliehen, die für den Erwerb von Fachliteratur vorgesehen sind. Die finanzielle Situation des Studierenden oder Absolventen ist hier nicht relevant. Mit EUR 18 im Monat entspricht der Betrag des Leistungspreises allerdings lediglich einem Fünftel des Stipendiums.

Das „Stipendium" ist also bedürfnis- und leistungsbezogen; die „Leistungspreise" werden ausschließlich nach Leistung vergeben. Das soziale Bedürfnis sollte dem Hochschulgesetz zufolge allerdings das hauptsächliche Moment für die Zuweisung staatlicher Studienförderung sein: „'Erstes Kriterium für die Vergabe von Stipendien an Vordiplomstudenten ist ihre finanzielle Lage ... und als zweites Kriterium gilt ihre Leistung.' ... Der niedrige Geldbetrag eines Vorgraduiertenstipendiums (400.000 Drs. jährlich) erklärt, warum der I.K.Y.-Vorstand bemüht ist, über das Gesetz hinweg diesen Stipendien den Charakter vor allem einer Leistungsauszeichnung zu geben."[18] Angaben über Auswirkungen auf die Studienförderung bei einem Studienfachwechsel liegen nicht vor.

Förderungsdauer und Rückzahlungsmodalitäten

Die Förderungsdauer entspricht der Regelstudienzeit des jeweiligen Studienganges, das sind üblicherweise vier bis sechs Jahre. Über die Modalitäten der Darlehensrückzahlung in Griechenland liegen keine Informationen vor.

Staatliche Gesamtausgaben für direkte Studienförderung

In Griechenland werden insgesamt etwas weniger als EUR 7 Millionen für direkte staatliche Studienförderung aufgewandt, davon EUR 3,3 Millionen für Stipendien und Leistungspreise sowie EUR 3,2 Millionen für Darlehen. Die Gefördertenquote beträgt sowohl bei den durch Zuschüsse geförderten Studierenden als auch bei den Darlehensempfängern lediglich jeweils vier Prozent.

---

18 Georgiadou 1998, S. 28. Der Betrag von 40.000 Drachmen entspricht EUR 106.

4.3 Ergebnisse im europäischen Vergleich

Der weltweit zu beobachtende Trend von der Elite- zur Massenuniversität brachte auch in Europa eine starke Zunahme der Studierendenzahlen. Diese Ausweitung hat in den vergangenen Jahren und Jahrzehnten dazu geführt, dass sich der einzelne Staat mehr als je zuvor in die Pflicht genommen sah, seine Studierenden finanziell zu unterstützen. Zwei Komponenten stehen dabei laut Woodhall (1992) im Blickpunkt der Betrachtung: 1. die Motivierung zum Studium angesichts einer angenommenen Bedarfssteigerung auf dem Arbeitsmarkt, 2. die Sicherung der Studierchancen für Jugendliche aus Familien mit unterdurchschnittlichen Einkommen: „This expansion of student aid had two main objectives: (a) to widen access to higher education in order to meet the demands of the economy and society for a highly qualified labor force; and (b) to promote equality of opportunity by removing financial barriers which could prevent students from low-income families from participating in higher education." (Woodhall 1992, S. 1362.) Die Budgets, welche für die staatliche Studienförderung zur Verfügung standen, waren jedoch nicht unbegrenzt ausweitbar. Zudem waren die Vorstellungen über den Bedarf des Beschäftigungssystems kontrovers. Hinzu gewannen Konzepte an Einfluss, die eine stärkere Privatisierung der Bildungskosten favorisierten.

Die europäischen Länder haben auf diese und damit verbundene Fragen ganz unterschiedliche Antworten gefunden. Dementsprechend wird das Prinzip der staatlichen Studienförderung, also die finanzielle Unterstützung seitens des Staates durch Zuschüsse und/oder Darlehen, auf verschiedene Weise verwirklicht: Seit Beginn der 70er Jahre wurden in den Mitgliedsländern der Europäischen Union über 60 Reformen der Studienförderungssysteme durchgeführt, davon allein 18 in den skandinavischen Ländern Dänemark, Schweden und Finnland (Eurydice 1999, S. 130). Die Tendenzen, welche in der Ausgestaltung der gesetzlichen Regelungen zur Studienförderung erkennbar sind, folgen im Wesentlichen den jeweiligen nationalen oder gar regionalen hochschulpolitischen Entwicklungen, so dass heute insgesamt nicht von einer gesamteuropäischen Politik der Studienförderung gesprochen werden kann. Die skandinavischen Staaten bilden diesbezüglich eine Ausnahme: Sie verstehen sich durchaus als ein Verbund von Systemen, in denen einheitliche Ziele verfolgt und gleiche oder zumindest ähnliche Methoden der praktischen Umsetzung gewählt werden.

Im Folgenden werden die wichtigsten Ergebnisse des innereuropäischen Vergleichs der direkten staatlichen Studienförderungssysteme zusammengefasst.

Staatliche Förderungssysteme und Förderungsbeträge

In allen Ländern der Europäischen Gemeinschaft werden die zur direkten Studienfinanzierung erforderlichen Mittel vom Staat zur Verfügung gestellt. Lediglich das italienische System bildete bis 1997/98 eine Ausnahme, da die Finanzierung der Studienförderung allein den Regionen oblag; seither trägt jedoch der Staat einen Anteil an der Zuschussfinanzierung.

Die Verwaltung und Verteilung der Förderungsgelder erfolgt auf unterschiedlichen Ebenen: In manchen Ländern übernimmt der Staat selbst die gesamte Administration. Diese zentrale Form der Organisation und Distribution ist vor allem in den skandinavischen Staaten üblich (in Finnland allerdings nur bezüglich der Zuschussförderung), aber auch in den Niederlanden, im Vereinigten Königreich (in Bezug auf Darlehensförderung) sowie in den teilautonomen Gebieten Spaniens. In anderen Ländern ist die Verantwortung lokal oder regional verortet; so tragen zum Beispiel in Deutschland die einzelnen Länder die Verantwortung für die Hochschulfinanzierung und die Mittelverteilung. Dezentrale Organisationsformen finden sich außerdem in Norwegen, Belgien, Österreich, Frankreich, Irland, im Vereinigten Königreich (Zuschussförderung) sowie in den vollständig autonomen Gebieten Spaniens. Die meisten der genannten Länder verfügen über spezielle Verwaltungseinrichtungen, welche für die Abwicklung der Studienfinanzierung verantwortlich sind; hier ist etwa das Deutsche Studentenwerk zu nennen (Eurydice 1999, S. 57 und S. 118). Auch in denjenigen Systemen, in denen die Fördergelder zentral verwaltet werden, können Institutionen auf lokaler Ebene von Bedeutung sein. In Finnland zum Beispiel werden die örtlichen Vertretungen der Studierendenorganisationen in Entscheidungen über die Vergabe direkter staatlicher Studienförderung einbezogen.

Auch die Formen der direkten Studienförderung sind in Europa verschieden. Die untersuchten Staaten lassen sich diesbezüglich wie folgt gruppieren:

- Etwa die Hälfte der Länder (Dänemark, Schweden, Finnland, Niederlande, Deutschland, Schweiz, Vereinigtes Königreich und Griechenland) bietet den Studierenden eine Kombination aus Zuschuss und Darlehensförderung an. Dabei sehen das dänische und das schwedische System vor, dass alle Förderungsberechtigten unabhängig vom Einkommen der Eltern Zuschüsse erhalten und bei Bedarf zusätzlich Darlehen aufnehmen können. Die Zuschussförderung bildet auch in Finnland die Basis für die eventuell zusätzliche Gewähr eines Darlehens. In den Niederlanden wird die Grundförderung in Form eines Zuschusses gegebenenfalls durch einen Ergänzungsbetrag und ein verzinsliches Darlehen aufgestockt. Hingegen ist im Vereinigten Königreich jede Variante möglich, also nur Zuschuss, nur Darlehensförderung oder auch eine

4 Direkte staatliche Studienförderung in Europa

Kombination aus beiden Förderungsformen. Das deutsche Förderungssystem bildet insofern eine Ausnahme, als hier von vornherein der Zuschuss und der Darlehensanteil der direkten Studienförderung auf jeweils 50 Prozent festgesetzt sind.

- Die andere Hälfte der Länder (Frankreich, Belgien, Österreich, Irland, Spanien, Portugal und Italien) gewähren Studienförderung weitestgehend oder vollständig als Zuschussförderung. Das französische und italienische System weisen jeweils eine sehr geringe Darlehenskomponente auf.
- Keines der 15 Länder erteilt staatliche Studienförderung ausschließlich in Form von Darlehen.

Die Kombination aus Zuschuss und Darlehensförderung ist eher in den nordeuropäischen Staaten anzutreffen, während die südeuropäischen Länder ein ausschließlich auf der Vergabe von Zuschüssen basierendes System bevorzugen. Zu bedenken ist allerdings, dass die meisten Länder, die auch eine Darlehensförderung vorsehen, insgesamt in der Regel den Studierenden eine höhere Förderung anbieten als die Länder, die keine Rückzahlung der Unterstützung fordern.

Hinsichtlich der maximalen monatlichen Förderungsbeträge pro Studierenden zeigen sich ebenfalls deutliche Unterschiede zwischen den europäischen Regionen (siehe Tab. 4-15):

- Die nordischen Länder Dänemark und Schweden leisten im Maximalfall direkte staatliche Studienförderung in Höhe von nahezu EUR 700 beziehungsweise EUR 800 pro Monat und Studierenden.
- In Finnland, den Niederlanden, Deutschland (alte Bundesländer)[19], Österreich und der Schweiz werden monatliche Höchstbeträge von über EUR 500 bis fast EUR 600 pro Person ausgezahlt.
- Direkte Studienförderung im Bereich von EUR 250 bis EUR 450 im Monat wird den geförderten Studierenden in den neuen deutschen Bundesländern, im Vereinigten Königreich sowie in den südeuropäischen Ländern Spanien, Portugal und Italien zuteil.
- Bis zu EUR 240 monatlich erhalten Studierende in Frankreich, Belgien und Irland.
- In Griechenland werden lediglich EUR 121 pro Person an geförderte Studierende gezahlt.

---

19 Im April 2001 ist der monatliche Förderhöchstsatz in Deutschland auf EUR 583 angehoben worden; er gilt seither gleichermaßen für die Studierenden in den alten und neuen Ländern.

Tab. 4-15: **Maximale Förderungsbeträge pro Studierenden in ausgewählten europäischen Ländern (in EUR pro Monat)**

Land	Maximaler monatlicher Förderungsbetrag		
	Zuschuss	Darlehen	Gesamt
Schweden	219	569	788
Dänemark	459	238	697
Finnland	386	210	596
Niederlande	414	166	580
Schweiz	276	271	547
Österreich	528	0	528
Deutschland (alte Länder)	258	258	516
Deutschland (neue Länder)	217	217	434
Vereinigtes Königreich	205	149	354
Spanien	315	0	315
Portugal	269	0	269
Italien	264	0	264
Frankreich	240	0	240
Irland	219	0	219
Belgien	205	0	205
Griechenland	88	33	121

Insgesamt liegen die Höchstförderbeträge somit in den südeuropäischen Ländern deutlich niedriger als in den nord- und mitteleuropäischen Ländern. Wie bereits erwähnt, sind die Staaten mit den höheren Gesamtfördersummen jene, in denen Studienförderung sowohl in Form von Zuschüssen als auch in Form von Darlehen vergeben wird. Nationale Förderungssysteme hingegen, die ausschließlich auf Zuschussförderung basieren, weisen nur geringe Pro-Kopf-Förderbeträge auf. Eine Ausnahme bildet Österreich: Trotz reiner Zuschussförderung erhält ein Studierender dort im Maximalfall monatlich über EUR 500.

Kriterien für die Vergabe staatlicher Studienförderung

a) Sozialstrukturelle Kriterien

In nahezu allen europäischen Ländern müssen Studierende die Staatsbürgerschaft des jeweiligen Landes besitzen oder als Flüchtlinge anerkannt sein, um förderungsberechtigt zu sein. Darüber hinaus steht die Förderung in einigen Ländern auch jenen Bürgern anderer Staaten oder speziell der EU-Staaten offen, die ihren Wohnsitz in dem entsprechenden Land haben.

Altersbegrenzungen für die Gewähr direkter staatlicher Studienförderung sind vor allem in den nord- und mitteleuropäischen Ländern üblich, wobei mit Deutschland, Österreich und den Niederlanden lediglich drei von 15 Staaten solcherart Höchstwerte festgesetzt haben, dass sie den Kreis förderberechtigter Studierender tatsächlich bemerkenswert einschränken. Das in Dänemark, Finnland, der Schweiz und Irland geforderte Mindestalter hingegen entspricht ohnehin in den meisten Fällen dem Alter der Antragsteller bei Studienbeginn.

b) Sozioökonomische Kriterien

Häufigste Kriterien für die Zuteilung und gegebenenfalls die Höhe direkter staatlicher Studienförderung sind das Einkommen der Eltern und das Einkommen der Studierenden selbst sowie deren Wohnform.

Tab. 4-16: **Obergrenzen des elterlichen Jahreseinkommens im Hinblick auf die Förderungsansprüche in ausgewählten europäischen Ländern* (in EUR)**

Land	Obergrenze des elterlichen Jahreseinkommens	
	für Förderungsanspruch	für volle Förderung
Vereinigtes Königreich (Zuschussförderung an Studierende unter 26 J.)	47.801	20.537
Italien	29.785	19.857
Griechenland (Zuschüsse)	26.687	—
Belgien	23.866	—
Irland	21.517	—
Spanien	18.934	13.369 bzw. 1.638 (für Kompensationszahlung)
Deutschland (alte Länder)	15.001	
Finnland	14.529	14.529
Griechenland (Darlehen)	3.724	—

* Die Obergrenzen für das elterliche Einkommen in den Niederlanden sowie in Frankreich, Österreich und der Schweiz sind nicht bekannt.

Dänemark und Schweden sind die beiden einzigen Staaten, in denen direkte Studienförderung völlig unabhängig vom elterlichen Einkommen gewährt wird. In den Niederlanden trifft dies zumindest auf die sogenannte Grundförderung zu, welche etwa die Hälfte des maximalen Förderbetrags pro Studierenden darstellt. Im Vereinigten Königreich erhalten Studierende, die mindestens 26 Jahre alt sind, ebenfalls elternunabhängige Förderung. In allen anderen Ländern dagegen wird grundsätzlich das Einkommen der Eltern für die Entscheidung über die Förderberechtigung und die Höhe des auszuzahlenden Betrags herangezogen.[20] In Finnland wird, sofern das Einkommen der Eltern die festgelegte Grenze überschreitet, der Förderbetrag elternunabhängig berechnet; dann besteht allerdings kein Anspruch des Studierenden auf den sogenannten Extrazuschuss.

Die Obergrenzen für das elterliche Jahreseinkommen, bis zu denen eine Förderung in Frage kommt, liegen dabei zumeist im Bereich von EUR 15.000 (Deutschland) bis zu über knapp EUR 48.000 (Vereinigtes Königreich). In einigen Ländern, wie etwa im Vereinigten Königreich oder Italien, bestehen zusätzliche Einkommensgrenzen, bei deren Überschreitung die direkte staatliche Studienförderung nicht eingestellt, sondern zunächst im Betrag verringert wird (siehe Tab. 4-16). Griechenland setzt für die Zuteilung von Darlehen mit EUR 3.724 pro Jahr eine sehr strenge Obergrenze für das Familieneinkommen fest.

In jenen Förderungssystemen, die das studentische Einkommen bei der Vergabe direkter staatlicher Studienförderung als relevanten Faktor betrachten, gelten verschieden strenge Regelungen für die eigenen Einkünfte der Studierenden (siehe Abb. 4-4).

Während in Österreich und Deutschland sowie im Vereinigten Königreich maximal um EUR 300 pro Monat, also etwa EUR 4.000 pro Jahr erlaubt sind, dürfen Studierende in den skandinavischen Ländern und in den Niederlanden ein jährliches Einkommen von über EUR 5.000 erzielen, ohne dass dieses die Zuteilung direkter Studienförderung beeinflusste – in Schweden liegt das obere Limit sogar bei EUR 20.000 jährlich. Das griechische System billigt den durch Zuschüsse geförderten Studierenden mit einer bei EUR 665 pro Monat (EUR 7.976 pro Jahr) liegenden Obergrenze ein vergleichsweise hohes eigenes Einkommen zu.[21]

Neben dem Einkommen der Eltern und der Studierenden selbst spielt häufig auch deren Wohnform eine Rolle für die Vergabe sowie gegebenenfalls die Höhe direkter staatlicher Studienförderung; eine Ausnahme bilden hier lediglich Schweden und Frankreich. In den meisten Ländern – Dänemark[22], Finnland, Niederlande, Belgien, Deutschland, Österreich, Vereinigtes Königreich, Portugal

---

20 In Italien wird neben dem elterlichen Einkommen auch das Einkommen weiterer Verwandter berücksichtigt.
21 In Griechenland wird jedoch der Kreis der förderungsberechtigten Studierenden durch die weiteren sozioökonomischen sowie studienbezogenen Kriterien stark eingeschränkt. Der Anteil der geförderten Studierenden an allen Studierenden beträgt lediglich acht Prozent.
22 In Dänemark ist die Wohnform nur für Studierende unter 20 Jahren relevant.

und Griechenland – ist vor allem entscheidend, ob der betreffende Studierende bei seinen Eltern lebt oder nicht.[23]

Abb. 4-4: Einkommensobergrenzen für Studierende im Hinblick auf direkte staatliche Studienförderung in ausgewählten europäischen Ländern* (in EUR pro Kopf und Monat)

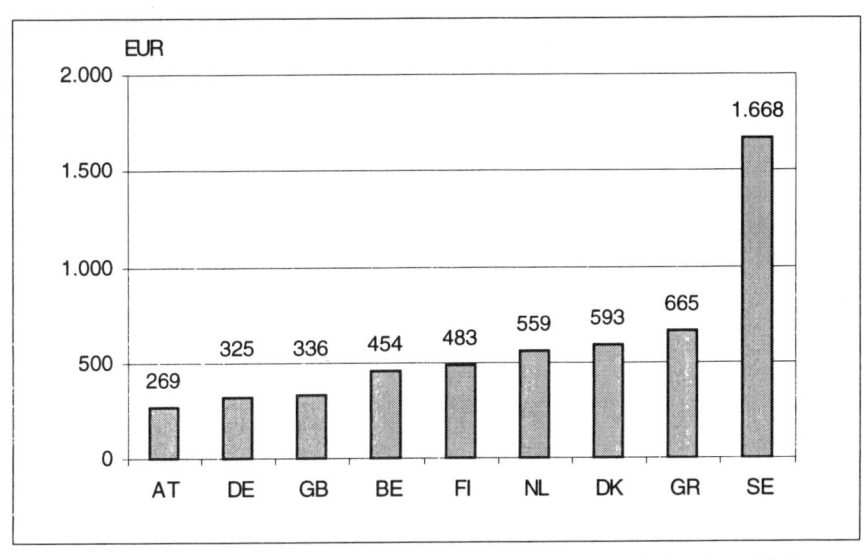

Land	EUR
AT	269
DE	325
GB	336
BE	454
FI	483
NL	559
DK	593
GR	665
SE	1.668

* Für Frankreich und die Schweiz liegen keine Angaben darüber vor, ob das eigene Einkommen der Studierenden relevant für die Zuteilung staatlicher Studienförderung ist. In Irland, Spanien, Portugal und Italien gilt das studentische Einkommen als Teil des Familieneinkommens. In Griechenland gilt die Obergrenze nur für Zuschüsse.

c) Studienbezogene Kriterien

In allen Ländern der Europäischen Union sind staatlich geförderte Studierende verpflichtet, regelmäßig Leistungsnachweise zu erbringen. Dies kann sowohl der Aufrechterhaltung bereits gewährter Förderbeträge dienen als auch, wie zum Beispiel in den Niederlanden, dazu führen, dass Darlehensförderung im Nachhinein in die für Studierende vorteilhaftere Form der Zuschussförderung umgewandelt wird. Die meisten Fördersysteme erfordern Nachweise über die erneute Rückmeldung an der betreffenden Hochschule sowie Belege für ein aktives und

---

23 Vgl. Abbildung 3-8; dort sind die Anteile der bei ihren Eltern lebenden Studierenden im Vergleich zu den Anteilen der elternunabhängig wohnenden Studierenden dargestellt.

erfolgreiches Studium, welches jedoch in den Ländern unterschiedlich streng definiert wird: dies reicht von etwa zehn Prozent bis zu 100 Prozent eines Regelstudiums.

Ein eventueller Studienfachwechsel kann verschiedene Auswirkungen auf die Gewähr staatlicher Förderung zeitigen:

- In Dänemark und Finnland ist der Fachwechsel ohne weiteres möglich, da den Studierenden ein nach eigenem Ermessen einsetzbares Kontingent an Förderbeträgen zur Verfügung steht.

- In den Niederlanden, in Österreich sowie in einigen Kantonen der Schweiz darf das Studienfach unter Berücksichtigung der maximalen Förderdauer gewechselt werden, ohne dass die Förderung verringert oder eingestellt würde. Die portugiesische Regelung sieht vor, staatliche Studienförderung im Falle eines Fachwechsels nur dann aufrechtzuerhalten, wenn der Studierende seinen neuen Studiengang in der um ein Jahr erweiterten Regelstudienzeit abzüglich bereits geförderter Jahre abschließt. Im irischen System ist der Fachwechsel prinzipiell möglich, es muss jedoch die Erlaubnis der zuständigen örtlichen Behörde eingeholt werden.

- In Belgien und Deutschland wird in der Regel nur ein Studiengang finanziell unterstützt, so dass ein Fachwechsel die Einstellung staatlicher Förderung zur Folge hat.

Förderungsdauern und Rückzahlungsmodalitäten

Die maximale Förderdauer wird in den meisten Förderungssystemen an der jeweils geltenden Regelstudienzeit eines Studiengangs bemessen:

- Portugal und die Niederlande erlauben eine mehr als ein Jahr über der Regelstudienzeit liegende Förderdauer.

- Österreich und die Schweiz sowie die beiden südeuropäischen Staaten Spanien und Italien billigen den Studierenden eine um ein halbes oder ein Jahr erweiterte Förderungsdauer zu.

- In Westeuropa sowie in Frankreich, Belgien, Deutschland und Griechenland entspricht die maximale Förderdauer der Regelstudienzeit in dem betreffenden Fach oder Studiengang.

- Eine Ausnahme bilden wiederum die nordischen Länder Dänemark, Schweden und Finnland, in denen Förderkontingente nicht direkt an Regelstudienzeiten gebunden sind.

Manche Länder ermöglichen in Härtefällen eine Verlängerung der Förderungsdauer, etwa Deutschland und Österreich.

Ist die Studienförderung in Form eines Darlehens gewährt worden, so sind bestimmte Rückzahlungsvorschriften einzuhalten.[24] In Frankreich sowie in der Schweiz sind Studierende verpflichtet, sofort nach der Beendigung ihres Studiums mit der Darlehenstilgung zu beginnen, während den Studierenden in anderen Ländern nach dem Studienende ein oder mehrere Jahre Zeit gewährt werden. Der Zeitraum, innerhalb dessen das Darlehen vollständig zurückgezahlt worden sein muss, beläuft sich auf fünf bis 20 Jahre. In Schweden erstreckt sich die Spanne möglicherweise auf das gesamte Berufsleben; dort können die Schulden bis zum Erreichen des Pensionsalters abbezahlt werden.[25] Der Zinssatz, welcher der Tilgung zugrunde liegt, beträgt in den verschiedenen Ländern zwischen vier und sieben Prozent; zinslose Darlehen werden lediglich in Frankreich, Deutschland und Griechenland gewährt.

Staatliche Gesamtausgaben für direkte Studienförderung

Wie aus Abbildung 4-5 ersichtlich ist, bestehen in Bezug auf die staatlichen Gesamtausgaben für direkte Studienförderung große Unterschiede zwischen den einzelnen Ländern, die sich nur zum Teil aus der Bevölkerungsgröße erklären.

- Sieben EU-Staaten geben für direkte staatliche Studienförderung jährlich mehr als EUR 500 Millionen aus (Vereinigtes Königreich, Niederlande, Schweden, Deutschland, Frankreich, Dänemark und Finnland[26]). Jedes der genannten Länder ist durch ein Förderungssystem gekennzeichnet, in dem sowohl Zuschüsse als auch Darlehen vergeben werden.

- Weitere fünf Staaten verzeichnen Förderausgaben in Höhe von rund EUR 100 Mio. bis EUR 500 Mio. pro Jahr (Spanien, Schweiz, Österreich, Italien und Irland). Darunter befindet sich mit der Schweiz lediglich ein System, das eine Kombination aus Zuschuss und Darlehensförderung anbietet; die anderen Systeme basieren ausschließlich auf der Zahlung von Zuschüssen.

---

24 Für Belgien, Österreich, Irland, Spanien, Portugal und Italien treffen die beschriebenen Regelungen nicht zu, da direkte staatliche Studienförderung in diesen Ländern ausschließlich in Form von Zuschüssen vergeben wird. In Finnland sind alle Modalitäten mit der Bank auszuhandeln.

25 Da viele Studierende jedoch voraussichtlich niemals in der Lage sein werden, die Darlehensschulden abzutragen, handelt es sich bei dieser Form der Förderung faktisch um versteckte Zuschüsse.

26 Die finnischen Staatsausgaben für direkte Studienförderung beinhalten die Fördergelder für den sekundären Bildungssektor.

- Schließlich sind drei Länder zu nennen, die insgesamt weniger als EUR 100 Millionen im Jahr für direkte staatliche Studienförderung aufwenden (Portugal, Belgien und Griechenland). Auch in dieser Gruppe überwiegt deutlich das Zuschussförderungssystem.

Abb. 4-5: Staatliche Gesamtausgaben für direkte Studienförderung in ausgewählten europäischen Ländern* (in Millionen EUR pro Jahr)

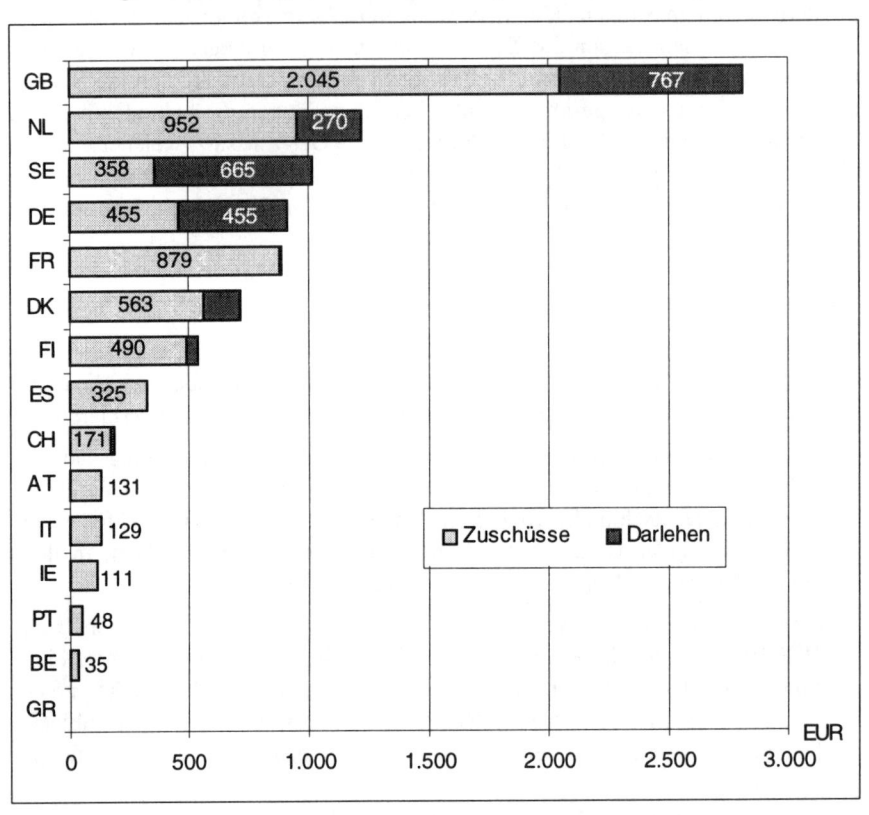

Land	Zuschüsse	Darlehen
GB	2.045	767
NL	952	270
SE	358	665
DE	455	455
FR	879	
DK	563	
FI	490	
ES	325	
CH	171	
AT	131	
IT	129	
IE	111	
PT	48	
BE	35	
GR		

* In Griechenland werden im Rahmen der direkten staatlichen Studienförderung pro Jahr EUR 4 Millionen für Zuschüsse und EUR 3 Millionen für Darlehen aufgewendet.

Hinsichtlich der Gefördertenquote, d.i. der Anteil der durch direkte staatliche Studienförderung unterstützten Studierenden, können die europäischen Länder wie folgt gruppiert werden:

- Sämtliche nord- und westeuropäischen Staaten sowie die Niederlande unterstützen jeweils mehr als 50 Prozent ihrer Studierenden durch direkte staatliche Studienförderung. In Schweden, in den Niederlanden und in Dänemark werden sogar über drei Viertel aller Studierenden finanziell gefördert.
- Alle mitteleuropäischen Staaten – mit Ausnahme der Niederlande – sowie Spanien und Portugal weisen eine Gefördertenquote im Bereich von lediglich zwölf bis 20 Prozent auf.
- Die beiden südeuropäischen Staaten Italien und Griechenland bilden mit einem weniger als zehnprozentigen Anteil geförderter Studierender an allen Studierenden das Schlusslicht in Europa.

Dabei lässt sich feststellen, dass die Mehrheit der Länder, die eine hohe Quote von Studierenden fördert, diesen auch relativ hohe Zuschüsse gibt. Der Anteil der staatlichen Förderung an sämtlichen Ausgaben der Studierenden variiert also noch stärker.

In vielen europäischen Ländern wird den Studierenden jedoch nicht nur die beschriebene direkte staatliche Förderung, sondern darüber hinaus indirekte Unterstützung von staatlicher und privater Seite gewährt. Diese indirekte Studienförderung wird im folgenden Kapitel analysiert und dargestellt.

5 Indirekte staatliche und private Studienförderung in Europa

5.1 Einführung in die Thematik

Neben der direkten Förderung kann der Staat – und können andere Anbieter von Leistungen – auch indirekt dazu beitragen, die Einnahmen der Studierenden zu erhöhen beziehungsweise ihre Ausgaben zu verringern. Die Leistungen und Vergünstigungen, die den Studierenden durch Erlass von Kosten, bei der Tätigung bestimmter Ausgaben oder über Dritte zugute kommen, sowie staatliche Transfers an die Eltern der Studierenden werden hier als indirekte Studienförderung bezeichnet: „A grant, for example, is generally regarded as a direct form of support because its first aim is to encourage students to continue their education. Family allowances, on the other hand, may be regarded as an indirect form of support because they are not aimed at students for that purpose and encouragement for them to continue their education is a secondary effect." (Eurydice 1999, S. 11.)

Im Hinblick auf die indirekte Studienförderung, die den Schwerpunkt dieses Kapitels bildet, lassen sich fünf thematische Bereiche unterscheiden: 1. Transferleistungen und kommerzielle Vergünstigungen, 2. die soziale Absicherung der Studierenden und Transfers an die Eltern, 3. die Unterstützung der Studierenden durch ihre Eltern, 4. die Unterstützung der Studierenden durch ihre Hochschule sowie 5. Einnahmen der Studierenden aus eigener Erwerbstätigkeit.

1. Transferleistungen und finanzielle Vergünstigungen seitens des Staates und der Privatwirtschaft tragen dazu bei, die indirekten Studienausgaben sowie die Lebenshaltungskosten zu senken.

Die Transferleistungen umfassen zum einen jene Leistungen der öffentlichen Hand, die als grundlegende Finanzierungsmaßnahmen zu verstehen sind – etwa den Bau und die Begleichung laufender Kosten von Wohnheimen oder Mensen – und die damit im Budget der Studierenden nicht direkt sichtbar werden. Zum anderen handelt es sich um Leistungen in Form von Kostenübernahmen, Subventionen und Rabatten, und zwar in den Fällen, in denen die Studierenden bestimmte Leistungen (oder auch Versicherungen für eventuelle Leistungen) in Anspruch nehmen. Dazu gehören in vielen europäischen Ländern Vergünstigungen für

Mahlzeiten, Unterkünfte sowie Fahrten mit öffentlichen Verkehrsmitteln. Daneben erhalten Studierende finanzielle Vergünstigungen bei dem Erwerb von Gütern und Dienstleistungen auf dem freien Markt, vor allem Preisermäßigungen auf Studienmaterialien, Fahrten mit privaten Verkehrsanbietern sowie auf Eintrittskarten für Freizeitveranstaltungen.[1]

Die Übergänge zwischen direkten und indirekten staatlichen Leistungen sowie zwischen staatlichen und kommerziellen Leistungen sind fließend. So können zum Beispiel die Fahrtkosten für Studierende dadurch verringert werden, dass

- der Staat den Studierenden einen pauschalen Fahrtkostenzuschuss gewährt,
- der Staat den Studierenden einen Teil der nachgewiesenen Fahrtkosten erstattet,
- der Staat den Transportunternehmen für die vergünstigte Beförderung von Studierenden Subventionen zuteilt,
- der Staat den Transportunternehmen die Kosten von Rabatten für Studierende erstattet oder
- die Unternehmen Rabatte gewähren, ohne dafür staatliche Vergünstigungen zu erhalten (wobei der Staat indirekt durch verminderte Steuereinnahmen beteiligt ist).

Da oft keine eindeutige Abgrenzung möglich ist, werden die Transferleistungen und kommerzielle Vergünstigungen, die den Studierenden zugute kommen, an dieser Stelle gemeinsam behandelt.

2. Im Bereich der gesundheitlichen Versorgung, etwa bei dem Abschluss einer Krankenversicherung, werden ebenfalls Ermäßigungen für Studierende gewährt. Darüber hinaus erhalten Studierende – wie andere Bürger auch – im Bedarfsfall staatliche Leistungen, die der sozialen Absicherung in Zeiten der Arbeitslosigkeit und finanzieller Bedürftigkeit dienen.

Häufig gewährt der Staat aber nicht nur den Studierenden selbst, sondern auch ihren Eltern monetäre Unterstützung. Zu diesen Transfers an die Eltern zählen vor allem die Zuteilung von Kindergeld (im internationalen Kontext meist als *Family allowance* bezeichnet) sowie die Möglichkeit, den finanziellen Aufwand für die Versorgung studierender Kinder von der Steuer abzusetzen: „,Family allowances' are understood as any transfer of money from public funds to the person on whom the student is dependent, the aim of which is to defray expenses

---

1 In diesem Fall ist die öffentliche Hand an der Förderung indirekt beteiligt, soweit sie durch den Preisnachlass steuerliche Mindereinkünfte zu verzeichnen hat.

arising from the student's education. ... ‚Tax allowances for dependent children' are understood as any provision in national tax law which stipulates that taxpayers with one or more dependent student children should pay less tax than those without, assuming all other parameters are the same." (Eurydice 1999, S. 12.) Diese Arten des Transfers an die Eltern kommen über eine Erhöhung des Familienbudgets indirekt den Studierenden zugute.

3. Oft setzen staatliche Leistungen, die den Studierenden und ihren Eltern zuteil werden, voraus, dass die Familie primär oder ergänzend als soziales Netzwerk für die Studierenden dient. In einigen Ländern sind die Eltern per Gesetz dazu verpflichtet, ihre Kinder während des Studiums finanziell zu unterstützen. Jedoch wird oft auch freiwillig Hilfe gewährt. Die Unterstützung der Studierenden durch ihre Eltern in Form von Geld- oder Sachleistungen dient wesentlich dazu, die studentischen Lebenshaltungskosten zu decken oder sie zu verringern.

4. Nicht zuletzt kann die einzelne Hochschule einen Beitrag dazu liefern, dass ihre Studierenden während des Studiums finanziell versorgt sind. Die Vergabe von Stipendien sowie die Beschäftigung von Studierenden als Hilfskräfte lässt sich unter dem Stichwort der Unterstützung der Studierenden durch ihre Hochschule zusammenfassen.

5. Außerdem tragen die Studierenden in vielen Fällen durch eigene Erwerbstätigkeit zu einer Erhöhung des ihnen zur Verfügung stehenden Einkommens bei.

Die Aspekte der indirekten staatlichen und privaten Studienförderung werden nun für jedes Land einzeln behandelt und abschließend einem Vergleich unterzogen (siehe auch Synopsen 5-1 bis 5-5). Dabei gilt zu beachten, dass zwar eine große Zahl von Angaben über die Art und den Umfang der indirekten Förderungsleistungen vorliegt, es jedoch selten möglich ist, den sich aus den Leistungen ergebenden Kostenvorteil für die Studierenden exakt in Zahlen zu fassen.

5.2 Einzeldarstellungen für die Länder

Dänemark

Im dänischen Hochschulsystem werden Studierende als mündige Bürger gesehen, die mit den ihnen zur Verfügung stehenden finanziellen Mitteln verantwortungsbewusst umgehen. Dementsprechend wird den Studierenden kaum indirekte Förderung gewährt, sondern – im Unterschied zu den meisten anderen europäischen Ländern – eine direkte staatliche Unterstützung zur Verfügung gestellt, welche ausreichen soll, die gesamten Lebenshaltungskosten zu decken: „The support is provided only as direct support in the form of cash payments to the students. Support in kind, or indirect support in the form of subsidies aimed specifically at students, is unknown in Denmark, except for certain subsidies to reduce the costs of their daily transportation between home and educational institution." (Anthony und Molander 1998, S. 14; siehe Kapitel 4.)

Transferleistungen und kommerzielle Vergünstigungen

Studierende erhalten einen zehn- bis 15-prozentigen Preisnachlass beim Kauf von Fachbüchern und Büromaterialien sowie eine Ermäßigung auf wissenschaftliche Zeitschriften und Magazine. Für die Anschaffung eines Computers besteht hingegen keine derartige Vergünstigung.

Gegen Ende der siebziger Jahre wurden die Subventionszahlungen für den Bau von Studentenwohnheimen eingestellt. Statt dessen finanzierte der dänische Staat die Errichtung von Wohneinheiten für junge Erwachsene im Allgemeinen. Etwa die Hälfte der 50.000 existierenden Einheiten steht nunmehr Studierenden zur Verfügung, dazu kommen in geringer Zahl Plätze in den verbliebenen hochschuleigenen Wohnheimen. Zudem haben bedürftige Personen in Dänemark Anspruch auf staatliche Wohnbeihilfe, so auch Studierende.

Staatlich subventionierte Essensausgaben für Studierende existieren im dänischen System nicht. Die Hochschulen sind nur insoweit an der kostengünstigen Verpflegung von Studierenden beteiligt, als sie – auf freiwilliger Basis – privaten Firmen ihre Räumlichkeiten und die zugehörige Ausstattung zur Verfügung stellen.

Alle Studierende können vergünstigte monatliche Fahrausweise für eine bestimmte Region erwerben. Darüber hinaus erhalten förderungsberechtigte Studierende seit 1997 bei Vorlage ihres Ausweises einen speziellen Preisnachlass: Überschreiten die monatlichen Fahrtkosten EUR 38, so wird der darüber liegende Betrag um 65 Prozent reduziert. Der Rabatt beträgt maximal EUR 64 pro Monat.[2] Außerdem bieten viele Reisebüros günstige Reisen und Fahrpreisermäßigungen für Studierende an. Auch für den Besuch von Museen und weiteren kulturellen Einrichtungen werden Preisnachlässe gewährt.

---

2 Die staatlichen Aufwendungen für Fahrtkostensubventionen betrugen im Jahr 1997 in Dänemark EUR 3,8 Millionen.

5 Indirekte staatliche und private Studienförderung in Europa

Soziale Absicherung der Studierenden und Transfers an die Eltern

Spezifische Transferleistungen für die Krankenversicherung werden in Dänemark nicht vorgenommen, da das über Steuergelder finanzierte öffentliche Gesundheitssystem kostenlose medizinische Versorgung für alle Bürger bietet.

Kindergeld wird in Dänemark prinzipiell nur bis zur Vollendung des 18. Lebensjahrs des Kindes gezahlt. Ab diesem Zeitpunkt gelten die jungen Erwachsenen als in jeder Hinsicht eigenständige Staatsbürger. Demgemäß wird eine finanzielle Unterstützung der Studierenden seitens ihrer Eltern nicht steuerbegünstigend anerkannt.

Unterstützung der Studierenden durch ihre Eltern

Eltern sind – den oben genannten Prinzipien der studentischen Eigenständigkeit entsprechend – gesetzlich nicht verpflichtet, ihre Kinder während des Studiums finanziell zu unterstützen. Aus Tabelle 5-1 geht hervor, dass tatsächlich nur ein kleiner Teil aller Studierenden während des Studiums regelmäßige Unterstützung in Form von Geldzahlungen oder Sachleistungen seitens der Eltern erfährt (11 %). Etwas mehr als die Hälfte der Studierenden erhält keinerlei Zuwendungen in dieser Form (51 %). In allen Ausprägungen der Unterstützung sind Unterschiede hinsichtlich des Alters der Studierenden festzustellen. So werden jüngere Studierende häufiger von ihren Eltern bedacht als ältere Studierende. Über die genaue Höhe der Zuwendungen liegen allerdings keine Angaben vor.

Tab. 5-1: Elterliche Unterstützung der Studierenden in Dänemark (nach Alter der Studierenden, in %)

Alter der Studierenden	Regelmäßige Unterstützung	Unregelmäßige Unterstützung	Keine Unterstützung	Keine Angabe	Gesamt
< 24 Jahre	19	47	31	3	100
24-29 Jahre	10	39	49	1	99
≥ 30 Jahre	3	19	75	3	100
Gesamt	11	36	51	2	100

Unterstützung der Studierenden durch ihre Hochschule

Stipendien seitens der Hochschulen werden im dänischen System nicht gewährt. Zwar sind Anstellungen von Studierenden als Tutoren oder Forschungsassistenten möglich, aber insgesamt spielen die Hochschulen bei der finanziellen Unterstützung der Studierenden keine bedeutende Rolle.

Einnahmen der Studierenden aus eigener Erwerbstätigkeit

Eine Studie, die unter Studierenden der Universität Kopenhagen durchgeführt wurde, hat ergeben, dass fast alle Befragten (92 %) einer Erwerbstätigkeit nachgingen oder bis dahin bereits nachgegangen waren. Innerhalb dieser Gruppe variiert jedoch die Anzahl an geleisteten Arbeitsstunden beträchtlich.

Abb. 5-1: Verteilung der monatlichen Arbeitszeiten bei Studierenden der Universität Kopenhagen (geförderte und nichtgeförderte Studierende, in %)

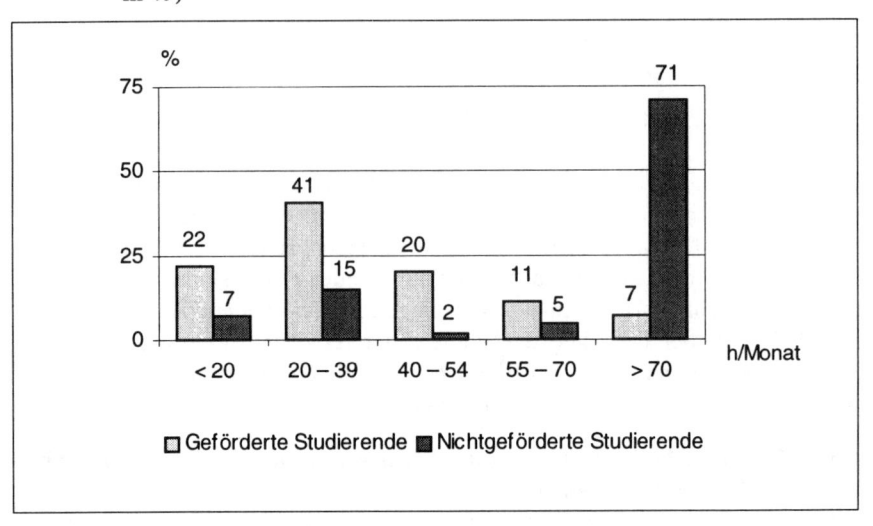

Studierende in Dänemark, die staatliche Studienförderung in Form von Zuschüssen oder Darlehen beziehen, dürfen durch eigene Erwerbstätigkeit ein monatliches Einkommen von bis zu EUR 593 erzielen (siehe Kapitel 4). Dieser Wert entspricht dem Entgelt für etwa 50 Arbeitsstunden und soll somit das Ausmaß der studentischen Erwerbstätigkeit angemessen eingrenzen.

Wie die Ergebnisse der Kopenhagener Studie gezeigt haben, besteht zwischen dem Studienfortschritt der Studierenden, die weniger als 55 Stunden pro Monat arbeiten, und dem Fortschritt derer, die mehr arbeiten, ein erheblicher Unterschied. Angesichts dieser Tatsache erscheint es beängstigend, dass 71 Prozent der Studierenden, die keine staatliche Studienförderung erhalten, in einem Ausmaß von wenigstens 70 Stunden pro Monat eigener Erwerbsarbeit nachgehen (siehe Abb. 5-1).³ Hingegen bleiben 83 Prozent der Geförderten mit einer monatlichen Arbeitszeit von höchstens 55 Stunden im genannten Rahmen und erhalten dementsprechend den vollen Förderungssatz.

Schweden

Transferleistungen und kommerzielle Vergünstigungen
Für Studierende in Schweden gibt es diverse studienbezogene Vergünstigungen, etwa bei der Anschaffung von Fachbüchern und Studienmaterialien. Banken bieten teilweise günstige Darlehen für den Kauf eines Computers an. Die Höhe dieser Art von Vergünstigungen ist jedoch schwer zu schätzen, da viele Studierende die erforderliche Literatur ausleihen oder auf gebrauchte Lehrmaterialien zurückgreifen.

In Schweden erhalten Studierende, wie andere Bürger auch, Wohnbeihilfe nach dem Bedürftigkeitsprinzip. Bis in die 90er Jahre hinein waren die entsprechenden Kriterien großzügig gefasst, so dass die meisten Studierenden eine monatliche Beihilfe bezogen. Die Selbstverständlichkeit, mit der die staatliche Zuwendung gewährt und in Mieten investiert wurde, führte schließlich dazu, dass die Mietpreise stetig anstiegen. Deshalb wurden die Bedingungen für den Erhalt von Wohnbeihilfe wieder verschärft. Heute ist ein Teil der Studierenden erneut dringend auf den Bezug staatlicher Mietzuschüsse angewiesen, um die Lebenshaltungskosten decken zu können. Dies gilt insbesondere für ältere Studierende, die in einer eigenen Wohnung leben.

Beihilfeberechtigte, so die Voraussetzung, müssen entweder in einer Mietwohnung leben, dann gilt die Altersbegrenzung von 18 bis 27 Jahren, oder aber für mindestens ein Kind versorgungspflichtig sein. Mietzuschüsse werden erst ab einer bestimmten Miethöhe gewährt: Für einen Zweipersonenhaushalt ohne Kinder beispielsweise liegt diese Schwelle bei EUR 200 pro Monat. Gleichzeitig darf das Jahreseinkommen der beiden Bewohner EUR 6.450 nicht übersteigen. Für Haushalte mit einem Kind erhöht sich diese Einkommensobergrenze auf EUR 13.011 pro Jahr. Studierende, die ihr Einkommen allein aus staatlicher Studienförderung beziehen, erhalten beispielsweise bei einer monatlichen Miete in Höhe von EUR 400 eine Wohnbeihilfe von höchstens EUR 122 im Monat.

---

3 Ergebnisse anderer Studien legen allerdings nahe, dass Studierende der Universität Kopenhagen häufiger und in höherem Ausmaß einer eigenen Erwerbstätigkeit nachgehen als Studierende an kleineren Hochschulen und in ländlicheren Gebieten. Die angegebenen Werte können demnach nicht als Mittelwerte für die Gesamtheit der Studierenden in Dänemark betrachtet werden.

In Schweden werden, wie im Nachbarland Dänemark, Mahlzeiten für Studierende nicht staatlich subventioniert.

In 1994 hat der nationale Studierendenverband ein eigenes Unternehmen gegründet, um durch Verhandlungen mit privaten Anbietern von Konsumgütern optimale Vergünstigungen für Studierende zu erzielen. Als eines der bedeutendsten Ergebnisse dieses Bemühens sind die Preisermäßigungen im Nah- und Fernverkehr zu nennen. Studierende erhalten bei Vorlage ihres Studentenausweises einen Preisnachlass von 30 bis 50 Prozent auf innerschwedische Bahnfahrten. Busgesellschaften gewähren bis zu 50 Prozent und Fluggesellschaften sogar bis zu 70 Prozent Ermäßigung für Studierende.

Weiterhin stehen Studierenden sowohl günstigere Konditionen bei Banken zu als auch vergünstigte Preise für den Eintritt in Museen, Theater, Ausstellungen und Konzerte.

Soziale Absicherung der Studierenden und Transfers an die Eltern

Das schwedische Gesundheitssystem bietet Studierenden, wie allen schwedischen Bürgern, eine kostenlose Krankenversicherung, die durch Steuern und Abgaben der erwerbstätigen Bevölkerung finanziert wird. Zusätzlich bieten alle Hochschulen des Landes spezielle medizinische Dienste für Studierende an. Die dafür zu zahlenden Gebühren werden jeweils von der Hochschule festgelegt.

Andere Versicherungen, insbesondere Lebensversicherungen, werden ebenfalls zu günstigen Konditionen angeboten. Dazu leistet der schwedische Studierendenverband einen wesentlichen Beitrag: „The insurance company *Trygg Hansa* has a long-standing collaboration with the student unions' national joint organisation, *Sveriges Förenade Studentkårer* (SFS), and thereby offers individual students subsidised charges and premiums as well as making it possible for the student unions to earn money on the administration which has arisen. SFS is now planning, together with a Dutch insurance company, to start its own company, which is to negotiate advantageous insurance policies for students." (Andersson 1998, S. 31.)

Als zu Beginn der 90er Jahre die Arbeitslosigkeit in Schweden zunahm und für einige Jahre auf relativ hohem Niveau blieb, war es für die Studierenden schwierig, in den Sommermonaten – während derer keine direkte staatliche Studienförderung gezahlt wird – eine Beschäftigung zu finden. Bedürftige Studierende können daher in dieser Zeit Sozialhilfe beantragen.

In Schweden wird an Eltern bis zur Vollendung des 16. Lebensjahrs des Kindes ein steuerfreies Kindergeld in Höhe von EUR 71 pro Monat gezahlt. Die Eltern von Studierenden erhalten also in deren Studienzeit kein Kindergeld mehr. Dem Prinzip des eigenständigen Studierenden entsprechend werden den Eltern auch keine steuerlichen Vorteile für die Ausbildung ihrer Kinder gewährt. Vergünstigungen richten sich ausschließlich nach der sozialen Lage der Studierenden.

Unterstützung der Studierenden durch ihre Eltern

Die Eltern sind nicht gesetzlich verpflichtet, ihre Kinder während der Studienzeit finanziell zu unterstützen.[4] Tatsächlich erhalten lediglich 16 Prozent aller Studierenden in Schweden während des Studiums monetäre Zuwendungen von ihren Eltern. Direkte staatliche Studienförderung stellt für die Studierenden die weitaus wichtigere Finanzierungsquelle dar (siehe Tab. 5-2).[5]

Tab. 5-2: Einkommensquellen der Studierenden in Schweden 1996 (in %)

	Anteil der Studierenden		
	Männlich	Weiblich	Gesamt
Direkte staatliche Studienförderung	83	78	80
Erwerbstätigkeit und Ersparnisse	24	16	19
Eltern oder andere Familienmitglieder	17	16	16
Partner, Mitbewohner, Freunde o.ä.	4	13	9
Gesamt*	128	123	124

* Die einzelnen Prozentwerte addieren sich zu über 100 Prozent, da Mehrfachnennungen möglich waren.

Daneben greifen Studenten gegenüber Studentinnen zu einem höheren Anteil auf eigenes Einkommen oder eigene Ersparnisse zurück (24 % bzw. 16 %), während Studentinnen häufiger durch ihren Partner oder von Freunden finanziell unterstützt werden (13 % bzw. 4 %).

---

4   Ausnahme: Ein Elternteil, der nicht mit seinem Kind zusammenlebt, ist gesetzlich verpflichtet, zu dessen Lebensunterhalt beizutragen. Ist dieser Beitrag zu klein, oder wird seine Zahlung verweigert, so kann das Kind vom Staat eine Vorauszahlung in Höhe von EUR 1.566 pro Jahr einfordern.

5   Die Datengrundlage für die in der Tabelle genannten Werte bildet eine Untersuchung der *National Agency for Higher Education* (1997). Abgesehen von dieser Studie sind im nationalen Rahmen kaum Daten verfügbar, da staatliche Studienförderung in Schweden unabhängig vom elterlichen Einkommen gewährt wird und dementsprechend keine verbindenden Statistiken geführt werden.

Unterstützung der Studierenden durch ihre Hochschule

An schwedischen Hochschulen werden Stipendien und Leistungspreise in unterschiedlichen Formen vergeben. Im Vergleich zur direkten staatlichen Studienförderung handelt es sich hierbei jedoch um deutlich geringere Summen.

Studierende können gegen Entgelt als Tutoren oder Forschungsassistenten an ihrer Hochschule arbeiten. Zudem bieten die Studierendenverbände weitere Beschäftigungsmöglichkeiten; diesbezüglich werden an den größeren Universitäten bis zu zehn Vollzeitstellen finanziert. Ergebnisse neuerer Studien weisen jedoch darauf hin, dass die Hochschulen als Arbeitgeber für einen nur sehr geringen Teil der Studierenden (etwa 5 %) von Bedeutung sind.

Einnahmen der Studierenden aus eigener Erwerbstätigkeit

In Schweden beträgt der Anteil der neben dem Studium erwerbstätigen Personen an allen Studierenden 34 Prozent. Dabei liegt der Prozentsatz bei den Studentinnen mit 36 Prozent etwas höher als bei den Studenten (30 %). Knapp die Hälfte aller in Erwerbstätigkeit stehenden Studierenden arbeitet monatlich bis zu 40 Stunden, etwa ein Fünftel leistet 41 bis 120 Stunden pro Monat, und nahezu ein Drittel der erwerbstätigen Studierenden weist eine Anzahl von über 120 monatlichen Arbeitsstunden auf. Insgesamt jedoch stellt das eigene Einkommen, wie der Tabelle 5-2 zu entnehmen ist, für lediglich 19 Prozent aller Studierenden eine Quelle zur Finanzierung ihres Studiums dar.

Finnland

Transferleistungen und kommerzielle Vergünstigungen

Wie in Kapitel 3 genannt, sind die Studierenden in Finnland verpflichtet, der Studentenorganisation ihrer Hochschule beizutreten. Durch diese – kostenpflichtige – Mitgliedschaft erhalten sie eine Reihe von Vergünstigungen: „In fact, all of the indirect benefits for students are available only through the membership of the union, which is proved with a membership card. It depends thus on the viewpoint, whether we treat the membership as a cost or as a benefit of study." (Kivinen und Hedman 1998, S. 7.)

Zum einen gewähren viele kommerzielle Anbieter Preisermäßigungen, insbesondere für Freizeiteinrichtungen und kulturelle Veranstaltungen. Zum anderen trägt der Staat mit verschiedenen Leistungen indirekt zur Unterstützung der Studierenden bei. Mietzuschüsse sind in Finnland bereits ein Teil der direkten staatlichen Studienförderung. Die Hochschulmensen werden mit etwa EUR 1 pro Mahlzeit staatlich subventioniert.

Auf Flüge und Langstreckenfahrten räumen die staatlichen Verkehrsgesellschaften Finnlands Studierenden einen Rabatt von 50 Prozent ein. Im öffentlichen Personennahverkehr hingegen gibt es, bis auf wenige Ausnahmen, keine Preisermäßigungen für Studierende. Diese im europäischen Vergleich ungewöhnliche Regelung lässt sich durch das finnische Steuersystem erklären: Laut Gesetz wird die Einkommensteuer jeweils im Wohnort erhoben; dieser stimmt jedoch bei Studierenden nur selten mit dem Hochschulstandort überein. Die Hochschulstädte verzichten also auf die Investitionen in Transportzuschüsse, da ihnen keine gesicherten Steuereinnahmen gegenüberstehen.

Soziale Absicherung der Studierenden und Transfers an die Eltern

Alle Studierenden leisten mit ihrem Mitgliedsbeitrag für die lokale Studentenorganisation auch einen Beitrag zur Krankenversicherung (YTHS), der sich jährlich auf etwa EUR 27 beziffern lässt. Gegen eine geringe zusätzliche Gebühr von maximal EUR 3 pro Behandlung kann jeder Studierende an seiner Hochschule medizinische Versorgung in Anspruch nehmen. Außerdem sind Studierende berechtigt, den kommunalen ärztlichen Dienst aufzusuchen, der allen Bürgern kostenlos zur Verfügung steht.

Kindergeld und andere steuerliche Vergünstigungen für die Eltern werden nur bis zum 17. Lebensjahr des Kindes gewährt.

Unterstützung der Studierenden durch ihre Eltern

Wie in Dänemark und Schweden sind auch in Finnland die Eltern der Studierenden nicht gesetzlich verpflichtet, diese während des Studiums finanziell zu unterstützen.[6] Aus Abb. 5-2 geht hervor, dass der Anteil der Eltern am studentischen Einkommen seit den siebziger Jahren gleichbleibend bei nur etwa zehn Prozent liegt. Direkte staatliche Studienförderung sowie eigene Einkommen aus Erwerbstätigkeit und Ersparnisse spielen eine wesentlich wichtigere Rolle in der Einkommensstruktur der Studierenden. Aufgrund der verschlechterten Beschäftigungsmöglichkeiten seit Mitte der 80er Jahre hat sich jedoch der Anteil für Arbeitslohn und Ersparnisse stetig verringert, während der Anteil staatlicher Studienförderung zugenommen hat.

Wie die Ergebnisse einer an der Universität Turku durchgeführten Studierendenbefragung gezeigt haben, ist die Bedeutung elterlicher Unterstützung für die

---

6 Die Höhe des elterlichen Einkommens beeinflusst allerdings das Ausmaß des sogenannten Extrazuschusses für Studierende unter 19 Jahren, die bei ihren Eltern leben: Je größer das Elterneinkommen, desto geringer der Extrazuschuss. Unter gewissen Umständen wird also finanzielle Unterstützung von den Eltern erwartet.

Finanzierung des Studiums in hohem Maße davon abhängig, ob der Studierende bei seinen Eltern lebt. Ist dies der Fall, so beläuft sich der elterliche Finanzierungsanteil auf circa 20 Prozent des studentischen Gesamteinkommens, im anderen Fall auf etwa acht Prozent. Im Mittel lassen die Eltern ihren studierenden Kindern EUR 77 pro Monat zukommen. Insgesamt gibt weniger als die Hälfte der befragten Studierenden an, von den eigenen Eltern finanziell unterstützt zu werden.

Abb. 5-2: Einkommensquellen der Studierenden in Finnland 1964 bis 1994 (in %)

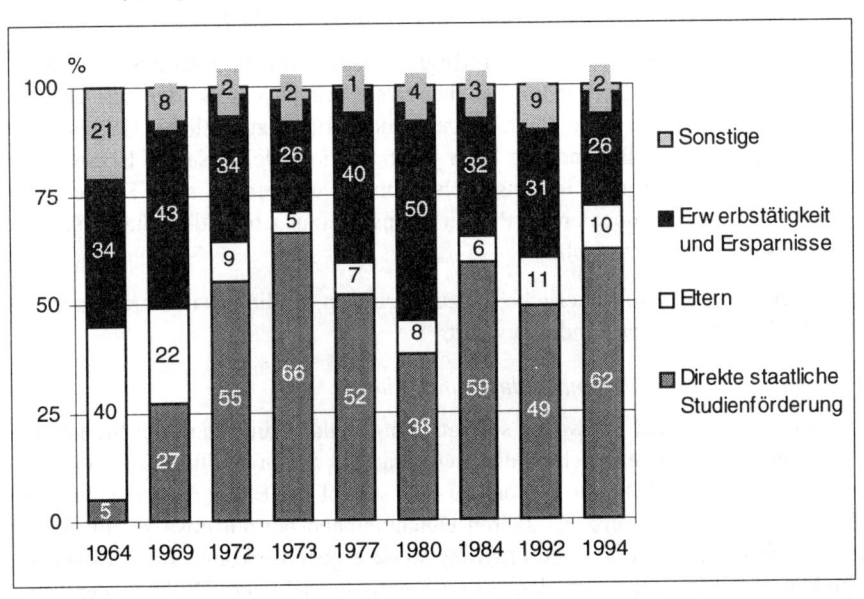

Jahr	Direkte staatliche Studienförderung	Eltern	Erwerbstätigkeit und Ersparnisse	Sonstige
1964	5	40	34	21
1969	27	22	43	8
1972	55	9	34	2
1973	66	5	26	2
1977	52	7	40	1
1980	38	8	50	4
1984	59	6	32	3
1992	49	11	31	9
1994	62	10	26	2

Unterstützung der Studierenden durch ihre Hochschule

Neben den Studierendenverbänden und privaten Stiftungen vergeben auch Hochschulen in Finnland Stipendien an bedürftige Studierende mit sehr guten Studienleistungen. Etwa zwei Prozent aller Studierenden erhalten finanzielle Mittel dieser Art. Bis zu einem monatlichen Betrag von EUR 483 hat das Stipendium keinen Einfluss auf die Zuweisung direkter staatlicher Studienförderung; durchschnittlich werden allerdings nur EUR 49 pro Person und Monat bewilligt.

Studierende können als Tutoren an ihrer Hochschule arbeiten. Außerdem ergeben sich dort in der vorlesungsfreien Zeit im Sommer weitere Beschäftigungsmöglichkeiten. Die Hochschulen spielen aber insgesamt nur eine kleine Rolle bei der finanziellen Unterstützung Studierender.

Einnahmen der Studierenden aus eigener Erwerbstätigkeit

Wie in Abbildung 5-2 deutlich wird, haben Studierende in Finnland 1994 ihr Studium zu knapp 30 Prozent aus eigenen Ersparnissen und Erwerbstätigkeit finanziert. Der betreffende Anteil lag in den vorigen Jahren höher, 1980 etwa betrug er 50 Prozent. Im Allgemeinen wird die Verschlechterung der wirtschaftlichen Lage Finnlands, die sich gegen Anfang der 90er Jahre abzeichnete, als Begründung dafür angeführt, dass die Studierenden immer weniger auf ein eigenes Einkommen als Finanzierungsquelle zurückgreifen konnten.

Schätzungen besagen, dass 42 Prozent aller Studierenden in Finnland neben ihrem Studium erwerbstätig sind; dabei arbeiten 27 Prozent für elf oder zwölf Monate im Jahr, also fortwährend. Der Barwert des monatlich zur Verfügung stehenden Einkommens aus Ersparnissen und Erwerbstätigkeit wird auf EUR 242 bis EUR 322 taxiert.

Niederlande

Transferleistungen und kommerzielle Vergünstigungen

Studierende in den Niederlanden, die Mitglied einer Studentenorganisation sind, erhalten beim Kauf von Büchern einen zehnprozentigen Preisnachlass. Viele Hochschulen gewähren Rabatte von zehn bis 15 Prozent auf Computer.

In den Niederlanden erhalten alle Bürger, die sozial bedürftig sind, Wohnbeihilfe in Höhe von EUR 11 bis EUR 92 pro Monat, je nach Alter und Einkommen. Dies gilt jedoch nur für gemietete Wohnungen oder Häuser, nicht aber für die Miete eines einzelnen Zimmers. Somit sind die meisten Studierenden durch ihre Wohnform vom Bezug einer Beihilfe ausgeschlossen.

In Universitätsstädten erhalten Studierende subventionierte Mahlzeiten in den Mensen. Sie zahlen lediglich den Preis für die notwendigen Zutaten; die Kosten für die Infrastruktur werden von den Universitäten getragen. Außerdem erhalten Studierende, die direkte staatliche Studienförderung in Form der sogenannten Grundförderung beziehen (das sind über 80 % aller Studierenden), zugleich ein Semesterticket für die kostenlose Nutzung öffentlicher Verkehrsmittel, wahlweise gültig an Arbeitstagen oder am Wochenende (s. Kapitel 4). Für die Tage, an denen die Befreiung nicht gilt, erhalten Studierende immerhin noch einen Preisnachlass von 40 Prozent.

Alle niederländischen Bürger unter 25 Jahren beziehen gegen einen Unkostenbeitrag von EUR 7 pro Jahr den „Jugendkulturpass", der zum ermäßigten Eintritt in kulturelle Veranstaltungen sowie Theater und Museen berechtigt. Vergünstigungen dieser Art werden aber auch auf Vorlage des Studentenausweises gewährt. Zusätzlich erhalten Studierende in einigen Universitätsstädten einen speziellen Ausweis, der die Nutzung verschiedener Freizeitmöglichkeiten und den verbilligten Erwerb von Konsumgütern erlaubt.

Soziale Absicherung der Studierenden und Transfers an die Eltern

Zum Teil sind die Studierenden niederländischer Hochschulen in die Krankenversicherung ihrer Eltern einbezogen. Familien mit einem überdurchschnittlichen Einkommen sind allerdings gesetzlich verpflichtet, ihre Kinder privat zu versichern. Der Standardbeitrag für die private Krankenvorsorge wird durch die direkte staatliche Studienförderung mit monatlich EUR 30 kompensiert. Darüber hinausgehende Kosten müssen von den Studierenden oder ihren Eltern durch zusätzliche Versicherungen abgedeckt oder selbst getragen werden. Während privat versicherte Studierende sowohl für eine Hausratversicherung als auch für die Haftpflichtversicherung Beiträge zahlen müssen, ist Letztere für die bei ihren Eltern mitversicherten Studierenden kostenfrei.

In den Niederlanden werden weder Steuerfreibeträge noch Kindergeld als Transferleistungen an die Eltern der Studierenden gewährt.

Unterstützung der Studierenden durch ihre Eltern

Die niederländische Regierung trifft in ihrem Studienfinanzierungsgesetz Empfehlungen für den Beitrag der Eltern zur finanziellen Unterstützung ihrer studierenden Kinder.[7] Da alle Vollzeitstudierenden zum Erhalt von Grundförderung berechtigt sind, beläuft sich der Elternbeitrag maximal auf die Differenz zwischen dem Gesamtbudget und dem Grundförderungsbetrag. In Tabelle 5-3 sind die Beträge aufgeführt, zu deren Zahlung die Eltern bereit sein sollten, und zwar in Abhängigkeit von der Anzahl der unter 18-jährigen Kinder. Familien mit einem Jahreseinkommen von EUR 20.452 und zwei nicht erwachsenen Kindern wird zum Beispiel empfohlen, mit EUR 222 pro Monat zur Studienfinanzierung beizutragen.

---

7 Per Gesetz sind Eltern lediglich bis zur Vollendung des 21. Lebensjahrs des Kindes dazu verpflichtet, dieses zu unterstützen. Bei den Elternbeiträgen handelt es sich demnach um empfohlene, nicht um gesetzlich zwingend zu erbringende Leistungen.

Zwar erhalten die meisten Studierenden (etwa 80 %) von ihren Eltern finanzielle Unterstützung oder Sachleistungen; 70 Prozent dieser Studierenden beziehen aber von ihren Eltern einen geringeren Betrag, als von der Regierung empfohlen wird.

Tab. 5-3: Empfohlene Elternbeiträge zur Studienfinanzierung in den Niederlanden 1996 (nach Jahreseinkommen und Anzahl der Kinder, in EUR pro Monat)

Steuerpflichtiges Jahreseinkommen (in EUR)	Anzahl der Kinder unter 18 Jahren			
	0	1	2	3
≤ 10.283	—	—	—	—
10.284 – 11.178	21	—	—	—
11.179 – 13.414	73	43	13	—
13.415 – 15.650	125	96	65	36
15.651 – 17.885	177	148	118	88
17.886 – 20.121	230	200	170	140
20.122 – 22.356	282	252	222	192
22.357 – 26.827	386	356	326	297
26.828 – 31.299	490	461	431	401
31.300 – 32.640	522	492	462	432

Unterstützung der Studierenden durch ihre Hochschule

Die finanzielle Förderung von Studierenden ist im Wesentlichen der Studienförderungsbehörde vorbehalten; die Hochschulen spielen hier lediglich eine untergeordnete Rolle. Studierende, die keinen Anspruch auf direkte staatliche Förderung mehr besitzen, weil sie zum Beispiel intensiv in studentischen Gremien mitgearbeitet haben oder über lange Zeit erkrankt waren, können Gelder aus eigens dafür vorgesehenen Hochschulfonds erhalten: „Universities and HBO's are allowed by the Higher Education and Research Act to fill a specific 'institutional fund' for financial support for the kinds of students just mentioned. The institutional grants or loans awarded to students may vary in time and amount, dependent on the specific situation of the student. Institutions have their own policy in this matter, like the number of months for which students who conducted specific activities may be subsidised. ... In addition to the 'institutional fund', many higher education institutions have an emergency fund for students in direct financial emergency situations. Most of the time, allowances from the emergency fund have to be repaid." (Vossensteyn 1998, S. 19.)

Neben den genannten finanziellen Mitteln stellen die Hochschulen – wie in den meisten anderen Ländern auch – diverse Dienstleistungen zur Verfügung, etwa in

Form von Sprachkursen, Informationsveranstaltungen, Studienberatung und psychologischer Betreuung. Insgesamt entstehen den niederländischen Universitäten dafür Kosten in Höhe von EUR 76 pro Person und Jahr; die Fachhochschulen geben für den gleichen Zweck jährlich etwa EUR 49 je Studierenden aus.

Durchaus üblich an niederländischen Hochschulen ist die Anstellung von einem Teil der Studierenden als studentische Tutoren, Assistenten oder in anderer Funktion. Die Vergabe der entsprechenden Tätigkeiten kann sowohl durch die Hochschulen selbst als auch über kommerzielle Arbeitsvermittlungen erfolgen.

Einnahmen der Studierenden aus eigener Erwerbstätigkeit

Obwohl ein hoher Anteil der Studierenden in den Niederlanden neben dem Studium erwerbstätig ist (etwa 70 %), überschreiten nur sehr wenige Studierende die für den Bezug direkter staatlicher Studienförderung relevante Einkommensgrenze in Höhe von EUR 6.707 pro Jahr. Die durchschnittliche Arbeitszeit liegt bei 50 Stunden pro Monat, der monatliche Verdienst beträgt im Mittel EUR 134.

Frankreich

Transferleistungen und kommerzielle Vergünstigungen

Fachbücher, Büroutensilien und anderes Studienmaterial werden in Frankreich gelegentlich zu vergünstigten Preisen angeboten. Eine einheitliche Regelung besteht aber diesbezüglich nicht.

Seit 1991 haben Studierende in Frankreich, so wie alle Bürger, unter bestimmten Bedingungen ein Anrecht auf Wohnbeihilfe. Als Voraussetzung gilt jeweils die finanzielle Unabhängigkeit von den Eltern, die sich darin manifestiert, dass die Eltern für das studierende Kind weder Steuervorteile genießen noch Kindergeld beziehen. Der Umfang der Beihilfen variiert mit dem Einkommen und der Wohnform zwischen etwa EUR 50 und EUR 150 monatlich; im Durchschnitt liegt er bei EUR 110 (*Allocation de logement sociale*) bzw. EUR 125 (*Aide personnalisée au logement*) pro Monat. In 1995 haben weit über eine halbe Million Studierende Wohnbeihilfe bezogen, wodurch der Staat Gesamtausgaben von mehr als EUR 818 Millionen zu verzeichnen hatte.

Unterkünfte in Wohnheimen, die durch das französische Studentenwerk subventioniert werden, stehen lediglich etwa zehn Prozent aller Studierenden in Frankreich zur Verfügung. 20 bis 25 Prozent der Studierenden werden durch Mahlzeiten in den Hochschulmensen verpflegt. Das Essen wird vom Studentenwerk bezuschusst; der Preis für eine Mahlzeit liegt bei etwa der Hälfte der tatsächlichen Kosten.

5 Indirekte staatliche und private Studienförderung in Europa 143

Sowohl auf die Nutzung öffentlicher Verkehrsmittel als auch auf den Eintrittspreis für kulturelle und andere freizeitliche Veranstaltungen werden den Studierenden auf Vorlage ihres Studienausweises Ermäßigungen gewährt, wobei die Entscheidung über Rabatte im Personennahverkehr den örtlichen Verkehrsämtern überlassen ist. Die Nutzung von Sportanlagen sowie die Teilnahme an Sportkursen sind für Studierende kostenlos.

Soziale Absicherung der Studierenden und Transfers an die Eltern

In Frankreich existiert für Studierende ein eigenes Sozialversicherungssystem, das von den staatlichen Krankenversicherungsanstalten (*Caisses d'assurance maladie*) verwaltet wird. Studierende, die staatliche Zuschussförderung beziehen, zahlen keine Gebühren; die nicht geförderten Studierenden leisten einen vergleichsweise geringen Beitrag.

Für das erste und zweite Kind bis zum Alter von 26 Jahren können die Eltern einen bestimmten Steuerfreibetrag vom Einkommen abziehen; für das dritte und jedes weitere Kind kann das Einkommen sogar jeweils um den zweifachen Betrag verringert werden. Dieser Steuervorteil entspricht einer staatlichen Abgabe von EUR 767 Millionen pro Jahr. Seit 1995 kann neben dem Kinderfreibetrag auch ein Ausbildungsfreibetrag in Höhe von EUR 183 jährlich geltend gemacht werden, was insgesamt eine Staatsleistung von EUR 119 Millionen pro Jahr bedeutet (Deutsches Studentenwerk 1997, S. 146). Zur Zahlung von Kindergeld oder Familienbeihilfe liegen keine Angaben vor.

Unterstützung der Studierenden durch ihre Eltern

In Frankreich sind Eltern per Gesetz dazu verpflichtet, ihre Kinder während deren Ausbildung finanziell zu unterstützen. Die Eltern leisten entweder direkt monetäre Hilfe oder übernehmen, falls der Studierende bei ihnen lebt, indirekt zumindest einen Teil der Lebenshaltungskosten.

In 1994 hat etwa ein Viertel der aus Familien mit unterdurchschnittlichem Einkommen stammenden Studierenden im Alter von 21 und 22 Jahren Geldmittel von den Eltern erhalten, und zwar durchschnittlich EUR 122 pro Monat. Dagegen erhält über die Hälfte der Studierenden aus Familien mit überdurchschnittlichem Einkommen regelmäßige Zahlungen in Höhe von EUR 205 von den Eltern (siehe Tab. 5-4, vgl. auch Tab. 5-5). Im Vergleich zur staatlichen Zuschussförderung zeigt sich zum einen, dass der Förderbetrag jeweils fast doppelt so hoch ist wie die elterliche Unterstützung, und zum anderen, dass die Studierenden aus finanziell schlechter gestellten Familien als Ausgleich höhere staatliche Studienförderung beziehen. Durchschnittlich erhält jeder Studierende EUR 176 pro

Monat von seiner Familie; dieser Betrag deckt rechnerisch etwa ein Drittel der Lebenshaltungskosten.

Tab. 5-4: Durchschnittliche finanzielle Unterstützung der Studierenden durch Eltern und staatliche Studienförderung in Frankreich 1994

Familien-einkommen	Unterstützung durch die Eltern		Direkte staatl. Studienförderung	
	Anteil der Unterstützten (in %)	Betrag (in EUR pro Monat)	Anteil der Geförderten (in %)	Betrag (in EUR pro Monat)
Unterdurchschnittlich	24	122	48	381
Überdurchschnittlich	53	205	8	293

Rund 40 Prozent aller Studierenden in Frankreich leben bei ihren Eltern. Die nicht-monetäre Unterstützung, die dieser Studierendengruppe zuteil wird, beziffert sich nach Schätzungen auf über EUR 256 pro Monat. Nicht bei ihren Eltern wohnende Studierende erhalten hingegen Sachleistungen im Wert von etwa EUR 133.

Unterstützung der Studierenden durch ihre Hochschule

An französischen Universitäten werden im Rahmen von Drittmittelprojekten einige Forschungsstipendien (*Allocations de recherche*) vergeben. Eigenfinanzierte Stipendien sind hingegen in ihrer Anzahl sehr begrenzt. Für die Unterstützung bedürftiger Studierender halten die Hochschulen spezielle Mittel bereit, insgesamt schätzungsweise in Höhe von EUR 7 Millionen pro Jahr.

Bis vor einiger Zeit konnten Studierende in Frankreich als Teilzeitangestellte an den Hochschulen beschäftigt werden; dies ist aber heute nicht mehr üblich. Insbesondere die kostenaufwendigen Stellen sind in den 90er Jahren vom Staat durch günstigere Arbeitsverhältnisse ersetzt worden. Dennoch sind Studierende nach wie vor an der eigenen Hochschule tätig, seit neuerem vorrangig als Tutoren in der Betreuung jüngerer Studierender. Genaue Beschäftigungsdaten liegen allerdings nicht vor, da die Hochschulstatistiken keine Unterscheidung zwischen der Entlohnung studentischer und nichtstudentischer Angestellter erlauben.

Einnahmen der Studierenden aus eigener Erwerbstätigkeit

In Frankreich sind rund 200.000 Studierende in Teilzeit oder Vollzeit beschäftigt. Der Anteil erwerbstätiger Studierender an allen Studierenden beträgt somit etwa 20 Prozent. Das Einkommen durch eigene Erwerbstätigkeit stellt mit durchschnittlich EUR 263 pro Monat neben der Unterstützung durch die Eltern und den Staat eine gleichermaßen bedeutende Finanzierungsquelle für Studierende in Frankreich dar (siehe Tab. 5-5).

Tab. 5-5: Einkommensquellen und Einkommensbeträge der Studierenden in Frankreich 1994 (Beträge in EUR pro Monat)

Einkommensquelle	Einkommensbetrag						
	Regelmäßiges Einkommen			Unregelmäßiges Einkommen			Gesamt
	Bar	Unbar	Gesamt	Bar	Unbar	Gesamt	
Eigene Erwerbstätigkeit	228	..	228	35	..	35	263
Elterliche Unterstützung	56	135	191	53	..	53	244
Staatliche Unterstützung	185	152	337	7	..	7	344
Gesamt	469	287	756	95	..	95	851

Sowohl der Anteil der erwerbstätigen Studierenden als auch das durchschnittlich erzielte Einkommen variieren mit dem Alter: Lediglich vier Prozent der Studierenden im Alter von 21 bis 22 Jahren und 15 Prozent der Studierenden im Alter von 23 bis 24 Jahren gehen regelmäßig einer Beschäftigung nach; unter den 25 Jahre alten und älteren Studierenden ist der Anteil bedeutend höher (je nach Altersgruppe circa 30 bis 60 %). Die erwerbstätigen Studierenden der erstgenannten Altersgruppe verdienen im Durchschnitt EUR 322 pro Monat, während die 23- bis 24-Jährigen Einkünfte in Höhe von durchschnittlich EUR 498 verzeichnen. Studierende, die über 25 Jahre alt sind, erzielen vergleichsweise hohe Einkommen von EUR 996 bis EUR 1.113.

Belgien

Transferleistungen und kommerzielle Vergünstigungen

Über reguläre Vergünstigungen auf Studienmaterialien liegen für Belgien (flämischer Teil) keine Daten vor; gelegentlich werden jedoch Fachbücher und andere Materialien zu heruntergesetzten Preisen angeboten.

Die belgischen Hochschulen betreiben Wohnheime, in denen Studierende – je nach der Höhe des elterlichen Einkommens – zu einem Preis von EUR 60 bis EUR 144 pro Monat vergünstigt Zimmer mieten können. Daneben werden in den Mensen der Hochschulen preiswerte Mahlzeiten für Studierende angeboten. Die flämische Regierung unterstützt dieses Angebot mit Subventionen. Eventuelle Kosten für die Fahrten zwischen Wohnort und Studienort werden bereits durch Zuschüsse im Rahmen der direkten staatlichen Studienförderung abgedeckt.

Studierende in Belgien erhalten auf Vorlage ihres Studienausweises Ermäßigungen auf Bus- und Bahnfahrpreise, sowohl lokal als auch regional. Kinos, Theater und andere kulturelle Einrichtungen gewähren Studierenden Preisnachlässe von etwa 20 Prozent.

Soziale Absicherung der Studierenden und Transfers an die Eltern

Bis zum Alter von 25 Jahren sind Studierende in Belgien kostenlos krankenversichert. Sofern ein Studierender kein eigenes Einkommen bezieht, haben seine Eltern Anrecht auf Kindergeld. Dieses wird – im Unterschied zur Studienförderung – unabhängig von der Höhe des Einkommens gewährt. Eltern erhalten für das erste in Hochschulausbildung befindliche Kind monatlich EUR 101, für das zweite Kind EUR 162 sowie für das dritte und jedes weitere Kind EUR 221.[8] Weiter werden Familien mit Kindern Steuervorteile in Form von Kinderfreibeträgen gewährt. Bei einem studierenden Kind verringert sich das zu versteuernde jährliche Einkommen der Eltern um EUR 264, bei zwei Kindern um EUR 433, bei drei Kindern um EUR 1.206, bei vier Kindern um EUR 1.597 und bei fünf oder mehr Kindern schließlich um EUR 1.683.

Unterstützung der Studierenden durch ihre Eltern

In Belgien sind die Eltern laut Gesetz verpflichtet, für die Erziehung und Ausbildung ihrer Kinder zu sorgen und sie in ihrer Lebensführung zu unterstützen. Diese Pflicht geht über das Erreichen des Erwachsenenalters hinaus, wenn die Ausbildung des Kindes noch nicht abgeschlossen ist.

Im Studienjahr 1998/99 wohnte etwa die Hälfte der staatlich geförderten Studierenden zu Hause bei den Eltern. Es liegen jedoch weder Angaben zum Anteil der durch Geld- oder Sachleistungen unterstützten Studierenden noch zur Höhe solcher Unterstützung vor.

Unterstützung der Studierenden durch ihre Hochschule

An belgischen Hochschulen werden nur selten Stipendien an Studierende vergeben. Studierende, die keine direkte staatliche Studienförderung erhalten, aber finanzielle Unterstützung benötigen, können jedoch in begrenztem Umfang Zuschüsse oder Darlehen aus hochschuleigenen Fonds beziehen. Seit der Hochschulreform von 1994 erhalten die Institutionen pro Studierenden und Jahr eine Summe von EUR 77 bis EUR 197, die sie nach eigenem Entscheiden verwenden können: „Auf diese Weise sind die sozialen Maßnahmen je nach Hochschule

---

8   Diese vergleichsweise hohen Beträge ergeben sich aus den Alterszuschlägen, welche für über 16-jährige Kinder gezahlt werden.

verschieden: Es gibt Einrichtungen, die allen Studierenden einen Betrag auszahlen, es gibt jene, die fast alles in soziale Infrastruktur (Mensen, Wohnheime) investieren, und andere, die sich mit speziellen Maßnahmen den bedürftigen Studierenden zuwenden." (Fiers 1998, S. 7.)

Studierende können an ihrer jeweiligen Hochschule als Hilfskräfte angestellt werden, zum Beispiel in der Bibliothek oder in Forschungsprojekten. Die Beschäftigung studentischer Tutoren ist allerdings nicht üblich.

Einnahmen der Studierenden aus eigener Erwerbstätigkeit

Zum Anteil der erwerbstätigen Studierenden sowie zur Höhe des durchschnittlichen studentischen Einkommens stehen für Belgien keine Angaben zur Verfügung.

Deutschland

Transferleistungen und kommerzielle Vergünstigungen

An den 300 deutschen Hochschulen bestehen mehr als 60 Studentenwerke, die als eigennützige Landesanstalten des öffentlichen Rechts agieren. Sie sind unter anderem für die Bewirtschaftung der Mensen und Wohnheime zuständig, bieten aber auch Dienstleistungen wie soziale und rechtliche Beratung sowie Betreuungseinrichtungen für die Kinder der Studierenden an. Die laufenden Kosten der Studentenwerke werden zu zwei Dritteln aus eigenen Einnahmen, zu zehn Prozent aus den Semesterbeiträgen der Studierenden und zu circa 20 Prozent aus Landesmitteln beglichen.

Der Bau von Studentenwohnheimen wird in Deutschland staatlich subventioniert. Die Studierenden zahlen als Miete einen Selbstkostenpreis in Höhe von durchschnittlich EUR 152 (alte Bundesländer) beziehungsweise EUR 102 (neue Bundesländer), wobei die Mietpreise je nach Studienort stark variieren können. So liegen die Zimmermieten in den neuen Ländern im Bereich zwischen EUR 33 und EUR 233, in den alten Ländern zwischen EUR 102 und EUR 205.

Die Mensen und Cafeterien der Hochschulen offerieren Mahlzeiten zu vergünstigten Preisen, wobei sich die Einzelpreise zwischen EUR 0,80 und EUR 6 bewegen. Der Durchschnittspreis pro Essen liegt für Studierende in den alten Ländern bei EUR 1,80 und in den neuen Ländern bei EUR 1,50. Durchschnittlich nutzt etwa ein Drittel aller Studierenden diese Verpflegungsmöglichkeit.

An mehreren deutschen Hochschulen wird ein Teil des Semesterbeitrags, durchschnittlich EUR 15 pro Monat, zur Finanzierung eines Semestertickets verwendet, das Studierende zur kostenlosen Nutzung des öffentlichen Personennahverkehrs berechtigt. In anderen Studienorten ermöglichen die lokalen Verkehrsgesellschaften vergünstigte Fahrpreise. Die Deutsche Bahn AG offeriert ihren Kunden weitere Sparmöglichkeiten. So können jüngere Personen im Alter von bis zu 26 Jahren gegen Zahlung von EUR 66 pro Jahr auf allen Strecken zum halben Preis fahren. Außerdem bieten einige Fluggesellschaften spezielle Studententarife an. Auf Eintrittspreise für kulturelle und andere freizeitliche Veranstaltungen werden bis zu 50 Prozent Preisnachlass gewährt. Auch Bücher, Computer und Studienmaterialien werden zum Teil zu reduzierten Preisen angeboten.

Die Summe sämtlicher Transferleistungen und Vergünstigungen beläuft sich nach Selbsteinschätzungen von Studierenden auf EUR 607 pro Semester, also EUR 101 pro Monat (Gaugler und Schawilye 1999).

Soziale Absicherung der Studierenden und Transfers an die Eltern

Bis zur Vollendung des 26. Lebensjahrs sind deutsche Studierende gesetzlich über ihre Eltern krankenversichert. Danach gilt bis zum Abschluss des 14. Fachsemesters oder bis zur Vollendung des 30. Lebensjahrs die Versicherungspflicht in der „Krankenversicherung der Studenten", deren monatliche Gebühren bei EUR 46 liegen.

Familien mit in der Ausbildung befindlichen Kindern erhalten bis zur Vollendung deren 27. Lebensjahrs staatliches Kindergeld. Für das erste und zweite Kind beträgt das Kindergeld EUR 102 pro Monat, für das dritte Kind EUR 153 und für das vierte sowie jedes weitere Kind jeweils EUR 179. Nicht zusätzlich, sondern alternativ zum Kindergeld kann eine steuerliche Entlastung durch den Kinderfreibetrag in Höhe von EUR 3.203 jährlich gewährt werden.

Zudem genießen die Eltern unter den gleichen Voraussetzungen, die für die Zahlung von Kindergeld gelten, Steuervorteile in Form eines Ausbildungsfreibetrages. Die Höhe des Freibetrags richtet sich nach dem Alter und der Wohnform des Kindes. Für ein Kind unter 18 Jahren, das nicht bei den Eltern wohnt, verringert sich das zu versteuernde Einkommen der Eltern um EUR 920 pro Jahr, für ein bei seinen Eltern lebendes erwachsenes Kind um EUR 1.227 und für ein erwachsenes Kind, das nicht bei seinen Eltern wohnt, um EUR 2.147 pro Jahr.[9]

---

9   In 2001 haben sich entsprechend der BAföG-Novellierung in Deutschland unter anderem folgende Änderungen ergeben: Der Erhalt von Kindergeld wird nicht mehr auf die Fördersumme angerechnet. Das Freibetragssystem wird vereinfacht; die für die anrechenbaren Einkommen maßgeblichen Freibeträge werden deutlich angehoben.

5 Indirekte staatliche und private Studienförderung in Europa

Unterstützung der Studierenden durch ihre Eltern

In Deutschland sind Eltern per Gesetz verpflichtet, ihr Kind bis zum Abschluss der ersten Ausbildung finanziell zu unterstützen. Studierende müssen, um den Anspruch auf elterliche Unterstützung aufrechtzuerhalten, regelmäßig Fortschritte in ihrem Studium nachweisen.

Abb. 5-3: Einkommensquellen der Studierenden in den alten deutschen Bundesländern 1982 bis 1997 (in %)

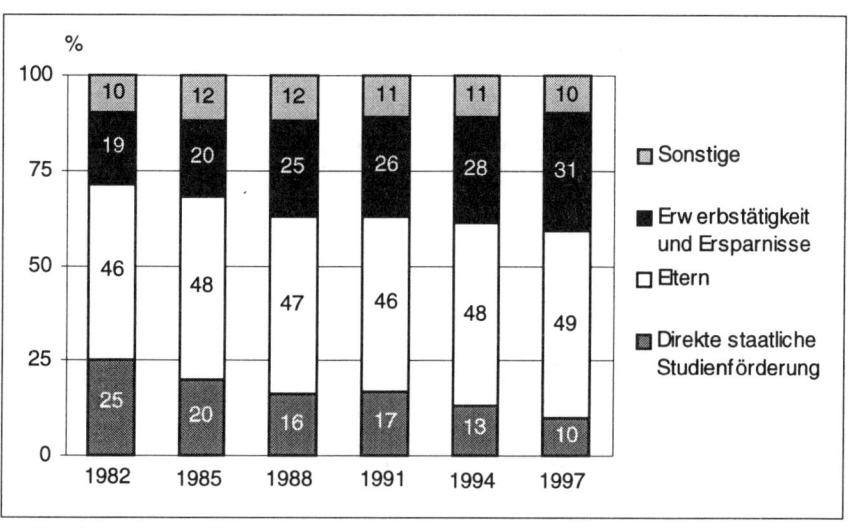

Jahr	Direkte staatliche Studienförderung	Eltern	Erwerbstätigkeit und Ersparnisse	Sonstige
1982	25	46	19	10
1985	20	48	20	12
1988	16	47	25	12
1991	17	46	26	11
1994	13	48	28	11
1997	10	49	31	10

Quelle: Schnitzer et al. 1998.

Obwohl nur 23 Prozent aller Studierenden in Deutschland bei ihren Eltern leben, ist der Anteil der durch monetäre Leistungen und/oder Sachleistungen unterstützten Studierenden mit 86 Prozent in den alten Bundesländern und 90 Prozent in den neuen Ländern vergleichsweise hoch. Die monatliche Unterstützung lässt sich mit durchschnittlich EUR 404 (alte Länder) beziehungsweise EUR 336 (neue Länder) beziffern. Damit beträgt die Hilfe seitens der Eltern mehr als der staatliche Grundförderungssatz in Höhe von EUR 309 pro Monat. Neben der direkten Zuteilung oder Überweisung von Bargeld besteht der größte Anteil der elterlichen Zuwendung aus Mietzahlungen, die für das studierende Kind übernommen werden.

In den beiden Abbildungen 5-3 und 5-4 wird die Bedeutung der verschiedenen Finanzierungsquellen für das studentische Gesamtbudget veranschaulicht. Dabei zeigt sich, dass der Anteil der elterlichen Unterstützung über den Zeitraum von

15 Jahren hinweg konstant fast 50 Prozent betragen hat, mit Ausnahme des Anteilswertes, der nach der Wiedervereinigung der beiden deutschen Staaten in den neuen Bundesländern beobachtet wurde (23 %). Ausgleichend wurde jedoch in dieser Zeit ein wesentlich höherer Anteil des Budgets der Studierenden in den neuen Bundesländern aus der direkten staatlichen Studienförderung gestellt (60 % im Vergleich zu 17 % in den alten Bundesländern).

Abb. 5-4: Einkommensquellen der Studierenden in den neuen deutschen Bundesländern 1991 bis 1997 (in %)

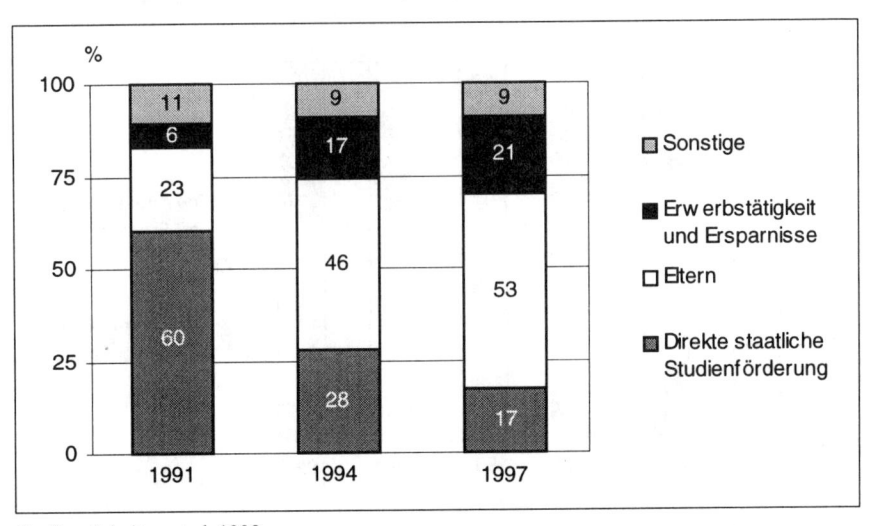

Jahr	Direkte staatliche Studienförderung	Eltern	Erwerbstätigkeit und Ersparnisse	Sonstige
1991	60	23	6	11
1994	28	46	17	9
1997	17	53	21	9

Quelle: Schnitzer et al. 1998.

Unterstützung der Studierenden durch ihre Hochschule

Deutsche Hochschulen vergeben in der Regel keine Stipendien, diese Aufgabe obliegt anderen staatlichen oder auch privaten Stiftungen und Verbänden. In Härtefällen können jedoch die Studentenwerke über ihre Darlehenskassen kurzfristige Überbrückungszahlungen leisten. Hingegen ist es üblich, Studierende als Hilfskräfte und Tutoren in Teilzeitarbeit an ihrer Hochschule zu beschäftigen.

Einnahmen der Studierenden aus eigener Erwerbstätigkeit

Die Bedeutung eines eigenen Verdienstes als Quelle der Studienfinanzierung hat in beiden Teilen Deutschlands in den vergangenen Jahren stetig zugenommen (Schnitzer et al. 1998). Im Jahr 1997 betrug der Anteil der erwerbstätigen Studierenden in den alten Bundesländern 69 Prozent und in den neuen Bundesländern

57 Prozent. Der genannte Anteil variiert mit dem Alter: Während weniger als die Hälfte aller Studierenden unter 22 Jahren erwerbstätig ist, beträgt die Quote bei den über 27-Jährigen etwa 75 Prozent.

Der überwiegende Teil der erwerbstätigen Studierenden in Deutschland geht einer Arbeit nach, die keinen oder nur geringen Nutzen für das eigene Studium aufweist. Knapp ein Viertel ist als Studentische Hilfskraft an der Hochschule beschäftigt, 15 Prozent arbeiten während des Studiums in ihrem erlernten Beruf.

Die Arbeitszeit beläuft sich bei einem Drittel der Studierenden auf etwa 30 Stunden pro Monat, während demgegenüber 14 Prozent der Studierenden monatlich über 85 Stunden arbeiten. Insgesamt liegt der Mittelwert der zu leistenden Arbeitszeit bei 57 Stunden pro Monat. Das durch Erwerbstätigkeit erzielte studentische Monatseinkommen beträgt durchschnittlich EUR 325 in den alten Bundesländern und EUR 213 in den neuen Bundesländern.

Österreich

Transferleistungen und kommerzielle Vergünstigungen

In Österreich werden auf Studienmaterialien wie Bücher und Computer durchschnittlich etwa zehn Prozent Preisnachlass gewährt.

Alle Studierenden können sich für einen der über 20.000 Wohnheimplätze in einem staatlich bezuschussten Studentenwohnheim bewerben. Die durchschnittliche Monatsmiete beträgt dort EUR 135; sie liegt damit um etwa EUR 51 unter dem Preis für ein Zimmer zur Untermiete. In der Tabelle 5-6 sind die jährlichen Aufwendungen für Studentenwohnheime sowie für Umbauten und Ersatzinvestitionen in Studentenmensen dargestellt. Hier zeigt sich, dass die für studentische Wohnheime getätigten Ausgaben in den 90er Jahren stetig gestiegen sind, während die Investitionsentwicklung hinsichtlich der österreichischen Mensen keinen eindeutig positiven Verlauf genommen hat. Es muss allerdings erwähnt werden, dass die gemeinnützigen Einrichtungen, welche als Träger der Wohnheime fungieren, vom Staat in hohem Maße subventioniert werden, während die Finanzierung der Verpflegungsbetriebe nur teilweise staatlich erfolgt. Seit 1990 erhalten die Studentenmensen aus öffentlichen Mitteln keine Zuschüsse mehr für ihren laufenden Betrieb, sondern lediglich noch für Umbauten und Ersatzinvestitionen. Dennoch bietet die „Österreichische MensenbetriebsGmbH" sozial bedürftigen Studierenden Mahlzeiten an, deren Preis jeweils um EUR 0,36 bis EUR 0,72 ermäßigt ist. Pro Jahr werden etwa 750.000 dieser vergünstigten Menüs ausgegeben.

Tab. 5-6: Öffentliche Aufwendungen für Wohnheime und Mensen in Österreich 1989 bis 1997 (in Mio. EUR pro Jahr)

	1989	1990	1991	1992	1993	1994	1995	1996	1997
Wohnheime	3,9	4,3	5,5	6,9	8,9	11,2	14,9	17,6	18,9
Mensen	..	..	..	0,8	1,6	0,6	0,9	0,7	1,0

Studierende können vergünstigte Fahrkarten für öffentliche Verkehrsmittel erwerben, wobei sowohl die Preise als auch die Höhe der Ermäßigung von Studienort zu Studienort verschieden sind. Die Vergabe der Karten ist zwar nicht an soziale Bedürftigkeit geknüpft, meistens aber an den Bezug von Familienbeihilfe oder an eine Altershöchstgrenze. Studierende, die direkte staatliche Studienförderung beziehen, erhalten ohnehin Fahrtkostenzuschüsse (siehe Kapitel 4). Daneben stellt die Österreichische Bundesbahn Studierenden bis zum vollendeten 26. Lebensjahr gegen Zahlung von EUR 18 einen Jahresausweis aus, der zu Fahrten zum halben Preis berechtigt.

Weiter erhalten Studierende in der Regel Ermäßigungen von bis zu 50 Prozent auf Eintrittspreise für Museen, Konzerte und andere Kulturveranstaltungen. Studierende, die direkte staatliche Studienförderung beziehen, können sich außerdem von der Zahlung der Telefongrundgebühren sowie der Rundfunk- und Fernsehgebühren befreien lassen.

Soziale Absicherung der Studierenden und Transfers an die Eltern

Studierende sind bis zur Vollendung des 27. Lebensjahrs bei der Krankenversicherung ihrer Eltern mitversichert, wenn sie regelmäßig ausreichende Studienleistungen nachweisen können. Studierende, die aufgrund der Überschreitung der Altersgrenze nicht mehr über die Eltern versichert sind, zahlen einen um 50 Prozent vergünstigten Mindestversicherungsbeitrag von EUR 16 pro Monat. Die Differenz zum regulären Beitragssatz wird vom Bundesministerium für Wissenschaft, Forschung und Verkehr getragen. Das studentische Einkommen darf dabei allerdings die Grenze von EUR 301 monatlich nicht überschreiten. Rund 100.000 Studierende in Österreich sind über ihre Eltern versichert, und etwa 20.000 weitere Studierende leisten eigene, vergünstigte Beiträge zur Krankenversicherung. Werden die Voraussetzungen für eine begünstigte eigene Versicherung nicht erfüllt, so gibt es zuletzt die Möglichkeit der allgemeinen freiwilligen Selbstversicherung. Der Beitragssatz richtet sich nach der jeweiligen finanziellen Situation, liegt jedoch mindestens bei EUR 58 monatlich.

Alle Studierenden in Österreich sind beitragsfrei unfallversichert. Sämtliche Unfälle, die sich im Zusammenhang mit der Hochschulausbildung ereignen, werden über den Versicherungsschutz abgedeckt. Der Staatsbeitrag für studentische Unfallversicherungen beläuft sich auf EUR 4,3 Millionen jährlich.

Die Eltern der Studierenden haben bis zu deren vollendetem 26. Lebensjahr Anrecht auf den Bezug einer dem Kindergeld vergleichbaren monatlichen Familienbeihilfe in Höhe von EUR 133. Die Beihilfe wird für den Zeitraum der Regelstudienzeit plus einem zusätzlichen Semester gewährt. Kein Anspruch auf Familienbeihilfe besteht, wenn Studierende außerhalb der Ferienzeit berufstätig sind und dabei monatlich mehr als EUR 269 verdienen. Insgesamt beziehen 74.000 Familien mit studierenden Kindern Familienbeihilfe; der diesbezügliche staatliche Budgetaufwand beziffert sich in 1997 auf etwa EUR 123 Millionen.

Bei geringem Einkommen erhalten Eltern zusätzlich zur Familienbeihilfe einen Familienzuschlag von EUR 14 pro Kind und Monat. Die Obergrenze für das Jahreseinkommen einer Familie mit einem Kind liegt bei EUR 8.146 und erhöht sich für jedes weitere Kind um EUR 1.658 pro Jahr.

Bezieht ein Elternteil für ein studierendes Kind Familienbeihilfe oder ist er für ein nicht bei ihm lebendes Kind unterhaltspflichtig, so steht ihm ein jährlicher Steuerfreibetrag von EUR 303 zu. Der Freibetrag für ein zweites Kind wird mit EUR 454, für jedes weitere Kind mit EUR 605 veranschlagt. Darüber hinaus können Aufwendungen für die Ausbildung eines studierenden Kindes steuerlich geltend gemacht werden, wenn das gewählte Studienfach nicht am Wohnort der Eltern angeboten wird. Dieser Regelung zufolge, die allerdings nur bei gleichzeitigem Bezug von Familienbeihilfe gilt, verringert sich das zu versteuernde Einkommen pro Kind und Ausbildungsjahr um EUR 1.321. Aufgrund der beiden genannten Formen von Steuerermäßigung büßt der österreichische Staat pro Jahr schätzungsweise EUR 44 Millionen an Steuergeldern ein.

Unterstützung der Studierenden durch ihre Eltern

In Österreich sind Eltern verpflichtet, ihr Kind bis zum Abschluss der ersten Hochschulausbildung zu unterstützen. Im Unterschied zu allen anderen europäischen Ländern kann die Unterstützung jedoch – abgesehen von der Zahlung eines angemessenen Taschengeldes – in Naturalien erfolgen. Um den Anspruch auf Unterhalt durch seine Eltern aufrechtzuerhalten, muss der jeweilige Studierende regelmäßige Nachweise über die erfolgreiche Fortführung seines Studiums erbringen. Genauere gesetzliche Bestimmungen existieren jedoch nicht; zum tatsächlichen Anteil der von ihren Eltern unterstützten Studierenden sowie zur durchschnittlichen Höhe der Unterstützung liegen dementsprechend keine Informationen vor.

Unterstützung der Studierenden durch ihre Hochschule

Neben den in größerer Zahl vergebenen Stipendien für Auslandsstudien bestehen an den einzelnen Universitäten häufig Stipendienstiftungen, die üblicherweise Gelder für herausragende Studienleistungen vergeben. Wie in Kapitel 4 beschrieben, wird ein geringer Anteil des Studienförderungsbudgets für die Vergabe sogenannter Leistungs- und Förderungsstipendien reserviert. Die Rolle der Hochschulen bei der wirtschaftlichen Unterstützung von Studierenden ist allerdings insgesamt eher gering, da erstens für die Vergabe von Beihilfen sowie Steuererleichterungen eigene Behörden bestehen und zweitens die Wohnheime und Mensen von Institutionen geführt werden, die mit den Universitäten organisatorisch nicht zusammenhängen: „Den Universitäten, Kunsthochschulen und Akademien verbleibt die Festlegung der näheren Kriterien und die Vergabe von Leistungs- und Förderungsstipendien, die Zuerkennung von Auslandsstipendien, die Vergabe von Stipendien an ausländische Studierende in Österreich sowie die Verteilung von Budgetmitteln, die ihnen aus Stiftungen zur Verfügung stehen." (Schuster 1998, S. 29.)

Daneben haben jedoch die österreichischen Studentenvertretungen, denen alle Studierenden obligatorisch angehören, als Körperschaften öffentlichen Rechts unter anderem die Aufgabe, die wirtschaftlichen Interessen Studierender zu fördern, etwa durch die Vermittlung von günstigen Mietwohnungen oder von Teilzeitbeschäftigungen. An den Hochschulen selbst werden Studierende seit einiger Zeit nur noch in geringer Anzahl als studentische Hilfskräfte eingestellt.

Einnahmen der Studierenden aus eigener Erwerbstätigkeit

In Österreich sind 73 Prozent aller Studierenden während der Studienzeit erwerbstätig. 35 Prozent arbeiten regelmäßig (siehe Abb. 5-5); mehr als die Hälfte dieser regelmäßig Erwerbstätigen wiederum – das sind immerhin 20 Prozent aller Studierenden – weist ein Arbeitspensum von über 80 Stunden pro Monat auf. Der Umfang der Erwerbstätigkeit von Studierenden, die direkte staatliche Studienförderung beziehen, ist insgesamt signifikant geringer als der Anteil der Nichtgeförderten.

Die Auswertungen einer 1993 durchgeführten Befragung von Studierenden in Österreich ergaben, dass der durchschnittliche Arbeitsumfang mit steigendem Alter der Studierenden zunimmt: Nur sechs Prozent der 18- und 19-Jährigen gingen demnach regelmäßig einer Erwerbstätigkeit nach, während der entsprechende Anteil in der Gruppe der 26- und 27-jährigen Studierenden bereits bei über einem Viertel (26 %) und bei den älteren Studierenden schließlich bei 49 Prozent lag.

5 Indirekte staatliche und private Studienförderung in Europa

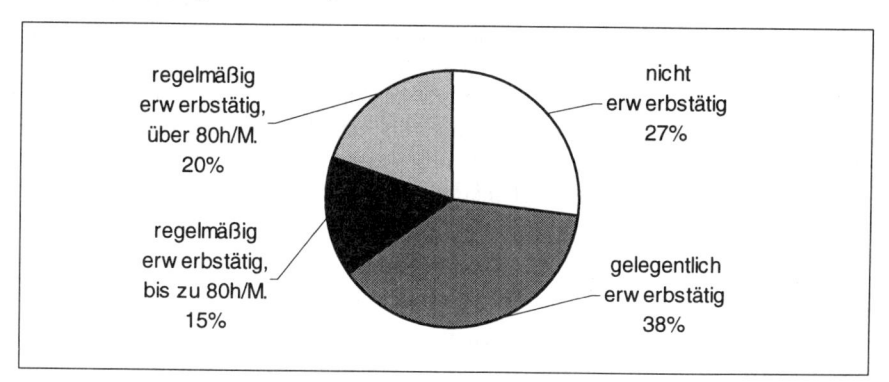

Abb. 5-5: Erwerbstätigkeit der Studierenden in Österreich 1995/96* (relative Häufigkeiten in %)

- regelmäßig erwerbstätig, über 80h/M. 20%
- nicht erwerbstätig 27%
- regelmäßig erwerbstätig, bis zu 80h/M. 15%
- gelegentlich erwerbstätig 38%

* Es wurden nur Studierende berücksichtigt, die zu Studienbeginn jünger als 30 Jahre waren.

Obwohl die Ergebnisse weiterhin zeigen, dass der zeitliche Aufwand der Erwerbstätigkeit zu zwei Dritteln die Freizeit und immerhin zu einem Drittel die für das Studium zur Verfügung stehende Zeit verkürzt, nehmen nur 20 Prozent der erwerbstätigen Studierenden an, dass ihre Tätigkeit zu einer Verzögerung des Studienabschlusses führen werde.

Schweiz

Transferleistungen und kommerzielle Vergünstigungen

Vereinzelt werden den schweizerischen Studierenden in Buchhandlungen und Computergeschäften Preisnachlässe gewährt, für Fachbücher in Höhe von zehn Prozent.

In der Schweiz wird studentisches Wohnen nicht staatlich subventioniert; stattdessen werden Mietzuschüsse allgemein für sozial Bedürftige gewährt. Alle Studierenden können in den Mensen der schweizerischen Hochschulen verbilligte Mahlzeiten einnehmen. Zwar wird ihnen kein spezieller Nachlass auf die Preise für die Benutzung öffentlicher Verkehrsmittel gewährt, doch können Schweizer Bürger generell bis zum Alter von 26 Jahren vergünstigte Zeitkarten bei den städtischen Tarifverbünden erwerben. Die Schweizerischen Bundesbahnen bieten außerdem den Erwerb eines Fahrausweises an, der zu Fahrten zum halben Preis berechtigt. Für den Besuch kultureller Veranstaltungen und Einrichtungen wird auf Vorlage des Studentenausweises ein Preisnachlass gewährt.

Soziale Absicherung der Studierenden und Transfers an die Eltern

Studierende in der Schweiz können sich bis zum Alter von 25 Jahren zu günstigen Konditionen in der Krankenversicherung ihrer Eltern mitversichern lassen. Ab einem Alter von 26 Jahren müssen sie sich selbst versichern; Vergünstigungen werden dann nicht mehr gewährt. Es besteht jedoch für sozial bedürftige Studierende die Möglichkeit, beim „Amt für Sozialbeiträge" finanzielle Unterstützung für die Krankenversicherung zu beantragen. Diese Hilfe wird nur dann geleistet, wenn alle anderen Möglichkeiten – wie die Hilfe der Eltern oder eigenes Einkommen und Vermögen – zur Deckung der Kosten nicht ausreichen.

Mit der Entrichtung von Studiengebühren sind die Studierenden bei Unfällen, die sich auf dem Universitätsgelände ereignen, abgesichert. Häufig schließt die Krankenversicherung eine weiterreichende Unfallversicherung ein. Studierende, die für mehr als einen Tag pro Woche bei einem Arbeitgeber beschäftigt sind, gelten als betrieblich unfallversichert.

In der Schweiz erhalten die Eltern für jedes studierende Kind bis zur Vollendung dessen 25. Lebensjahrs eine Kinderzulage, deren Höhe kantonal unterschiedlich ist. Im Mittel liegt sie bei EUR 76 pro Monat. Zudem können sämtliche unterstützenden Zahlungen, die Eltern an ihre in Ausbildung stehenden Kinder vornehmen, in vollem Umfang von der Steuer abgesetzt werden.

Unterstützung der Studierenden durch ihre Eltern

In der Schweiz obliegen Eltern der gesetzlichen Pflicht, die Kosten für die erste Berufsausbildung ihrer Kinder vollständig zu tragen. Der elterliche Unterhalt stellt folgerichtig für die meisten Studierenden die wichtigste Finanzierungsquelle dar: 73 Prozent aller in der Schweiz Studierenden werden von ihren Eltern finanziell unterstützt; aus dieser Gruppe erhält nahezu die Hälfte eine monatliche Zuwendung von über EUR 481. Demgegenüber werden nur sieben Prozent der Studierenden mit monetären Mitteln durch ihren Partner oder ihre Partnerin unterstützt, davon allerdings etwa ein Drittel mit mehr als EUR 936 pro Monat. Dieser Tatbestand lässt sich mit dem meist höheren Alter der verheirateten Studierenden und dem entsprechend bereits größeren Einkommen der Partner erklären.

Durchschnittlich steuern die Eltern 45 Prozent der finanziellen Mittel zum Lebensunterhalt der Studierenden bei, das sind etwas über EUR 317 pro Monat. Der nichtmonetäre Beitrag liegt vermutlich wesentlich höher; dazu liegen jedoch keine Daten vor.

Unterstützung der Studierenden durch ihre Hochschule

Schweizerische Hochschulen verfügen über Stipendienfonds, die vorwiegend aus privaten Spendengeldern angefüllt werden. Insgesamt ist die Unterstützung der Studierenden aus diesen Fonds jedoch unbedeutend. Auch die Anstellung von Studierenden an den Hochschulen ist relativ selten, womit diese insgesamt eine nur geringe Bedeutung für die Finanzierung des studentischen Lebensunterhalts einnehmen.

Einnahmen der Studierenden aus eigener Erwerbstätigkeit

78 Prozent der in einer Studie befragten Studierenden in der Schweiz gaben an, innerhalb der vergangenen zwölf Monate erwerbstätig gewesen zu sein. Von diesen Studierenden wiesen etwa drei Viertel eine monatliche Arbeitszeit von bis zu 48 Stunden auf, weitere 18 Prozent arbeiteten bis zu 80 Stunden pro Monat, und lediglich neun Prozent der erwerbstätigen Studierenden wiesen ein Arbeitspensum auf, welches mehr als einer Halbtagsbeschäftigung entspricht.

In der Befragung führten 59 Prozent der Studierenden an, das Arbeitsentgelt zur Finanzierung ihres Lebensunterhalts zu benötigen. Mehr als die Hälfte der Studierenden in dieser Gruppe (57 %) erlangt durch eigene Erwerbstätigkeit ein Einkommen von bis zu EUR 480 pro Monat. Ein weiteres Viertel (26 %) weist einen monatlichen Verdienst in Höhe von EUR 481 bis EUR 784 auf, während knapp ein Fünftel der für ihren Lebensunterhalt arbeitenden Studierenden (18 %) pro Monat EUR 785 oder mehr erzielt.

Irland

Transferleistungen und kommerzielle Vergünstigungen

Standardisierte Ermäßigungen für Bücher, Tageszeitungen und Computer gibt es in Irland nicht. Einige Verlage bieten Preisnachlässe von bis zu 50 Prozent auf Fachzeitschriften an. Tageszeitungen können lediglich auf dem Campus günstiger erworben werden. Zwei der irischen Hochschulen haben für ihre Studierenden kommerzielle Preisermäßigungen auf Rechner und Computerzubehör ausgehandelt.

Wie in Kapitel 4 beschrieben, leben nur knapp drei Prozent der irischen Studierenden in Wohnheimen. Diese wurden zur Zeit ihrer Erbauung in den meisten Fällen nicht staatlich subventioniert und werden daher auch heute noch privat geführt. Staatliche Mietzuschüsse für Studierende existieren in Irland nicht, ebenso wenig wie subventionierte Mahlzeiten.

Alle Studierenden unter 26 Jahren sind berechtigt, für EUR 9 eine *USIT Card* zu erwerben, die ein Jahr lang Gültigkeit hat. Sind die Studierenden zusätzlich im Besitz eines *Travelsafe*-Passes, so erhalten sie insgesamt bis zu 50 Prozent Preisnachlass auf die Nutzung öffentlicher Verkehrsmittel. Mit der *USIT Card* genießen Studierende neben den Fahrpreisermäßigungen auch Vergünstigungen für kulturelle Veranstaltungen und Kinobesuche sowie für den Einkauf von Lebensmitteln, für Mahlzeiten in Fast-Food-Restaurants und Übernachtungen in Jugendherbergen. Außerdem gibt es an den meisten Hochschulen in Irland studentische Freizeitclubs, die allerdings Gebühren erheben.

Soziale Absicherung der Studierenden und Transfers an die Eltern

In Irland erhalten bedürftige Personen eine sogenannte *Medical Card*, die zu kostenloser medizinischer Versorgung berechtigt. Seit 1983 sind Studierende nicht mehr automatisch Empfänger dieser Karte, sondern müssen dafür folgende Kriterien erfüllen:

- finanzielle Unabhängigkeit von den Eltern und sonstigen Fürsorgepflichtigen,
- regelmäßiges Beziehen einer Invaliditätsrente,
- ständige Einwohnerschaft in einem EU-Land,
- eigenes Monatseinkommen von maximal EUR 106 (alleinlebend) beziehungsweise EUR 94 (bei den Eltern lebend).

Fast alle irischen Universitäten stellen jedoch auf dem Campus einen medizinischen Service bereit, den Studierende kostenlos beziehungsweise gegen eine geringe Gebühr (EUR 3 bis EUR 21 pro Behandlung) beanspruchen können. Der Umfang dieser Serviceleistung ist jedoch nicht einheitlich: „For example, in 1996 there were over 16,000 students attending University College Dublin. However there was only one full-time and one part-time doctor employed by the colleges health centre. University College Galway, on the other hand, with a student population of 7,549, employ two full-time doctors in their on-campus health centre." (Clancy und Kehoe 1998, S. 19.)

In den Sommermonaten wird Studierenden als Alternative zur Arbeits- und damit zumeist verbundenen Mittellosigkeit das sogenannte *Students' Summer Jobs*-Programm angeboten. Als Träger fungiert das irische Sozialministerium in Zusammenarbeit mit lokalen Gruppen und Institutionen. Sozial bedürftige Studierende verrichten über einen Zeitraum von bis zu 17 Wochen gemeinnützige Arbeit in ihrer Gemeinde und erhalten dafür einen Stundenlohn in Höhe von umgerechnet EUR 3,70. Die Arbeitszeit darf 35 Stunden in der Woche und 200 Stunden insgesamt nicht überschreiten. Das geschätzte staatliche Gesamtbudget für die Finanzierung des Jobprogramms liegt bei EUR 13 Millionen pro Jahr (Angaben für 1997). Der Umfang an verfügbaren Arbeitsstellen richtet sich nach der Anzahl der örtlichen Einrichtungen, die zur Mitarbeit gewillt sind: Im Jahr 1996 wurden fast 30.000 Plätze für interessierte Studierende bereitgestellt.

Das irische Sozialsystem sieht vor, dass Eltern für jedes in Vollzeitausbildung befindliche Kind bis zu dessen 19. Geburtstag eine Beihilfe in Höhe von monatlich EUR 36 für das erste und das zweite Kind sowie EUR 42 für jedes weitere Kind erhalten (Deutsches Studentenwerk 1997, S. 204). Da die meisten irischen Studierenden im Alter von 17 oder 18 Jahren mit der Universitätsausbildung beginnen, können die Eltern die Beihilfe zumindest im ersten Studienjahr der Kinder häufig noch wahrnehmen.

Bis vor wenigen Jahren noch erlaubte eine gesetzliche Regelung, Personen, die ohne Annahme von Gegenleistungen anderen Personen regelmäßige Zahlungen (*covenants*) zukommen lassen, steuerliche Vorteile zu gewähren. Bei fast 70 Prozent der Personen, die diese Regelung nutzten, handelte es sich um Eltern, die ihren studierenden Kindern Unterhalt zahlten. 1994 hatte der Staat dadurch schätzungsweise Steuereinbußen in Höhe von EUR 43 Millionen zu verzeichnen. Das 1995 verabschiedete Finanzgesetz hingegen sieht vor, dass die Familien derjenigen Studierenden, die im Rahmen der direkten Studienförderung weder von Gebühren befreit sind noch Zuschüsse erhalten, jährlich Bildungsausgaben von bis zu EUR 3.081 steuerlich geltend machen können. Bei der Fixrate von 26 Prozent können also maximal EUR 801 pro Jahr abgesetzt werden. Mit der 1996 etablierten Zusatzregelung wird eine solche steuerliche Entlastung auch den Familien von Teilzeitstudierenden und Studierenden an privaten Hochschulen zuteil.

Unterstützung der Studierenden durch ihre Eltern

Ähnlich wie in den nordischen Ländern sind Eltern in Irland nicht gesetzlich verpflichtet, ihre Kinder während deren Ausbildung finanziell zu unterstützen. Dennoch gaben in einer Erhebung lediglich 22 Prozent der befragten Studierenden an, keinerlei elterliche Unterstützung zu erhalten. Im Mittel beträgt die finanzielle Zuwendung seitens der Familie EUR 121 pro Monat.

Unterstützung der Studierenden durch ihre Hochschule

Im irischen Hochschulsystem gilt es als selbstverständlich, an Studierende für herausragende Leistungen oder die Durchführung aufwendiger Forschungsprojekte Förderungsgelder zu vergeben. In Tabelle 5-7 sind exemplarisch die Stipendien und Auszeichnungen aufgeführt, die im Studienjahr 1995/96 am University College in Dublin verteilt worden sind. Insgesamt handelt es sich dabei um mehr als 700 Preise mit einem Gesamtvolumen von über EUR 2 Millionen.

Tab. 5-7: Stipendien und Auszeichnungen am University College Dublin (UCD) in Irland 1995/96

Art des Stipendiums	Anzahl (pro Jahr)	Wert des Stipendiums (in EUR)	Summe (in EUR pro Jahr)
Stipendium für das erste Studienjahr	20	1.848	36.966
Auszeichnung für herausragende Studienleistungen	..	616	..
Postgraduiertenstipendium*	30	2.464	73.933
Forschungsförderung*	..	2.780	..
Stipendium für Tutorien	..	1.664	..
Diverse Stipendien, Preise und Auszeichnungen	..	123 – 4.682	..
UCD-Stipendien	273	⌀ 1.569	446.541
Stipendien der durch das UCD verwalteten Fonds	460	⌀ 3.567	1.641.076

* Stipendien dieser Art werden nicht an Studierende im Erststudium, sondern zumeist oder ausschließlich an Postgraduierte vergeben.

Es liegen keine genauen Zahlen über die Beschäftigung von Studierenden an der Hochschule vor. Insbesondere unter fortgeschrittenen Studierenden ist es jedoch verbreitet, als studentische Hilfskraft, Tutor oder Korrekturassistent zu arbeiten. Zudem finden viele Studierende Beschäftigung in den universitätseigenen Betrieben und den Studentenverbänden.

Einnahmen der Studierenden aus eigener Erwerbstätigkeit

In Irland sind rund 50 Prozent aller Studierenden erwerbstätig. Wie Tabelle 5-8 zu entnehmen ist, beträgt das durchschnittliche Einkommen, welches im Sommer oder neben dem Studium durch eigene Erwerbstätigkeit erzielt wird, durchschnittlich EUR 127 pro Monat.

Innerhalb der Gruppe erwerbstätiger Studierender arbeitet etwa ein Sechstel (17 %) bis zu 34 Stunden pro Monat, die Hälfte (52 %) bis zu 69 Stunden und ein weiteres Viertel (24 %) bis zu 103 Stunden. Sieben Prozent der erwerbstätigen Studierenden gehen mit mehr als 155 Arbeitsstunden pro Monat einer Vollzeitbeschäftigung nach.

Tab. 5-8: Einkommensquellen und durchschnittliche Einkommensbeträge der Studierenden in Irland 1995

Einkommensquelle	Durchschnittlicher Einkommensbetrag (in EUR pro Monat)
Erwerbstätigkeit (Sommerjob, Teilzeitjob)	127
Eltern, Familie	121
Direkte staatliche Studienförderung	85
Darlehen*	10
Sonstige	6
Gesamt	349

* Die meisten Studierenden betrachten ein Darlehen nicht als Einkommen, demzufolge liegt der hier ermittelte Wert vermutlich weit unter dem tatsächlichen Betrag. Zudem ist die Berechnung eines Mittelwerts problematisch, da nur ein kleinerer Anteil der Studierenden ein Darlehen aufnimmt, dies jedoch in einer Größenordnung von über EUR 3.068 pro Person und Jahr.

Die Mehrheit der teilzeitbeschäftigten Studierenden in Irland sagt aus, dass sie befürchtet, ihre Beschäftigung habe zeitlich einen negativen Effekt auf ihr Fortkommen im Studium.

Vereinigtes Königreich

Transferleistungen und kommerzielle Vergünstigungen

Im Vereinigten Königreich bewilligen einige kommerzielle Anbieter Rabatte auf Bücher und Zeitschriften. Vergünstigungen im Bereich der Ernährung und des Wohnens existieren nicht: Britischen Hochschulen ist es gesetzlich untersagt, öffentliche Gelder für die Finanzierung von studentischen Wohnheimen oder Mensen zu verwenden. Auch in Bezug auf die Nutzung öffentlicher Verkehrsmittel gibt es keine speziellen Vergünstigungen. Auf Bus- und Bahnfahrten werden jedoch Preisermäßigungen für jüngere Erwachsene unter 26 Jahren gewährt, ebenso auf einige kulturelle Veranstaltungen. Insgesamt belaufen sich die preislichen Vorteile auf bis zu EUR 143 pro Jahr und Studierenden.

Soziale Absicherung der Studierenden und Transfers an die Eltern

Im Gesundheitssektor besteht die einzige Vergünstigung für Studierende im Erhalt freier Rezepte für Arzneimittel; der sich daraus ergebende Preisvorteil ist mit etwa EUR 29 pro Jahr und Studierenden zu beziffern. Staatliche Transferleistungen an die Eltern der Studierenden sind im Vereinigten Königreich nicht üblich; so werden weder Kindergeld noch steuerliche Vorteile gewährt.

Unterstützung der Studierenden durch ihre Eltern

Laut britischem Gesetz obliegen Eltern der Verpflichtung, ihre Kinder während des Studiums finanziell zu unterstützen. Diese Unterstützung ist eng an die Zuteilung direkter staatlicher Studienförderung geknüpft: „If public financial support to student income in the UK is comprehensive and widespread, family financial contributions to student income through means tests on grants ... are inextricably linked to public support." (Williams und Jones 1998, S. 12.) Nach Prüfung der sozialen Bedürftigkeit eines Förderungsberechtigten wird der sogenannte Elternbeitrag festgelegt, den die Familie des Studierenden zahlen sollte. Der verbleibende Bedarf wird durch staatliche Studienförderung abgedeckt (s. Kapitel 4). Etwa drei Viertel aller Eltern beziehungsweise Ehepartner von Studierenden sind aufgrund dieser Regelung zur Leistung von Unterhaltszahlungen verpflichtet. Die durchschnittliche offiziell erwartete Unterstützung beträgt EUR 147; der tatsächliche Beitrag beläuft sich im Mittel jedoch auf EUR 175 pro Monat.

Unterstützung der Studierenden durch ihre Hochschule

Die Unterstützung für Studierende seitens der Hochschule ist im Vereinigten Königreich sehr begrenzt. Die meisten Universitäten versehen sozial bedürftige Studierende mit geringen Summen aus Spendengeldern; lediglich an den Hochschulen von Oxford und Cambridge stehen zu diesem Zweck größere Beträge zur Verfügung. Hier werden zudem, wenn auch nur in geringer Anzahl, Leistungsstipendien an Studierende vergeben.

Die Etablierung eines regulären Systems zur Beschäftigung von Studierenden an der Hochschule wird angesichts einer nationalen Arbeitslosenquote von etwa neun Prozent (1994) im Vereinigten Königreich als problematisch angesehen. Die wenigen vorhandenen Arbeitsplätze – so die Argumentation – sollten den arbeitsuchenden Fachkräften vorbehalten sein. Dementsprechend werden nur wenige Studierende im Erststudium als Hilfskräfte angestellt.

Einnahmen der Studierenden aus eigener Erwerbstätigkeit

Im Vereinigten Königreich gehen zwei Drittel aller Studierenden neben dem Studium einer bezahlten Arbeit nach, wobei die Arbeitszeit im Durchschnitt 16 Stunden pro Monat beträgt. Dieser vergleichsweise geringen Stundenzahl entspricht ein durchschnittliches Einkommen von EUR 75 pro Erwerbstätigen und Monat. Die Höhe des Einkommens variiert vor allem mit der sozialen Herkunft der Studierenden: Während die aus traditionellen Arbeiterfamilien stammenden Studierenden im Mittel monatlich EUR 79 verdienen, beziffert sich das Durchschnittseinkommen der Studierenden aus Akademikerfamilien auf lediglich EUR 54 pro Monat.

Spanien

Transferleistungen und kommerzielle Vergünstigungen

Studierende in Spanien erhalten zahlreiche kommerzielle Vergünstigungen: Beispielsweise sind die Preise für Bücher um etwa zehn Prozent ermäßigt; Computer und Rechnerzubehör werden mit Preisnachlässen von zehn bis 20 Prozent angeboten.

Mietzuschüsse sind im spanischen System ohnehin Teil der direkten Studienförderung (siehe Kapitel 4). Außerdem können Studierende im Rahmen eines von mehreren Universitäten initiierten Wohnprogramms gegen freie Logis bei alleinstehenden Senioren wohnen, wenn sie bei der Hausarbeit sowie gegebenenfalls bei persönlicher Betreuung behilflich sind. Die meisten spanischen Studierenden leben jedoch zu Hause bei ihrer Familie, so dass auch ihre Ernährungs- und sonstigen Kosten einen Teil der familiären Gesamtausgaben darstellen. Bewohnen Studierende ein Zimmer im Studentenwohnheim, so ist die Verpflegung vollständig im Mietpreis inbegriffen, ausgenommen an Wochenenden. Daneben bieten die Hochschulmensen den Studierenden vergünstigte Mahlzeiten an; der Preis für ein Menü beträgt zwischen EUR 2,30 und EUR 3,43.

In Spanien erhalten alle Personen unter 25 Jahren einen Preisnachlass von 25 Prozent auf die Nutzung öffentlicher Nahverkehrsmittel, wie etwa Busse und U-Bahnen. Die spanische Bahngesellschaft RENFE offeriert einen speziellen Pass für Studierende, mit der die Fahrten in bestimmten Zugtypen und auf ausgewählten Strecken kostenlos sind. Darüber hinaus hat RENFE mit einigen Universitäten vereinbart, den Studierenden Preisnachlässe von 30 bis 50 Prozent auf Fahrten mit öffentlichen Verkehrsmitteln zu gewähren. Für studienrelevante Reisen, etwa zu Kongressen oder Lehrgängen, bewilligen die spanischen Hochschulen in der Regel Fahrtkostenzuschüsse, sofern die antragstellenden Studierenden nicht über ein eigenes Einkommen verfügen.

Auf Eintrittspreise für kulturelle Veranstaltungen sowie für Museen, Theater, Kinos und Diskotheken werden Ermäßigungen von durchschnittlich zehn Prozent gewährt. Fast alle Hochschulen bieten ihren Studierenden umfangreiche und günstige Möglichkeiten, Sport zu treiben. Häufig werden die Sporteinrichtungen in Zusammenarbeit mit privaten Anbietern zur Verfügung gestellt, wobei Preisnachlässe von 70 Prozent im Vergleich zu den regulären Preisen üblich sind. Darüber hinaus bieten Sprachschulen vergünstigte Kurse für Studierende an, vor allem in der Zeit der Sommerferien.

Zusätzlich zu den genannten Vergünstigungen können Studierende bei ihrer eigenen Hochschule eine Beihilfe zum Lebensunterhalt beantragen. Diese Form der

Unterstützung ist ausdrücklich nicht als Alternative, sondern als Ergänzung zur staatlichen Zuschussförderung zu sehen: „These aids are promoted by the universities themselves and are intended for their own students ... as a help for living cost. This aid is incompatible with any other public grants. The aim of these aids is to complete the national grant system by demanding academic requirements that are a little less strict." (Mora und García 1998, S. 34.) Die ökonomischen Voraussetzungen für den Bezug der Beihilfe sind denen der Zuschussförderung gleich, während als Kriterium des erfolgreichen Studiums lediglich gilt, dass der oder die Betreffende im Vorjahr mindestens die Hälfte der vorgeschriebenen Studienleistungen in Form von Credits oder auf andere Weise erbracht hat.

Soziale Absicherung der Studierenden und Transfers an die Eltern

In Spanien sind Studierende entweder über die Krankenversicherung ihrer Eltern oder, im Falle finanzieller Unabhängigkeit, über eine eigene Versicherung in das Gesundheitssystem eingebunden. Darüber hinaus können sie jedoch gegen Zahlung von nur EUR 1 jährlich die Leistungen einer speziell für Studierende in Notlagen eingerichteten Versicherung in Anspruch nehmen: „Students can benefit from this School Insurance until they are 28 years old. ... In spite of the low cost, the School Insurance covers school accidents, general surgery, psychiatry (all of these also covered by the public Health System), and family misfortune (specific to School Insurance). The last benefit probably represents the most interesting aspect of the School Insurance system. In case of a serious family misfortune, the insurance guarantees economic resources to complete the degree program." (Mora und García 1998, S. 21.)

Familien mit drei oder mehr Kindern erhalten in vielen öffentlichen Einrichtungen Vergünstigungen, so auch an den staatlichen Hochschulen. Studiengebühren sind für Personen mit zwei oder drei Geschwistern um 50 Prozent verringert; diese Regelung betrifft schätzungsweise 13 Prozent aller Studierenden. Für Familien mit mehr als vier Kindern entfallen die Gebühren vollständig.[10] Kindergeld wird in Spanien allerdings nur an Familien gezahlt, deren Kinder nicht älter als 18 Jahre sind.

Für Studierende unter 30 Jahren, die bei ihren Eltern leben, werden diesen – unabhängig von einer Ausbildung der Kinder – jährliche Steuerfreibeträge in Höhe von EUR 128 für das erste und das zweite Kind, EUR 155 für das dritte

---

10 Bis vor wenigen Jahren kam die Studiengebührenbefreiung auch Studierenden zugute, bei denen ein Familienmitglied an der Hochschule oder im Bildungsministerium angestellt war. Zur Verbesserung der Chancengleichheit im Hochschulsystem werden Privilegien dieser Art aber sukzessiv abgebaut.

und EUR 187 für das vierte Kind gewährt (Deutsches Studentenwerk 1997, S. 239).

Unterstützung der Studierenden durch ihre Eltern

Obwohl es in Spanien keine gesetzliche Verpflichtung gibt, die eigenen Kinder während des Studiums finanziell zu unterstützen, fungieren die Eltern praktisch als Hauptförderer in der Studienzeit. Etwa 80 Prozent aller Studierenden wohnen zu Hause und genießen somit freie Unterkunft und Verpflegung.

Unterstützung der Studierenden durch ihre Hochschule

Die spanischen Hochschulen spielen vor allem für die Vergabe der direkten Studienförderung eine wichtige Rolle, da sie über die Zuteilung der Gelder an die Studierenden entscheiden (s. Kapitel 4). Zudem verwalten und verteilen sie die finanziellen Mittel der hochschuleigenen Stiftungen und Fonds. Auch die Bewirtschaftung der Studentenwohnheime (*Colegios Mayores*) sowie die Verwaltung der Zuschüsse für Ernährung und Fahrtkosten obliegen den Hochschulen.

Im Unterschied zu den meisten anderen Ländern werden in Spanien keine Studierenden als Hilfskräfte an den Hochschulen angestellt. Der Grund dafür liegt, ähnlich wie im Vereinigten Königreich, hauptsächlich in der hohen Arbeitslosigkeitsrate: „Institutions do not offer any kind of employment opportunities to first degree students. This is a consequence of the high unemployment rate of Spain. Any kind of position in universities that are considered 'regular' jobs should be therefore offered to 'regular' workers." (Mora und García 1998, S. 36.)

Einnahmen der Studierenden aus eigener Erwerbstätigkeit

In Bezug auf die persönliche wirtschaftliche Situation lassen sich die Studierenden in Spanien in zwei Gruppen einteilen: a) Erwachsene, die einen Beruf ausüben und nebenher an einer Hochschule eingeschrieben sind, und b) jüngere Studierende, die in monetärer Hinsicht meist vollkommen von ihrer Familie abhängig sind. Eine theoretisch denkbare dritte Gruppe von jüngeren Studierenden, die während des Studiums bezahlter Arbeit nachgehen und sich so finanzielle Unabhängigkeit verschaffen, gibt es praktisch nicht. Dementsprechend sind lediglich ein Prozent der 18- bis 25-jährigen und vier Prozent der 24- und 25-jährigen Studierenden in Spanien regelmäßig erwerbstätig. Nur ein bis sieben Prozent in der erstgenannten Altersgruppe und zehn bis 19 Prozent in der zweiten Gruppe jobben gelegentlich.

Das Problem der finanziellen Abhängigkeit von der Familie, unter anderem begründet durch eine äußerst schwierige Arbeitsmarktlage, betrifft jedoch nicht ausschließlich die Studierenden, sondern – wie in Abbildung 5-6 veranschaulicht – alle jüngeren Erwachsenen in Spanien.

Abb. 5-6: Grad der finanziellen familiären Abhängigkeit junger Erwachsener in Spanien (nach Alter, in %)

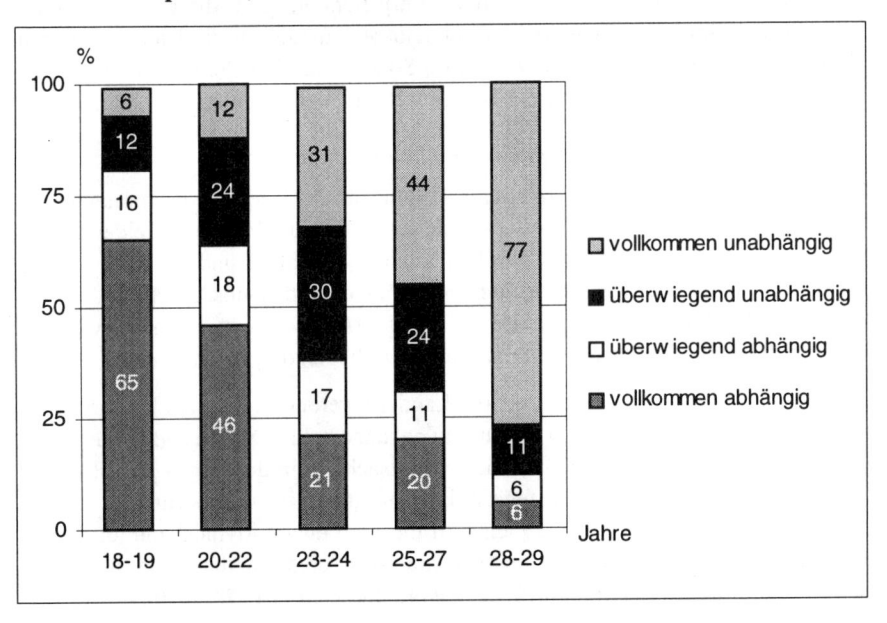

[Gestapeltes Balkendiagramm mit Altersgruppen 18-19, 20-22, 23-24, 25-27, 28-29 Jahre]

Alter	vollkommen unabhängig	überwiegend unabhängig	überwiegend abhängig	vollkommen abhängig
18-19	6	12	16	65
20-22	12	24	18	46
23-24	31	30	17	21
25-27	44	24	11	20
28-29	77	11	6	6

Portugal

Transferleistungen und kommerzielle Vergünstigungen

In Portugal können Studierende für einen Jahresbetrag von EUR 10 als Mitglied in eine Studentenorganisation aufgenommen werden. Dies ermöglicht Rabatte von zehn bis 20 Prozent auf Bücher, Zeitschriften und Computer.

Mietzuschüsse sind im portugiesischen System Teil der direkten Studienförderung (siehe Kapitel 4). Andere Möglichkeiten, vergünstigt zu wohnen, sind sehr begrenzt. Staatlich subventionierte Wohnungen beispielsweise stehen nur wenigen Studierenden zur Verfügung. Auch die Plätze in den etwa 250 Studentenwohnheimen Portugals sind rar: Im Jahr 1994 sind dort insgesamt weniger als 20.000 Wohnheimplätze bereitgestellt worden. Das bedeutet, dass lediglich zehn Prozent aller Studierenden in Portugal im Wohnheim leben. In 1992 entstanden der öffentlichen Hand dafür Kosten in Höhe von etwa EUR 59 pro Person und Monat, während die Studierenden für ein Wohnheimzimmer im Durchschnitt nur EUR 31 Miete monatlich zahlten.

Nahezu jede portugiesische Hochschule bietet ihren Studierenden subventionierte Mahlzeiten in Cafeterien und Mensen. Mit einem Ausweis, der von der örtlichen Studentenbehörde ausgestellt wird, können die Studierenden in jeder Hochschule des Landes vergünstigte Mahlzeiten einnehmen. Die Preise für diese Angebote werden jedes Jahr neu festgelegt, liegen aber immer deutlich unter den Herstellungskosten.

Die staatliche Bahngesellschaft gewährt Studierenden einen Rabatt von 50 Prozent auf alle Fahrten. Darüber hinaus bieten auch einige kommerzielle Verkehrsbetreiber günstige Tarife für Studierende an. Üblicherweise veranstalten die Studentendienste an den Hochschulen, die *Serviços de Acção Social*, kulturelle und sportliche Unternehmungen für Studierendengruppen. Zudem werden in Kinos und im Theater auf Vorlage des Studentenausweises Preisnachlässe gewährt. An Personen unter 26 Jahren wird gegen eine Gebühr von EUR 5 ein „Jugendpass" (*Cartão Jovem*) ausgegeben, der zu zahlreichen Vergünstigungen bei kulturellen und freizeitlichen Veranstaltungen berechtigt.

Soziale Absicherung der Studierenden und Transfers an die Eltern

In Portugal bestehen keine speziellen Krankenversicherungstarife für Studierende. Diese sind meistens über ihre Eltern in das Gesundheitssystem eingebunden. Einige Hochschulen, etwa die staatlichen Universitäten in Lissabon, bieten ihren Studierenden vergünstigte Gebührensätze für medizinische Behandlungen.

In 1997 wurde die gesetzliche Kindergeldregelung in Portugal geändert. Zuvor war den Eltern eine Pauschale für studierende Kinder unter 25 Jahren gezahlt worden. Seitdem aber ist die Zuteilung von Kindergeld einkommensabhängig: Beispielsweise erhält eine Familie mit drei bis zu 25 Jahre alten Kindern und einem Jahreseinkommen von unter EUR 4.755 insgesamt EUR 67 Kindergeld pro Monat, wohingegen die gleiche Familie mit einem bei über EUR 14.265 liegenden Jahreseinkommen Kindergeldbeträge in Höhe von EUR 40 bezöge.

Die Bildungsausgaben, die Eltern für ihre studierenden Kinder tätigen, einschließlich der Zahlung von Studiengebühren, sind bis zu einer Höhe von EUR 869 pro Elternteil steuerlich absetzbar.

Unterstützung der Studierenden durch ihre Eltern

Wie in Spanien, so besteht auch in Portugal keinerlei gesetzliche Verpflichtung der Eltern zur Unterstützung ihrer studierenden Kinder. Tatsächlich aber sind die meisten Studierenden finanziell von ihrer Familie abhängig. Mehr als 93 Prozent aller Studierenden erhalten Geld- oder Sachleistungen von ihren Eltern; in 77 Prozent der Fälle decken diese Leistungen sogar sämtliche Lebenshaltungskosten ab. Ein großer Anteil der Studierenden (58 %) wohnt zu Hause bei den Eltern und hat insofern keine oder nur geringe Ausgaben für Wohnen und Ernährung zu verzeichnen.

Unterstützung der Studierenden durch ihre Hochschule

In Portugal sind die Hochschulen kaum an der finanziellen Unterstützung der Studierenden beteiligt. Für herausragende Studienleistungen werden an vielen Hochschulen Auszeichnungen und Stipendien vergeben. Als Förderer treten aber auch private oder öffentliche Institutionen aus dem nicht-universitären Bereich auf.

Studierende können befristet als Teilzeitkräfte an den Hochschulen angestellt werden, zum Beispiel als Bibliotheksassistenten, aber die Zahl der Anstellungen ist insgesamt sehr gering.

Einnahmen der Studierenden aus eigener Erwerbstätigkeit

Ähnlich wie im Nachbarland Spanien sind auch in Portugal nur wenige Studierende neben dem Studium erwerbstätig. Der Anteil der Erwerbstätigen an allen Studierenden beträgt laut einer 1997 durchgeführten Untersuchung etwa 20 Prozent. Mehr als ein Drittel (40 %) dieser Studierenden arbeitet in Vollzeit, knapp zwei Drittel (60 %) in Teilzeit. Nur knapp sieben Prozent aller Studierenden geben an, finanziell völlig unabhängig von ihrer Familie zu sein.

Italien

Transferleistungen und kommerzielle Vergünstigungen

Studierende in Italien erhalten Preisnachlässe beim Kauf von Büchern, Computern und anderen Studienmaterialien sowie bei der Nutzung von Interneteinrichtungen. Zum Teil handelt es sich dabei um die üblichen Angebote im Rahmen kommerzieller Preisgestaltung. Häufig können jedoch auch studentische Interessengemeinschaften in Absprache mit den Firmen Vergünstigungen für alle Studierenden erzielen.

Das verbilligte Wohnen in hochschuleigenen Wohnheimen und in den durch die Studienbehörde verwalteten Wohnungen ist denjenigen Studierenden vorbehalten, die außerhalb ihrer Heimatstadt studieren. Außerdem wird staatlich geförderten Studierenden der Vorzug bei der Vergabe der Zimmer gegeben. Mit etwa

28.000 zur Verfügung stehenden Wohnheimplätzen kann der Bedarf allerdings bei weitem nicht gedeckt werden.

In Italien werden den Studierenden vergünstigte Mahlzeiten angeboten, deren Preise nach Region variieren. Um das Angebot zu erweitern, sind in den letzten Jahren vertragliche Vereinbarungen mit kommerziellen Anbietern geschlossen worden, die nun die von den Hochschulen ausgestellten Verpflegungscoupons als Zahlungsmittel akzeptieren.

Personen unter 26 Jahren können bei der italienischen Bahngesellschaft für jährlich EUR 19 eine sogenannte *Green Card* erwerben, mit der die Fahrpreise auf allen Strecken um 20 Prozent reduziert werden. Die großen Fluggesellschaften räumen auf den Hauptstrecken in Italien Rabatte von 40 bis 50 Prozent für Jugendliche im Alter von zwölf bis 26 Jahren ein. Zudem bieten einige städtische Busunternehmen Studierenden Preisermäßigungen auf Kurzstrecken von 20 bis zu 50 Prozent. Viele Anbieter von kulturellen und freizeitlichen Veranstaltungen gewähren ebenfalls ermäßigte Preise für Studierende.

Soziale Absicherung der Studierenden und Transfers an die Eltern

In Italien haben alle Bürger, so auch die Studierenden, ein Anrecht auf weitestgehend kostenfreie medizinische Versorgung. Lediglich einige spezielle Behandlungen sind kostenpflichtig. Das italienische Gesundheitssystem wird über die Krankenversicherungsbeiträge erwerbstätiger Personen und über Steuereinnahmen finanziert.

Eltern erhalten vom Staat Kindergeld, dessen Höhe sich nach dem Einkommen und der Anzahl der im Haushalt lebenden Familienmitgliedern richtet. Für ein studierendes Kind unter 26 Jahren werden EUR 8 pro Monat bewilligt, sofern das Familieneinkommen nicht mehr als EUR 8.448 jährlich beträgt. Liegt das elterliche Jahreseinkommen über der Grenze von EUR 23.242 (bzw. EUR 27.442 bei mehr als einem Kind), so gewährt der Staat keine entsprechenden Leistungen.

In Italien gelten Kinder im steuerrechtlichen Sinne als abhängig von ihren Eltern, wenn sie unter 27 Jahre alt sind, sich in einer Ausbildung befinden und jährlich nicht mehr als EUR 2.686 selbst verdienen; davon ausgenommen sind Einnahmen durch die Beschäftigung als studentische Hilfskraft. Für jedes abhängige Kind gilt ein Steuerfreibetrag von EUR 46 pro Jahr. Ist lediglich ein Elternteil steuerpflichtig, so kann die doppelte Summe abgesetzt werden. Alleinerziehenden Eltern werden weitere Steuervorteile gewährt. Daneben können 22 Prozent der Bildungskosten steuerlich geltend gemacht werden. Unter diesen Aspekt fallen allerdings nur die Studien- und Kursgebühren, nicht etwa Lehrmittel oder sonstige indirekte Studienausgaben.

Unterstützung der Studierenden durch ihre Eltern

In Italien sind Eltern per Gesetz dazu verpflichtet, die Kinder während des Studiums finanziell zu unterstützen. Die Leistungen, welche Eltern ihren Kindern zukommen lassen, sind üblicherweise so umfangreich, dass der größte Teil der studentischen Lebenshaltungskosten daraus finanziert werden kann. Zum Anteil der unterstützten Studierenden an allen Studierenden liegen allerdings keine Angaben vor.

Unterstützung der Studierenden durch ihre Hochschule

Seit der Änderung des Hochschulgesetzes 1992 werden an Studierende sowohl Leistungsstipendien vergeben als auch befristete Arbeitsstellen angeboten, die aber Studierenden mit ebenfalls sehr guten Studienleistungen und gleichzeitig niedrigem Einkommen vorbehalten sind.

Tab. 5-9: Beschäftigung und finanzielle Unterstützung der Studierenden durch die Hochschulen in Italien 1993/94 bis 1996/97

	1993/94	1994/95	1995/96	1996/97
Teilzeitbeschäftigungen				
Anzahl der als Teilzeitkräfte beschäftigten Studierenden (in Klammern: Anteil an allen Studierenden)	6.953 (0,5 %)	11.949 (0,9 %)	11.581 (0,8 %)	18.184 (1,2 %)
Ausgaben der Hochschule für Beschäftigung von Stud. (in Mio. EUR)	6,8	11,9	10	17,8
Anzahl der Arbeitsstunden	980.427	1.684.920	1.488.837	2.617.451
Entlohnung pro Stud. (in EUR)	975	998	861	979
Arbeitsstunden pro Stud. (gesetzlich beschränkt auf 150 Stunden p.a.)	141	141	129	144
Leistungsstipendien				
Anzahl der Stipendien (in Klammern: Anteil an allen Studierenden)	708* (0,3 %)	1.115* (0,5 %)	1.542 (0,1 %)	1.051 (0,1 %)
Ausgaben der Hochschule (in Mio. EUR)	2,1	3,4	3,8	3,2
Ausgaben pro Studierenden (in EUR)	3.027	3.076	2.441	2.979

* Nur Studierende im ersten Studienjahr.

Wie Tabelle 5-9 zu entnehmen ist, sind im Studienjahr 1996/97 über 18.000 Studierende zu einem durchschnittlichen Stundenlohn von etwa EUR 7 als studentische Hilfskräfte beschäftigt gewesen. Somit hat sich die Anzahl der Stellen in einem Zeitraum von drei Jahren mehr als verdoppelt. Insgesamt betrachtet, ist jedoch der Anteil der an der Hochschule beschäftigten Studierenden an allen Studierenden mit etwa einem Prozent jedoch nach wie vor sehr gering. Die Leistungsstipendien haben in Umfang und Höhe nicht zugenommen. Als Gründe dafür sind zu nennen, dass zum einen die Existenz solcher Stipendien vielen Studierenden gar nicht bekannt ist und daher nur wenige Anträge gestellt werden, und zum anderen, dass die Vergabe von Leistungspreisen auf die ersten drei Studienjahre beschränkt ist.

Einnahmen der Studierenden aus eigener Erwerbstätigkeit

In Italien werden keine systematischen Erhebungen zur Beschäftigungssituation von Studierenden durchgeführt. Direkte staatliche Studienförderung – so die Argumentation – werde ohnehin nur einem sehr kleinen Teil von Studierenden zuteil, und in allen anderen Fällen müssten selbstverständlich die Familien sämtliche Studienkosten tragen. Tatsächlich stellt die eigene Familie für etwa die Hälfte aller Studierenden in Italien die alleinige Finanzierungsquelle dar.

Die wenigen verfügbaren Daten zu studentischer Erwerbstätigkeit beziehen sich auf das akademische Jahr 1996/97: Demnach gehen 17 Prozent aller Studierenden an italienischen Universitäten regelmäßig einer Beschäftigung nach, wobei neun Prozent teilzeitbeschäftigt und acht Prozent vollzeitbeschäftigt sind. Weitere 23 Prozent der Studierenden üben Gelegenheitsjobs aus. Der überwiegende Teil der Studierenden ist nicht beschäftigt (60 %). Informationen zur Arbeitszeit oder zum durchschnittlichen Einkommen liegen nicht vor.

Griechenland

Transferleistungen und kommerzielle Vergünstigungen

In Griechenland wird Fachliteratur in hochschulnahen Buchhandlungen um 15 Prozent vergünstigt angeboten. Die nicht-kommerziellen Vergünstigungen für Studierende, insbesondere für sozial bedürftige Personen, sind – ebenso wie die Regelungen für direkte staatliche Studienförderung – im griechischen Hochschulgesetz festgeschrieben. Danach haben Studierende sowohl ein Anrecht auf vergünstigtes Wohnen in öffentlichen Studentenwohnheimen als auch auf unentgeltliche Verpflegung, sofern ihr eigenes Einkommen beziehungsweise das ihrer Familie unterhalb bestimmter Grenzen liegt (siehe Kapitel 4). Ferner werden Ermäßigungen auf Fahrt- und Reisekosten sowie auf Freizeitveranstaltungen gewährt. Für die Unterbringung in einem Studentenwohnheim müssen Studierende einen Eigenanteil von lediglich EUR 4 pro Monat leisten, wohingegen ausländische Studierende monatlich EUR 48 bis EUR 56 zahlen.

Den Studierenden werden Mahlzeiten in der entsprechenden Einrichtung des örtlichen Studentenwerks angeboten, die mit jeweils EUR 1 subventioniert sind. Finanziell bedürftige Studierende erhalten auf Vorlage eines speziellen Ausweises sogar kostenlose Mahlzeiten. Die Versorgung der Studierenden ist umfassend gesichert: „Im Laufe des Studienjahres ist die Universität bzw. das Studentenwerk verpflichtet, vom 1. September bis 30. Juni des nächsten Jahres und nur mit zwei Unterbrechungen während der Weihnachts- und der Osterferien ihre Dienste im Bereich der Studentenernährung anzubieten. Wird das Studienjahr verlängert, wird auch die öffentliche Studentenernährung entsprechend verlängert. Setzen einzelne Studenten während der Semesterferien ihre formelle Studientätigkeit in der Form z.b. eines Praktikums fort, wird ihre kostenlose Ernährung auch während dieser Zeit gesichert. Müssen einige Studierende aufgrund des Studienprogramms ihr Studium für eine gewisse Zeit außerhalb ihrer Universität fortführen und ist ihre Ernährung bei den Einrichtungen des Studentenwerkes nicht möglich, hat die Hochschule die Pflicht, ihnen mit der Vergabe einer Pauschale zu Hilfe zu kommen." (Georgiadou 1998, S. 60.)

Im öffentlichen Personennahverkehr werden Studierenden verschiedene Rabatte eingeräumt, die bis zu 50 Prozent des Normaltarifs betragen können (siehe Tab. 5-10). So werden zum Beispiel die Preise für Kurzstreckenfahrten mit öffentlichen Nahverkehrsmitteln im Studienort um 50 Prozent und in allen anderen Orten um 25 Prozent ermäßigt.

Zusätzlich erhalten alle Studierenden in Theatern, Kinos, Konzerthäusern und Museen eine Ermäßigung von 20 bis 50 Prozent auf den Eintrittspreis.

Tab. 5-10: Fahrtkostenermäßigung für Studierende in Griechenland

Verkehrsbereich	Verkehrsmittel	Preisermäßigung
Öffentlicher Nahverkehr	alle	50 % im Studienort, 25 % in allen anderen Orten
Öffentlicher Fernverkehr	Bahn	50 % auf allen Strecken
	Bus, Schiff	50 % auf der Strecke Heimatort-Studienort, 25 % auf allen anderen Strecken
	Flugzeug	25 % bei Gruppenflügen auf Inlandsstrecken

Soziale Absicherung der Studierenden und Transfers an die Eltern

Alle Studierenden haben ein Anrecht auf kostenlose Krankenversicherung, die sowohl ärztliche und klinische Behandlung als auch die Versorgung mit Medikamenten beinhaltet. Die Versicherungsbeiträge werden direkt von der Hochschule übernommen, an welcher der Studierende immatrikuliert ist. Mit den Einschreibungsunterlagen werden ihm zugleich seine persönlichen Krankenscheine ausgehändigt, die dazu berechtigen, den hochschuleigenen Sanitätsdienst oder die mit diesem Dienst kooperierenden Ärzte aufzusuchen. Dazu gehören beispielsweise auch Zahnmediziner und Naturheilpraktiker.

In Griechenland haben Familien mit studierenden Kindern Anspruch auf Kindergeld sowie auf Steuererleichterungen in Form einer Verminderung des zu versteuernden Einkommens. Angestellte im öffentlichen Dienst erhalten eine finanzielle Zuwendung in Höhe von EUR 48 bis EUR 98 pro Kind und Monat, vorausgesetzt, das Kind befindet sich in einer Hochschulausbildung und ist nicht älter als 24 Jahre. Hingegen beziehen Eltern, die in der Privatwirtschaft tätig sind, unabhängig von einer Ausbildung des Kindes bis zur Vollendung dessen 25. Lebensjahrs Kindergeld. In diesem Fall richtet sich die Höhe der monatlichen Zuwendung nach der Einkommensklasse der Eltern.

Allen Eltern werden zusätzlich Steuervorteile gewährt, wenn ihre Kinder an einer griechischen oder ausländischen Hochschule studieren und das Alter von 25 Jahren nicht überschritten haben. Das zu versteuernde Einkommen der Eltern kann in diesem Fall um EUR 1.329 vermindert werden, was umgerechnet eine Steuerersparnis in Höhe von jeweils EUR 66 für die ersten beiden Kinder, EUR 93 für das dritte Kind und EUR 120 für jedes weitere Kind bedeutet.

Unterstützung der Studierenden durch ihre Eltern

In Griechenland sind Eltern per Gesetz dazu verpflichtet, die vollen Kosten für die Ausbildung ihrer Kinder zu tragen. Dies gilt sowohl für den Pflichtschulbesuch als auch für weitergehende Bildungsmaßnahmen. Der genaue Umfang der Leistungen richtet sich nach der finanziellen Situation und dem Bildungsgrad der Eltern. Im Mittel gibt eine griechische Familie etwa fünf Prozent ihres Budgets für die Aus- und Weiterbildung der Familienmitglieder aus. Es ist zwar nicht bekannt, wie hoch der Anteil derjenigen Studierenden ist, die im Studium von ihren Eltern durch Geld- oder Sachleistungen unterstützt werden, aber die gesetzliche Verpflichtung zu finanzieller Unterstützung und das Ausmaß der tatsächlichen Hilfe bei der Finanzierung des studentischen Lebensunterhalts stimmen laut Expertenmeinung weitgehend überein.

Unterstützung der Studierenden durch ihre Hochschule

In Griechenland besteht bereits die direkte staatliche Studienförderung aus der Vergabe von Stipendien und Leistungspreisen. Darüber hinaus werden weitere Stipendien durch Universitäten und andere wissenschaftliche Institutionen, aber auch von Verbänden und privaten Stiftungen vergeben.

Einnahmen der Studierenden aus eigener Erwerbstätigkeit

Seit dem akademischen Jahr 1981/82 werden in Griechenland keine statistischen Daten zu studentischer Erwerbstätigkeit im Allgemeinen mehr erhoben, sondern lediglich zur Situation der Studienanfänger. Danach waren im akademischen Jahr 1993/94 knapp fünf Prozent aller Erstsemesterstudierenden erwerbstätig. Es steht jedoch zu vermuten, dass der Anteil, bezogen auf alle Studierenden in Griechenland, höher liegt, da gemeinhin die Erwerbstätigenquote mit steigendem Alter der Studierenden zunimmt.

5.3 Ergebnisse im europäischen Vergleich

In öffentlichen Diskussionen über Kosten und Finanzierung des Studiums wird den Fragen der direkten Studienförderung oftmals große Aufmerksamkeit geschenkt, während Transferleistungen und andere Vergünstigungen für Studierende in den Debatten kaum Beachtung finden. Dies überrascht, da die indirekte Förderung in vielen europäischen Ländern sowohl ein höheres Gesamtvolumen einnimmt als auch einem weitaus größeren Kreis von Studierenden zugute kommt als die direkte Studienförderung. Zudem werden Vergünstigungen und Transferleistungen oft nach anderen – und zum Teil weniger eng definierten – Kriterien und Maßstäben bewilligt: Während die direkte staatliche Studienförderung in Europa vornehmlich nach dem Bedürfnisprinzip und in ergänzender Weise nach dem Leistungsprinzip gewährt wird, basiert die sonstige Förderung überwiegend auf dem Nutzerprinzip, d.h. die individuell zu tätigenden Ausgaben werden vom Staat subventioniert.

Transferleistungen und kommerzielle Vergünstigungen

Studierende erhalten sowohl im Bereich der indirekten Studienausgaben – also der Kosten, die durch den Erwerb von Fachbüchern, Studienunterlagen, Büroutensilien und Computerzubehör entstehen – als auch in Bezug auf die Ausgaben für ihren Lebensunterhalt diverse staatliche Zahlungen und kommerzielle Vergünstigungen (siehe Tab. 5-11).

So gewähren private Anbieter auf den Erwerb von Studienmaterialien in allen Ländern Preisnachlässe, die meist bei zehn, in Ausnahmefällen bei 20 Prozent liegen. Teilweise ist die Mitgliedschaft in einer Studierendenorganisation Voraussetzung für die Inanspruchnahme der Rabatte.

Hinsichtlich der Ausgaben für den Lebensunterhalt werden die Studierenden in den europäischen Staaten auf unterschiedliche Weise finanziell unterstützt. In den meisten Ländern werden Vergünstigungen bei Wohn-, Ernährungs- und Fahrtkosten allen Studierenden gleichermaßen zuteil. Vereinzelt sind Ermäßigungen an die Einhaltung einer Altersgrenze gebunden; dies gilt etwa für die Fahrpreise in Westeuropa und den Alpenländern. Zum Teil sind Fahrtkosten- oder Mietzuschüsse bereits in die direkte staatliche Studienförderung integriert, beispielsweise in den Niederlanden oder in Portugal und Spanien. Neben der finanziellen Unterstützung in Form von allgemeinen Preisnachlässen und direkter Studienförderung besteht in einigen Ländern für Studierende die Möglichkeit, Hilfe über das jeweilige staatliche Sozialsystem zu beanspruchen. So gewähren Dänemark, Schweden und die Niederlande im Bedarfsfall Zuschüsse für die Wohnkosten, die allerdings nicht nur Studierenden in problematischer finanzieller Situation vorbehalten, sondern allen bedürftigen Bürgern zugedacht sind.

In sämtlichen Ländern erhalten Studierende auf Vorlage ihres Studentenausweises Preisermäßigungen bei Freizeitveranstaltungen sowie in Theatern, Museen und anderen kulturellen Einrichtungen.

Tab. 5-11: **Formen der finanziellen Unterstützung für Studierende bezüglich der Lebenshaltungskosten in ausgewählten europäischen Ländern**

	Preisermäßigung für alle Studierenden	Preisermäßigung bei Unterschreitung einer Altersgrenze	Bestandteil direkter staatlicher Studienförderung	Staatliche Unterstützung im Fall sozialer Bedürftigkeit
Studienmaterialien	alle Länder			
Wohnen	DK, FR, BE, DE, AT, PT, IT, GR		FI, ES, PT	DK, SE, NL
Ernährung	FI, NL, FR, BE, DE, CH, ES, PT, IT, GR			AT, GR
Fahrten*	DK, SE, FI, FR, BE, DE, ES, PT, IT, GR	AT, CH, IE, GB, ES, IT	DK, NL, BE, AT	
Freizeit	alle Länder			

* FI: gilt nicht für Öffentlichen Personennahverkehr; DE: gilt nicht in allen Städten; BE: Zuschüsse für Fahrten zum Studienort.

Wie bereits eingangs erwähnt, ist die konkrete Höhe der Einsparungen, die den Studierenden durch Angebote der staatlich geförderten Wohnheime, Mensen und Verkehrsverbünde zuteil werden, schwerlich zu bestimmen. In den meisten Ländern liegen die Mieten für ein Zimmer im Studentenwohnheim um etwa die Hälfte niedriger als auf dem freien Wohnungsmarkt. Die hochschuleigenen Mensen bieten Mahlzeiten üblicherweise zum Selbstkostenpreis an; verglichen mit den Essenspreisen in öffentlichen Restaurants oder Cafés sind auch hier deutliche Einsparungen möglich. Insbesondere im Bereich der Fahrtkosten genießen Studierende beträchtliche Preisermäßigungen: Reduktionen von 50 Prozent und mehr sind in vielen Ländern üblich.

Soziale Absicherung der Studierenden und Transfers an die Eltern

Die soziale Absicherung der Studierenden betreffend, stellt die Krankenversicherung einen wesentlichen Bestandteil der regelmäßig anfallenden Ausgaben dar. Hinsichtlich einer Kostenerleichterung ist zwischen den Ländern wie folgt zu unterscheiden:

- In Belgien und Griechenland ist die Krankenversicherung für Studierende gebührenfrei. Dänemark, Schweden und Italien verfügen über ein staatliches Gesundheitssystem, das eine kostenlose medizinische Versorgung für alle Bürger vorsieht. Desgleichen werden in Finnland kommunale Gesundheitsdienste kostenfrei angeboten.

- Das irische System bietet seinen Studierenden ärztliche Dienste gegen eine geringe Gebühr an. In Frankreich ist die studentische Krankenversicherung zwar kostenpflichtig, aber ebenfalls auf einem vergleichsweise günstigen Preisniveau.

- Studierende in Portugal und Spanien sind über ihre Eltern versichert, es sei denn, sie gelten als finanziell unabhängig. Auch in den Niederlanden erfolgt die Krankenversicherung über die Eltern; als Einschränkung gilt jedoch, dass Studierende bei einem hohen elterlichen Einkommen verpflichtet sind, sich privat zu versichern.

- In Deutschland, Österreich und der Schweiz sind Studierende lediglich bis zum Erreichen einer bestimmten Altersgrenze über die Eltern mitversichert. Für die nachfolgende eigene Versicherung erhalten sie – mit Ausnahme der Studierenden in der Schweiz – günstige Konditionen.

- Das Gesundheitssystem des Vereinigten Königreichs sieht keinerlei Vergünstigungen für die studentische Krankenversicherung vor.

Durch die verschiedenen Einsparungsmöglichkeiten für die Studierenden, sowohl im Bereich der Lebenshaltungskosten als auch in Bezug auf die eigene soziale Absicherung, lassen sich die Kosten des Gutes „Hochschulbildung" für den Einzelnen in der Höhe deutlich beschränken. Die Studierenden selbst sind jedoch nicht die alleinigen Investoren: Ihre Eltern tragen häufig in beträchtlichem Maße dazu bei, sie während des Studiums finanziell zu unterstützen. Staatliche Trans-

5 Indirekte staatliche und private Studienförderung in Europa

ferleistungen in Form von regelmäßigen Zahlungen und Möglichkeiten der steuerlichen Entlastung für die Eltern können somit als Zeichen für die öffentliche Anerkennung und Bedeutsamkeit der privaten Bildungsinvestitionen gewertet werden. Dies gilt vor allem für diejenigen Länder, die direkte Studienförderung in Abhängigkeit vom Einkommen der Eltern gewähren: „These systems do not necessarily reflect the same intentions on the part of the respective governments, and there is not generally any direct connection between the overall amounts provided and the real cost of rearing children. They are nonetheless proof of a political will to associate collective responsibility with family responsibility in relation to the upbringing of children and the costs arising therefrom." (Eurydice 1999, S. 71.)

Staaten hingegen, in denen der Studierende weniger als Bestandteil seiner Herkunftsfamilie, sondern vielmehr als eigenständige, unabhängige Persönlichkeit gesehen wird, wählen weitaus seltener die Alternative der indirekten Studienförderung über die Eltern, also zum Beispiel in Form von Kindergeld oder Steuerfreibeträgen. Dementsprechend sehen die Sozialsysteme der nordischen Länder und der Niederlande keinerlei Transfers für die Eltern der erwachsenen Studierenden vor. Im Vereinigten Königreich wird ebenfalls auf eine finanzielle Unterstützung der Eltern verzichtet, wobei ohnehin die direkte staatliche Studienförderung vergleichsweise umfangreich ist.

Hingegen gewähren die meisten mittel- und südeuropäischen Staaten den Eltern der Studierenden über deren 18. Lebensjahr hinaus ein monatliches Kindergeld sowie jährlich anzurechnende Kinder- und/oder Ausbildungsfreibeträge.

Die Höhe des Kindergelds richtet sich meist nach der Anzahl der Kinder in der betreffenden Familie. In den südeuropäischen Ländern – mit Ausnahme Spaniens, wo Kindergeld nur bis zum vollendeten 18. Lebensjahr des Kindes gezahlt wird – werden monatlich EUR 10 bis EUR 46 für das erste Kind und bis zu EUR 97 pro Monat für weitere Kinder an die Eltern übertragen. In Belgien, Deutschland, Österreich und der Schweiz dagegen beträgt das monatliche Kindergeld EUR 77 bis EUR 133 für das erste Kind und bis zu EUR 220 für weitere Kinder.

Die Einrichtung eines Freibetrags für die Eltern der Studierenden bedeutet, dass das zu versteuernde elterliche Einkommen rechnerisch um den entsprechenden Betrag gesenkt wird und somit die Steuerlast, welche prozentual am Jahresbruttoeinkommen bemessen wird, ebenfalls abnimmt. Für den sogenannten Ausbildungsfreibetrag ist dabei häufig kein konkreter Wert, sondern ein Rahmen vorgeschrieben, innerhalb dessen die Kosten für die Ausbildung der Kinder steuerlich geltend gemacht werden können. In Spanien und Italien werden Kinderfreibeträge in Höhe von EUR 50 bis EUR 200 pro Jahr angesetzt, während die mitteleuropäischen Staaten höhere Freibeträge zulassen: Deutschland beispielsweise gewährt den Eltern eines Studierenden pro Jahr einen Freibetrag in Höhe von EUR 3.203, Belgien und Österreich sehen Freibeträge von über EUR 256 für das erste Kind sowie bis zu über EUR 600 für weitere Kinder vor. Ausbildungsfreibeträge bewegen sich ebenfalls in der Größenordnung von etwa EUR 1.000; in der Schweiz können Eltern sogar die gesamten Kosten für die Hochschulbildung ihrer Kinder absetzen. Lediglich das französische System beschränkt die Abschreibungsmöglichkeit für Bildungskosten auf EUR 183 pro Jahr.

Unterstützung der Studierenden durch ihre Eltern

Die Staaten Nordeuropas, Dänemark, Schweden und Finnland, sehen keine gesetzlich verankerte Pflicht der elterlichen Beihilfe für Studierende vor. Hingegen besteht für die Eltern in fast allen mittel- und westeuropäischen Ländern sowie in Italien und Griechenland die gesetzliche Verpflichtung, ihre Kinder während der Studienzeit finanziell zu unterstützen, wobei die Unterstützung in den Niederlanden lediglich bis zum vollendeten 21. Lebensjahr des Kindes obligatorisch ist. In Spanien und Portugal existiert ähnlich wie in den nordeuropäischen Ländern kein Gesetz, welches die Unterstützung Studierender seitens ihrer Eltern vorschreibt. Während sich jedoch die nordischen Länder auf das Prinzip des eigenständigen Studierenden berufen, der eine ausreichende direkte Studienförderung erhält und demnach finanziell nicht auf seine Eltern angewiesen sein sollte, wird die elterliche Unterstützung in den südeuropäischen Staaten Spanien und Portugal als so selbstverständlich vorausgesetzt, dass eine gesetzliche Festlegung dort unnötig erscheint.

Dementsprechend zeigt sich das Bild der tatsächlichen elterlichen Hilfe für Studierende in Europa als ein dreigeteiltes:

- In den nordeuropäischen Staaten ist die finanzielle Unterstützung seitens der Eltern als gering einzustufen. Im Mittel erhalten weniger als 50 Prozent der Studierenden Geld- oder Sachleistungen von der Familie.

- Für die mittel- und westeuropäischen Länder liegen nur wenige vergleichbare Daten vor. Schätzungsweise können die Studierenden etwa die Hälfte ihrer monatlichen Ausgaben mit Hilfe elterlicher Zuwendungen bestreiten.

- Im gesamten Südeuropa stellen die Eltern für ihre studierenden Kinder die wichtigste Finanzierungsquelle dar. Der überwiegende Teil der studentischen Lebenshaltungskosten wird durch direkte oder indirekte elterliche Beihilfen gedeckt.

Unterstützung der Studierenden durch ihre Hochschule

Die Vergabe von Stipendien seitens der Hochschule an Studierende aufgrund herausragender Studienleistungen, für die Finanzierung von Forschungsprojekten oder auch in finanziellen Notlagen ist in Europa unterschiedlich weit verbreitet. In einigen Ländern vergeben die Hochschulen nur wenige Stipendien (Niederlande, Belgien, Schweiz, Vereinigtes Königreich, Spanien und Italien); in Dänemark und Deutschland werden keine Fördermittel dieser Art verteilt. Allerdings treten in den meisten Staaten neben den Hochschulen auch private Geldgeber sowie Stiftungen und Verbände als Stipendienanbieter auf.

Die Beschäftigung von Studierenden an ihrer Hochschule, etwa über Hilfskraftverträge, ist – mit Ausnahme von Spanien – in allen Ländern verbreitet, wenn auch unter Einschränkungen. So werden befristete Teilzeitstellen in Schweden, in der Schweiz und im Vereinigten Königreich sowie in Italien, Portugal und Griechenland lediglich in geringer Anzahl angeboten. Das Spektrum der Tätigkeiten, die von den Studierenden ausgeübt werden, reicht von einfachen Hilfstätigkeiten über die Betreuung jüngerer Studierender als Tutoren bis hin zur Forschungsassistenz. Insgesamt betrachtet spielen die Hochschulen jedoch für die finanzielle Unterstützung der Studierenden eine nur geringe Rolle.

Einnahmen der Studierenden aus eigener Erwerbstätigkeit

In den Staaten der Europäischen Union besteht hinsichtlich der Erwerbstätigkeit der Studierenden ein deutliches Nord-Süd-Gefälle (mit Ausnahme der nordischen Länder Schweden und Finnland). So ist der Anteil der Studierenden, die neben dem Studium einer Arbeit nachgehen,

- in Dänemark (92 %) sehr hoch. Hier sind fast alle Studierenden neben dem Studium erwerbstätig;
- in den mitteleuropäischen Ländern Schweiz (78 %), Österreich (73 %), Niederlande (70 %), Deutschland (alte Länder: 69 %, neue Länder: 57 %) sowie im westeuropäischen Vereinigten Königreich (66 %) ebenfalls relativ hoch. Mehr als die Hälfte aller Studierenden geht in diesen Ländern einer Beschäftigung nach;
- in Irland (50 %), Finnland (42 %), Italien (40 %) und Schweden (34 %) im Vergleich eher niedrig. Ein Drittel bis zu der Hälfte aller Studierenden ist in den genannten Staaten gelegentlich oder regelmäßig erwerbstätig;
- in Frankreich und in Portugal (jeweils 20 %) vergleichsweise gering und schließlich in Spanien (unter 10 %) verschwindend klein. In diesen Ländern

liegt also der Anteil erwerbstätiger Studierender an allen Studierenden bei maximal einem Fünftel. Angaben zum mittleren studentischen Einkommen und zum durchschnittlichen Arbeitsumfang der Studierenden liegen für die meisten Länder nicht vor, so dass an dieser Stelle kein exakter Vergleich zu dieser Thematik durchgeführt werden kann. Offenkundig tragen jedoch Studierende in den nord-, mittel- und westeuropäischen Ländern zu einem erheblich höheren Anteil durch eigene Erwerbstätigkeit zu ihrer Studienfinanzierung bei als Studierende aus südeuropäischen Ländern.

6 Studienausgaben und staatliche Studienförderung im europäischen Vergleich

Untersuchungen, die das Thema Studienfinanzierung im internationalen Vergleich aufnehmen, behandeln vorrangig Aspekte der direkten staatlichen Förderung, seltener jedoch das Zusammenwirken von Studienausgaben und direkter staatlicher Studienfinanzierung. In dieser Studie können nun die Daten zu den Studienausgaben (siehe Kapitel 3) und zur direkten staatlichen Studienförderung (siehe Kapitel 4) zusammenfassend und länderübergreifend dargestellt werden.[1]

Drei Modellrechnungen werden im Folgenden ausgeführt und analysiert. Diese Rechnungen sollen verdeutlichen, welcher Anteil der Kosten, die einem Studierenden monatlich entstehen, von der direkten staatlichen Studienförderung getragen wird und welcher Anteil durch den Studierenden selbst bzw. durch die Eltern getragen werden muss. Die Kosten sind dabei als durchschnittliche Ausgaben für den Lebensunterhalt und für Studienmaterialien pro Studierenden und Monat definiert; sie werden im Folgenden als „studentische Ausgaben" oder „Lebenshaltungskosten" bezeichnet. Abschließend wird jeweils eine Variante berechnet, in der die Gesamtkosten gegebenenfalls auch die maximalen monatlichen Ausgaben für Studiengebühren enthalten. Alle Berechnungen sollen vor allem die erkennbaren Tendenzen aufzeigen.

1. In der ersten Modellrechnung wird geprüft, in welchem Maße die maximale Studienförderung, bestehend aus Zuschuss- und eventuell Darlehensförderung, die Lebenshaltungskosten der geförderten Studierenden deckt. Zu diesem Zweck wird der monatliche Höchstfördersatz in Relation zu den durchschnittlichen Ausgaben eines Studierenden gesetzt.

2. In der zweiten Modellrechnung wird die durchschnittliche Förderhöhe für diejenigen Studierenden aufgezeigt, die direkte staatliche Studienförderung

---

1 An dieser Stelle sei auf die Problematik hingewiesen, dass das Ausmaß der indirekten Studienförderung in den ausgewählten europäischen Ländern aufgrund fehlender Zahlenwerte auch in den Modellrechnungen nicht exakt erfasst werden kann. Es ist zu vermuten, dass – und dies gilt sowohl für Deutschland als auch für die südeuropäischen Staaten – die im Folgenden berechneten Quoten, die als Indikatoren für die Güte eines Förderungssystems verstanden werden können, bei Einbezug der *indirekten* Studienförderung höher ausfielen und dass sich damit insgesamt ein anderes Bild ergäbe.

erhalten. Dazu werden die Gesamtausgaben des Staates auf die Anzahl der geförderten Studierenden bezogen. Die Modellrechnung gibt zudem Antwort auf die Frage, in welchem Maße die so ermittelte Durchschnittsförderung die studentischen Ausgaben abdeckt.

3. In der dritten Modellrechnung wird untersucht, inwieweit die durchschnittlichen Lebenshaltungskosten aller Studierenden eines Landes durch die staatlichen Gesamtausgaben für Studienförderung gedeckt wären, wenn diese auf sämtliche Studierenden gleich verteilt würden. Diese Rechnung wird in zwei Versionen durchgeführt, um unterschiedliche statistische Quellen in gleicher Weise zu berücksichtigen.

6.1 Bilanzierung der studentischen Einnahmen und Ausgaben in verschiedenen Modellrechnungen

Modellrechnung 1: Relativer Beitrag der maximalen staatlichen Studienförderung zu den studentischen Ausgaben

In der ersten Modellrechnung wird dargestellt, wie hoch der Anteil der Kostendeckung durch direkte Studienförderung für diejenigen Studierenden ist, die den höchsten Förderungssatz der staatlichen Studienförderung erhalten. Im europäischen Vergleich wird deutlich (siehe Tab. 6-1 und Abb. 6-1):

- Für die nordischen Länder und Österreich werden die studentischen Ausgaben vollständig durch die maximale staatliche Studienförderung abgedeckt. Die maximale direkte Förderung für die Studierenden geht für Studierende in Schweden, Finnland und Österreich sogar um zehn bis 30 Prozent über die durchschnittlichen Kosten für die Lebenshaltung hinaus.

- Auch in den mittel- und westeuropäischen Ländern, wie z.B. den Niederlanden (90 %), dem Vereinigten Königreich (84 %), Deutschland (79 %) und der Schweiz (71 %) wird für förderungsberechtigte Vollzeitstudierende der Hauptanteil der studentischen Ausgaben durch den Höchstfördersatz abgedeckt.

- In Irland erhalten Studierende 55 Prozent der Kosten, die ihnen monatlich während des Studiums entstehen, durch den Höchstförderungssatz der direkten Transferleistungen erstattet. Aufgrund des vergleichsweise geringen Anteils der Kostenübernahme durch den Staat – sogar für Studierende, die den Höchstförderungssatz erhalten – wird das irische Förderungssystem von dem Länderexperten dieser Studie als subsidiäres System bezeichnet.

– Andere subsidiäre Fördersysteme gibt es in Frankreich und Griechenland: Dort wird jeweils nur etwa ein Drittel der Ausgaben für den Lebensunterhalt durch die maximale Studienförderung gedeckt (34 % bzw. 28 %).

Tab. 6-1: Modellrechnung 1: Relativer Beitrag der maximalen staatlichen Studienförderung zu den Lebenshaltungskosten

	I Maximale staatliche Zuschussförderung	II Maximale staatliche Darlehensförderung	III Max. staatl. Studienförderung gesamt	IV Durchschnittliche Lebenshaltungskosten	V Differenz Einnahmen/ Ausgaben	VI Anteil der Maximalförderung an den Lebenshaltungskosten
	(in EUR pro Studierenden und Monat)					= III in % von IV
DK	459 (66 %)	238 (34 %)	697	713	- 16	98
SE	219 (28 %)	569 (72 %)	788	600	+ 188	131
FI	386 (65 %)	210 (35 %)	596	532	+ 64	112
NL	414 (71 %)	166 (29 %)	580	646	- 66	90
FR	240 (100 %)	0	240	710	- 470	34
BE	205 (100%)	0	205	..	..	..
DE*	258 (50%)	258 (50%)	516	656	- 140	79
AT	528 (100 %)	0	528	400	+ 128	132
CH	276 (50 %)	271 (50 %)	547	767	- 220	71
IE	219 (100 %)	0	219	400	- 181	55
GB	205 (58 %)	149 (42 %)	354	419	- 65	84
ES	315 (100 %)	0	315	433	- 118	73
PT	269 (100 %)	0	269	331	- 62	81
IT	264 (100 %)	0	264	429	- 165	62
GR	88 (73 %)	33 (27 %)	121	425	- 304	28

* Werte für Deutschland beziehen sich auf die alten Bundesländer.

– Demgegenüber zeigt sich für Italien (62 %), Spanien (73 %) und Portugal (81 %), dass Studierende, die den Höchstförderungssatz erhalten, darüber einen großen Teil ihrer Kosten abdecken können, vergleichbar mit dem Anteil der Kostendeckung in mitteleuropäischen Ländern.

Abb. 6-1: Modellrechnung 1: Maximale staatliche Studienförderung und Lebenshaltungskosten* (in EUR pro Studierenden und Monat)

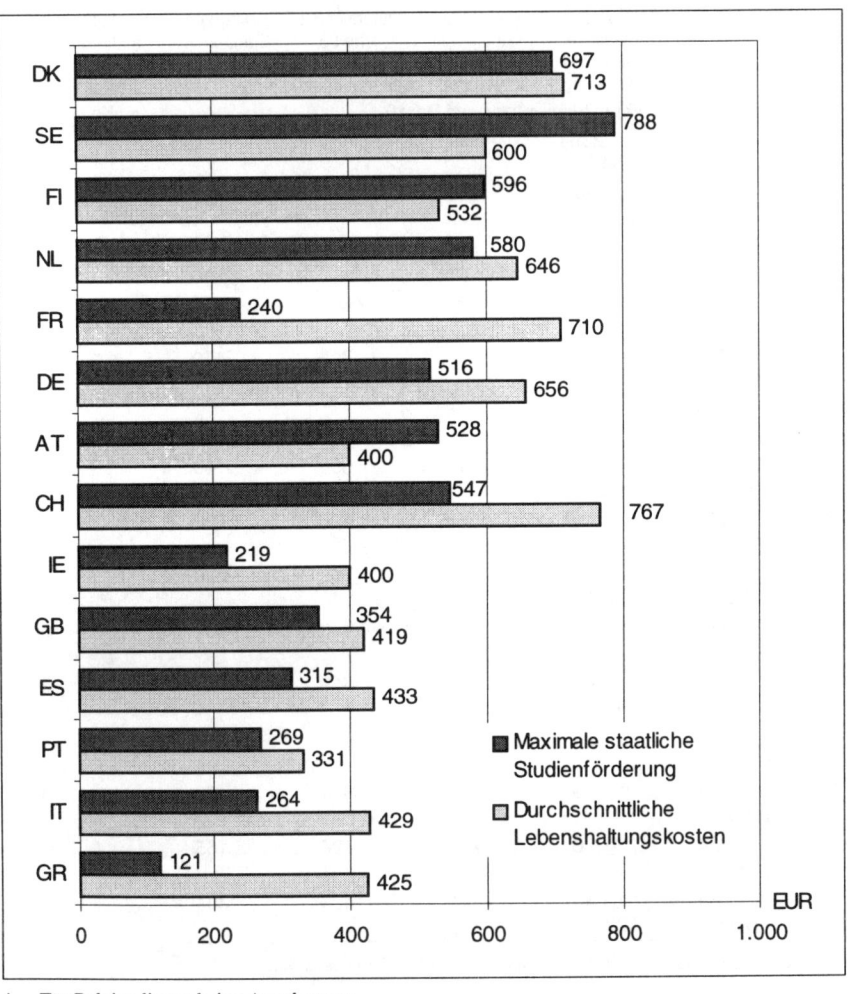

Land	Maximale staatliche Studienförderung	Durchschnittliche Lebenshaltungskosten
DK	697	713
SE	788	600
FI	596	532
NL	580	646
FR	240	710
DE	516	656
AT	528	400
CH	547	767
IE	219	400
GB	354	419
ES	315	433
PT	269	331
IT	264	429
GR	121	425

* Für Belgien liegen keine Angaben vor.

6 Studienausgaben und staatliche Studienförderung im europäischen Vergleich   185

Variante der Modellrechnung 1: Kosten inklusive Studiengebühren

Zusätzlich zu der eben dargelegten Modellrechnung, welche die studentischen Lebenshaltungskosten und die Höhe der direkten staatlichen Studienförderung zueinander in Beziehung setzt, soll nun eine Variante betrachtet werden, in der die Deckung der Lebenshaltungskosten durch direkte Förderung – wie oben berechnet – im Vergleich zur Deckung der studentischen Gesamtkosten betrachtet wird, wenn diese definitorisch neben den durchschnittlichen Lebenshaltungskosten auch die gegebenenfalls zu zahlenden maximalen Studiengebühren beinhalten (siehe Tab. 6-5).

Für die Modellrechnung 1 zeigt sich, dass die Höhe der Gesamtkostendeckung (im Folgenden als „inkl." gekennzeichnet) in drei Ländern erheblich geringer ausfällt als die Höhe der Deckung bei den Lebenshaltungskosten (im Folgenden als „exkl." gekennzeichnet). Im Vereinigten Königreich werden insgesamt 65 Prozent (inkl.) gegenüber 84 Prozent (exkl.) gedeckt, in den Niederlanden 79 Prozent (inkl.) bzw. 90 Prozent (exkl.) und in Italien 50 Prozent (inkl.) bzw. 62 Prozent (exkl.).

Hingegen bestehen für Studierende in der Schweiz (65 % inkl., 71 % exkl.), in Portugal (76 % inkl., 81 % exkl.), Spanien (65 % inkl., 73 % exkl.), Irland (53 % inkl., 55 % exkl.) sowie in Frankreich (33 % inkl., 34 % exkl.) keine großen oder keine Unterschiede zwischen der Kostendeckung für die Gesamtausgaben und für die Lebenshaltungskosten. In den weiteren Ländern der Studie werden keine Studiengebühren erhoben; entsprechend sind dort Gesamtkosten und Lebenshaltungskosten identisch.

Modellrechnung 2: Relativer Beitrag der durchschnittlichen staatlichen Studienförderung zu den studentischen Ausgaben

Während der Schwerpunkt der Modellrechnung 1 darauf liegt aufzuzeigen, inwieweit die staatliche Höchstförderung die Gesamtkosten eines Studierenden abdeckt, der Vollförderung erhält – diese Gruppe zeichnet sich in der Regel durch elternunabhängiges Wohnen aus – wird in Modellrechnung 2 der Frage nachgegangen, inwieweit die durchschnittliche staatliche Studienförderung die Lebenshaltungskosten pro geförderten Studierenden abdeckt (siehe Tab. 6-2 und Abb. 6-2).

Anhand der Gefördertenquote in dem betreffenden Land sowie der Anzahl aller Studierenden lässt sich die Zahl der insgesamt geförderten Studierenden ermitteln. Zudem wird die Summe der jährlichen Staatsausgaben für die direkte Studienförderung auf einen monatlichen Betrag umgerechnet. Dieser wiederum wird durch die Anzahl der Geförderten dividiert, um den individuellen Förderungsbetrag pro geförderten Studierenden zu erhalten.

Tab. 6-2: Modellrechnung 2: Relativer Beitrag der durchschnittlichen staatlichen Studienförderung zu den Lebenshaltungskosten

	I Staatl. Gesamtausgaben f. direkte Studienförderung (in Mio. EUR pro Jahr)	II Anteil geförderter Studierender an allen Stud. (in %)	III Anzahl Studierende laut Eurostat (in Tsd.)	IV Durchschnittl. staatliche Studienförderung (in EUR pro Geförderten u. Monat)	V Durchschnittl. Lebenshaltungskosten (in EUR pro Studierenden u. Monat)	VI Anteil der durchschnittl. Förderung an Lebenshaltungskosten = II in % von III
DK	716	87	170	403	713	57
SE*	1.023	79	246	439	600	73
FI	536	59	205	369	532	69
NL*	1.222	82	359	346	646	54
FR	885	20	..	..	710	..
BE	35	19	152	101	..	..
DE*	910	19	1.800	222	656	34
AT	131	12	234	389	400	97
CH	189	13	..	..	767	..
IE	111	56	122	135	400	34
GB	2.812	70	1.813	185	419	44
ES	325	18	1.527	99	433	23
PT	48	15	301	89	331	27
IT	129	5	1.792	120	429	28
GR	7	8	290	25	425	6

* SE: Wert bezieht sich auf Zuschussförderung; NL: Wert bezieht sich auf Grundförderung; DE: Anteil der Geförderten bezieht sich auf alte und neue Bundesländer.

Die europäischen Länder lassen sich in Bezug auf die Höhe der durchschnittlichen staatlichen Studienförderung pro geförderten Studierenden in Relation zu den Lebenshaltungskosten in vier Kategorien einteilen:

- Jene Länder, die sowohl eine hohe Förderungsrate (meist über 70 %) als auch eine großzügige Abdeckung der Lebenshaltungskosten durch die direkte Studienförderung (über 50 %) aufweisen, bilden die erste Kategorie; dies sind die nordischen Staaten sowie die Niederlande. In Dänemark erhalten beispielsweise 87 Prozent der Studierenden staatliche Studienförderung. Die finanzielle Unterstützung deckt im Durchschnitt 57 Prozent der Lebenshaltungskosten eines Studierenden ab. In Schweden erhalten 79 Prozent der Studierenden Ausbildungsförderung in Form von Zuschüssen; ein sehr hoher Anteil der Studierenden erhält zusätzlich Darlehensförderung. Geförderte können durchschnittlich 73 Prozent der Lebenshaltungskosten durch die finanzielle Hilfe des Staates abdecken. Für Finnland liegt zwar die Quote der direkten Studienförderung etwas niedriger (59 % Zuschussförderung, 30 % Darlehensförderung); die Deckung der Lebenshaltungskosten liegt jedoch bei vergleichsweise hohen 69 Prozent. In den Niederlanden werden 82 Prozent der Studierenden gefördert, wobei die durchschnittliche Kostendeckung durch direkte Studienförderung 54 Prozent beträgt.

- Die zweite Kategorie bilden Länder, bei denen relativ viele Studierende Förderung erhalten, doch die durchschnittliche Förderungshöhe gering ist: Das Vereinigte Königreich sowie Irland gewähren zwar der Mehrzahl ihrer Studierenden staatliche Studienförderung (70 % bzw. 56 %), diese deckt aber im Durchschnitt weniger als die Hälfte der Lebenshaltungskosten ab (44 % bzw. 34 %). Im deutschen System sind die staatlichen Maßnahmen ausreichend, um etwa ein Drittel (34 %) der durchschnittlichen Lebenshaltungskosten zu decken; es werden jedoch lediglich 19 Prozent aller Studierenden durch Fördergelder unterstützt.

- Als dritte Kategorie sind Fälle zu bezeichnen, in denen wenige Studierende gefördert werden, diese aber eine hohe Förderung erhalten. Das trifft für Österreich zu, wo die Förderungsquote (12 %) im europäischen Vergleich zu den geringsten gehört, die Förderungssumme jedoch die mittleren Lebenshaltungskosten fast vollständig deckt (97 %).

- Zur vierten Kategorie gehören diejenigen Staaten, deren Förderungsquote und durchschnittliche Förderhöhe gleichermaßen niedrig sind. Hier handelt es sich um die südeuropäischen Länder. Der Anteil der durch direkte staatliche Studienförderung unterstützten Studierenden an allen Studierenden beträgt jeweils unter 20 Prozent, und die Abdeckung der Lebenshaltungskosten liegt bei 25 Prozent (Spanien: 23 %, Portugal: 27 %, Italien: 28 %) beziehungsweise noch wesentlich niedriger (Griechenland: 6 %).

Variante der Modellrechnung 2: Kosten inklusive Studiengebühren

Wie aus Tabelle 6-5 hervorgeht, werden die Ausgaben der Studierenden fünf europäischer Länder in unterschiedlichem Ausmaß durch staatliche Studienförderung abgedeckt, wenn zum einen die Zahlung von Studiengebühren ein- und zum anderen ausgeschlossen wird. Dies betrifft die Niederlande (studentische Gesamtkosten inklusive der maximalen Kosten für Studiengebühren: 47 %, studentische Gesamtkosten exklusive Studiengebühren: 54 %), Vereinigtes Königreich (34 % inkl., 44 % exkl.) sowie Spanien (20 % inkl., 23 % exkl.), Portugal (25 % inkl., 27 % exkl.) und schließlich Italien (23 % inkl., 28 % exkl.). In allen Fällen beträgt die Abweichung zwischen beiden Varianten der Modellrechnung jedoch höchstens zehn Prozent.

Abb. 6-2: Modellrechnung 2: Durchschnittliche staatliche Studienförderung und Lebenshaltungskosten* (in EUR pro Studierenden und Monat)

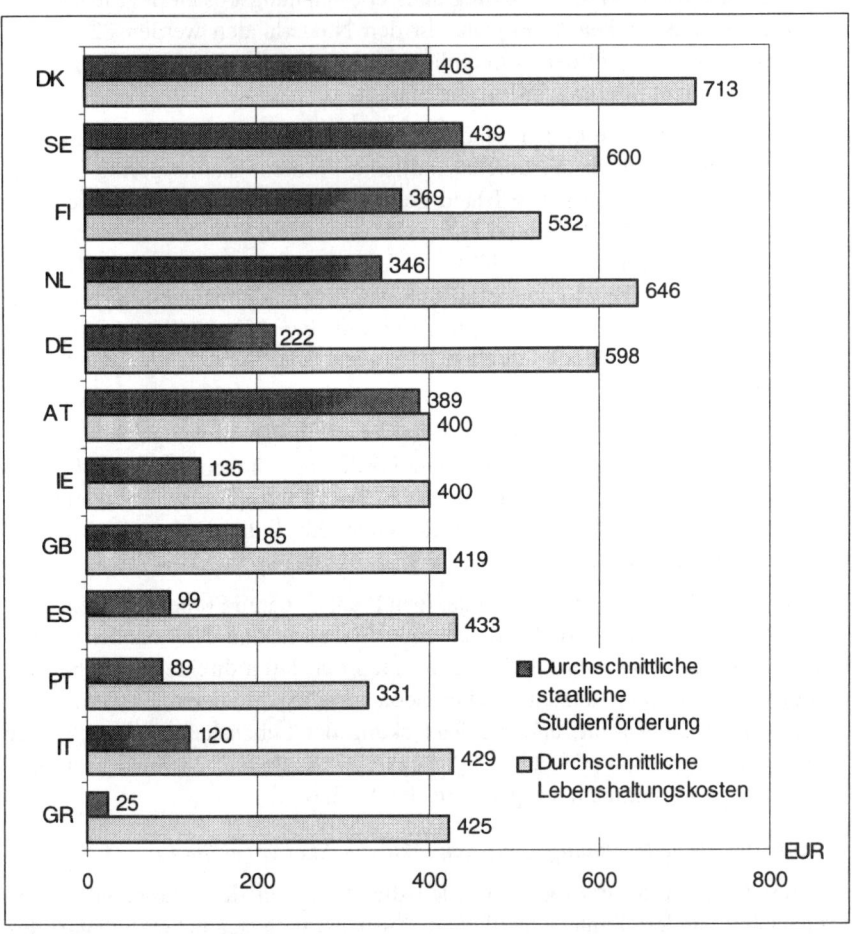

Land	Durchschnittliche staatliche Studienförderung	Durchschnittliche Lebenshaltungskosten
DK	403	713
SE	439	600
FI	369	532
NL	346	646
DE	222	598
AT	389	400
IE	135	400
GB	185	419
ES	99	433
PT	89	331
IT	120	429
GR	25	425

* Für Belgien und die Schweiz liegen keine Angaben vor.

Modellrechnung 3: Relativer Beitrag der durchschnittlichen staatlichen Studienförderung (auf Basis aller Studierenden) zu den studentischen Ausgaben

In der dritten Modellrechnung wird – ähnlich wie in der Modellrechnung 2 – das Verhältnis der durchschnittlichen Förderhöhe zu den Lebenshaltungskosten aller Studierenden beleuchtet. Hier steht also zur Analyse, welchen Beitrag der Staat insgesamt zur Realisierung des Hochschulstudiums leistet.

Um die durchschnittliche Fördersumme pro Studierenden zu ermitteln, sind Angaben zu den Studierendenzahlen in den europäischen Ländern unerlässlich. Die verfügbaren Quellen, etwa die Statistiken von Eurostat oder der UNESCO, bieten diesbezüglich jedoch Daten, die sich zum Teil erheblich voneinander unterscheiden (Eurostat 1997; UNESCO 1997). Aus diesem Grund wird die Modellrechnung 3 in zwei Versionen durchgeführt. Die erste Version (siehe Tab. 6-3 und Abb. 6-3) berücksichtigt die Anzahl aller Studierenden im tertiären Bildungssektor laut Eurostat, während in der zweiten Version (siehe Tab. 6-4 und Abb. 6-4) die Anzahl der Studierenden im Erststudium, die in der UNESCO-Statistik aufgeführt wird, als Berechnungsgrundlage dient. Beide Berechnungen liefern allerdings Ergebnisse, die aus mehreren Gründen mit Vorsicht zu interpretieren sind.

In den Eurostat-Statistiken wird die Bildung des tertiären Sektors als Ganzes betrachtet, unabhängig davon, ob es sich bei den Studienprogrammen um Vollzeit- oder Teilzeitstudiengänge, um universitäre oder nicht-universitäre, hochschulische bzw. andere tertiäre Studiengänge handelt. Weiterhin wird gegenwärtig nicht zwischen den Stufen 5 bis 7 der *International Standard Classification of Education* (ISCED) unterschieden, so dass sowohl alle Studierenden im nicht-universitären bzw. nicht-hochschulischen Tertiärbereich (Level 5) als auch Studierende im Erststudium (Level 6) und schließlich Studierende in weiterführenden Studiengängen (Level 7) einbezogen sind. Demnach fallen die Zahlen für den hier vorgenommenen Vergleich etwas zu hoch aus: Sie umfassen auch Studierende im Graduiertenstudium sowie Personen im tertiären Bildungssektor, die nicht für die reguläre staatliche Studienförderung vorgesehen sind.

Die UNESCO-Statistiken hingegen weisen die Studierendenzahlen getrennt nach ISCED-Kategorien aus, so dass der Level 6 einzeln betrachtet werden kann. Auch die dort aufgeführte Zahl deckt sich jedoch nicht genau mit der Zielgruppe der vorliegenden Studie; wahrscheinlich liegt sie etwas niedriger als die Anzahl aller Studierenden im jeweiligen staatlichen Förderungssystem. Diese Differenz ist zum einen darauf zurückzuführen, dass die UNESCO-Daten teilweise älter sind als die von den Länderexperten verwandten Werte. Zum anderen werden Studierende aus dem nicht-universitären bzw. nicht-hochschulischen Bereich, die in einigen Ländern ebenfalls förderungsberechtigt sind, von der UNESCO in den ISCED-Level 5 und nicht in den hier betrachteten Level 6 eingeordnet.

Schließlich ist sowohl bei der Auswertung auf Basis der Eurostat-Statistiken als auch auf der Grundlage der UNESCO-Daten zu berücksichtigen, dass die staatlichen Ausgaben zur Studienfinanzierung in manchen Fällen auch Verwaltungsausgaben beziehungsweise Ausgaben für andere Zwecke als die der direkten staatlichen Studienförderung enthalten können.

Tab. 6-3: Modellrechnung 3a: Relativer Beitrag der durchschnittlichen staatlichen Studienförderung auf Basis aller Studierenden (Anzahl laut Eurostat 1997) zu den Lebenshaltungskosten

	I	II	III	IV	V
	Staatliche Gesamtausgaben für direkte Studienförderung	Anzahl der Studierenden laut Eurostat	Durchschnittliche staatliche Studienförderung	Durchschnittliche Lebenshaltungskosten	Anteil der durchschnittl. Förderung an Lebenshaltungskosten
	(in Mio. EUR p.a.)	(in Tsd.)	(in EUR pro Stud. und Monat)		= III in % von IV
DK	716	170	351	713	49
SE	1.023	246	347	600	58
FI	536	205	218	532	41
NL	1.222	359	284	646	44
FR	885	..	..	710	..
BE	35	152	19	..	..
DE	910	1.800	42	656	6
AT	131	234	47	400	12
CH	189	..	..	767	..
IE	111	122	76	400	19
GB	2.812	1.813	129	419	31
ES	325	1.527	18	433	4
PT	48	301	13	331	4
IT	129	1.792	6	429	1
GR	7	290	2	425	< 1

Um den prozentualen Anteil der direkten staatlichen Studienförderung pro Studierenden an den durchschnittlichen Lebenshaltungskosten zu ermitteln, werden die jährlichen Gesamtausgaben des jeweiligen Staates zunächst auf einen monatlichen Betrag umgerechnet; anschließend erfolgt die Division dieses Wertes durch die Anzahl aller Studierenden, zum einen auf der Basis der Eurostat-Statistiken (E) und zum anderen basierend auf den UNESCO-Statistiken (U). Tatsächlich unterscheidet sich die Höhe des staatlichen Beitrags zu den Kosten der Studierenden enorm.

6 Studienausgaben und staatliche Studienförderung im europäischen Vergleich 191

Betrachten wir zunächst die durchschnittliche Förderungssumme je Studierenden, so wird sichtbar, dass die auf den Eurostat-Daten basierenden Förderungswerte von EUR 2 für Studierende in Griechenland bis EUR 351 für Studierende in Dänemark (UNESCO-Daten: EUR 3 bis EUR 702) reichen.[2]

Abb. 6-3: Modellrechnung 3a: Durchschnittliche staatliche Studienförderung auf Basis aller Studierenden (Anzahl laut Eurostat 1997) und Lebenshaltungskosten* (in EUR pro Studierenden und Monat)

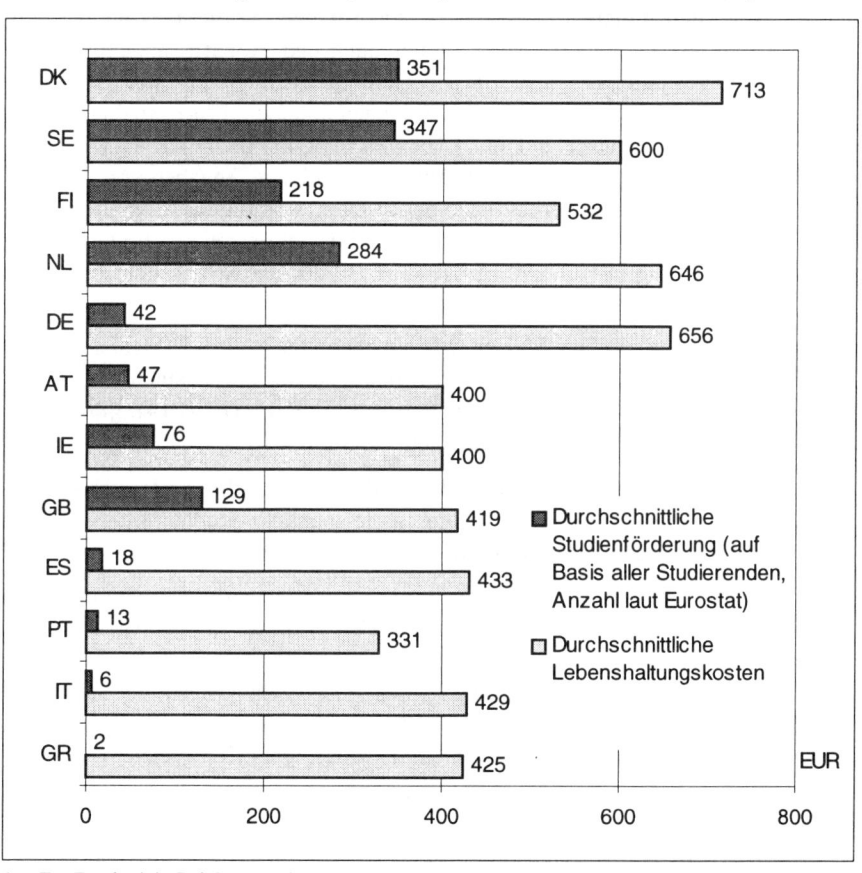

Land	Durchschnittliche Studienförderung (auf Basis aller Studierenden, Anzahl laut Eurostat)	Durchschnittliche Lebenshaltungskosten
DK	351	713
SE	347	600
FI	218	532
NL	284	646
DE	42	656
AT	47	400
IE	76	400
GB	129	419
ES	18	433
PT	13	331
IT	6	429
GR	2	425

* Für Frankreich, Belgien und die Schweiz liegen keine Angaben vor.

---

2 Diejenigen Ergebnisse der Modellrechnung 3, die sich auf UNESCO-Daten beziehen, werden jeweils in Klammern hinter den auf Eurostat-Daten basierenden Ergebnissen genannt.

Die Länder lassen sich demnach wie folgt gruppieren:

- Die nordischen Länder sowie die Niederlande weisen – unter der Annahme einer Gleichverteilung der Staatsausgaben auf alle Studierenden – jeweils einen überdurchschnittlich hohen Förderungswert pro Person und Monat auf. Die direkte Studienförderung beträgt in Dänemark EUR 351 (EUR 702), in Schweden EUR 347, in Finnland EUR 218 (EUR 308) und in den Niederlanden EUR 284 (EUR 361).

- Die west- und mitteleuropäischen Staaten vergeben Förderungssummen von etwa EUR 20 bis EUR 130 pro Studierenden und Monat. Dabei führen die Länder Westeuropas, also das Vereinigte Königreich mit EUR 129 (EUR 246) und Irland mit EUR 76. Hingegen fallen die Pro-Kopf-Summen in Österreich und Deutschland mit EUR 47 (EUR 45) und EUR 42 (EUR 41) wesentlich geringer aus; für die Schweiz liegen keine Angaben vor. Ein Studierender in Frankreich erhält nach der zweiten Version der Modellrechnung umgerechnet EUR 52 monatlich. Belgien bildet mit einer durchschnittlichen Studienförderung in Höhe von EUR 19 (EUR 20) das Schlusslicht in Mitteleuropa.

- In den südeuropäischen Staaten werden theoretisch die niedrigsten Förderungssummen pro Studierenden und Monat gezahlt: Für Spanien beträgt der entsprechende Wert EUR 18, für Portugal EUR 13 (EUR 14), für Italien EUR 6 und schließlich für Griechenland EUR 2 (EUR 3).

Betrachten wir schließlich den Grad der Abdeckung sämtlicher Ausgaben aller Studierenden für den Lebensunterhalt durch die staatliche Studienförderung (siehe jeweils Spalte V der Tabellen 6-3 und 6-4), so zeigt sich Folgendes:

- In den nordischen Ländern sowie in den Niederlanden und im Vereinigten Königreich kann ein vergleichsweise großer Teil der monatlichen Kosten durch die direkte Studienförderung ausgeglichen werden. So beträgt die prozentuale Ausgabendeckung in Dänemark 49 Prozent (98 %), in Schweden 58 Prozent, in Finnland 41 Prozent (58 %), in den Niederlanden 44 Prozent (56 %) und letztlich 31 Prozent (59 %) im Vereinigten Königreich.

- In den Staaten Mittel- und Westeuropas, mit Ausnahme der Niederlande und des Vereinigten Königreichs, sind die Anteile der Kostendeckung deutlich geringer. Für Irland ergeben sich 19 Prozent, für Österreich 12 Prozent (11 %) und für die Schweiz immerhin 28 Prozent, sofern der Berechnung die Studierendenzahlen laut UNESCO zugrunde gelegt werden.

- In Frankreich und Deutschland deckt die jeweilige staatliche Studienförderung allerdings nur sieben bzw. sechs Prozent der Kosten pro Studierenden ab und liegt damit fast so niedrig wie in den südeuropäischen Ländern. Für Belgien liegen keine Angaben vor.

- Der Kostenausgleich durch direkte Studienförderung wird den Studierenden in Südeuropa nur zu einem sehr geringen Anteil ermöglicht. Dieser beläuft sich in Portugal und Spanien auf vier Prozent, in Italien auf ein Prozent (2 %) und in Griechenland auf weniger als ein Prozent (1 %).

Tab. 6-4: Modellrechnung 3b: Relativer Beitrag der durchschnittlichen staatlichen Studienförderung auf Basis aller Studierenden (Anzahl laut UNESCO 1997) zu den Lebenshaltungskosten

	I	II	III	IV	V
	Staatliche Gesamtausgaben für direkte Studienförderung (in Mio. EUR p.a.)	Anzahl der Studierenden laut UNESCO (in Tsd.)	Durchschnittliche staatliche Studienförderung (in EUR pro Studierenden und Monat)	Durchschnittliche Lebenshaltungskosten	Anteil der durchschnittl. Förderung an Lebenshaltungskosten = III in % von IV
DK	716	85	702	713	98
SE	1.023	..	..	600	..
FI	536	145	308	532	58
NL	1.222	282	361	646	56
FR	885	1.416	52	710	7
BE	35	145	20	..	..
DE	910	1.857	41	656	6
AT	131	241	45	400	11
CH	189	73	216	767	28
IE	111	..	..	400	..
GB	2.812	952	246	419	59
ES	325	..	..	433	..
PT	48	287	14	331	4
IT	129	1.661	6	429	2
GR	7	214	3	425	1

Die Unterschiede der Kostendeckung zwischen den europäischen Regionen wären vermutlich nicht ganz so erheblich, wenn die indirekte Studienförderung in der Berechnung der durchschnittlichen finanziellen Unterstützung berücksichtigt würde. Wie in Kapitel 5 dargestellt, basieren insbesondere die südeuropäischen Förderungssysteme vorrangig auf indirekter Studienförderung, deren Wert sich jedoch nur schwerlich bemessen lässt.

Variante der Modellrechnung 3: Kosten inklusive Studiengebühren

Wie aus Tabelle 6-5 ersichtlich ist, zeigt der Vergleich der Ergebnisse unter Berücksichtigung bzw. Nichtberücksichtigung der maximalen Studiengebühren für die erste Version der Modellrechnung 3, dass sich diese vor allem im Vereinigten Königreich (24 % inkl., 31 % exkl.) und in den Niederlanden (39 % inkl., 44 % exkl.) auf die Kostendeckung der Studierenden auswirken.

Abb. 6-4: Modellrechnung 3b: Durchschnittliche staatliche Studienförderung auf Basis aller Studierenden (Anzahl laut UNESCO 1997) und Lebenshaltungskosten* (in EUR pro Studierenden und Monat)

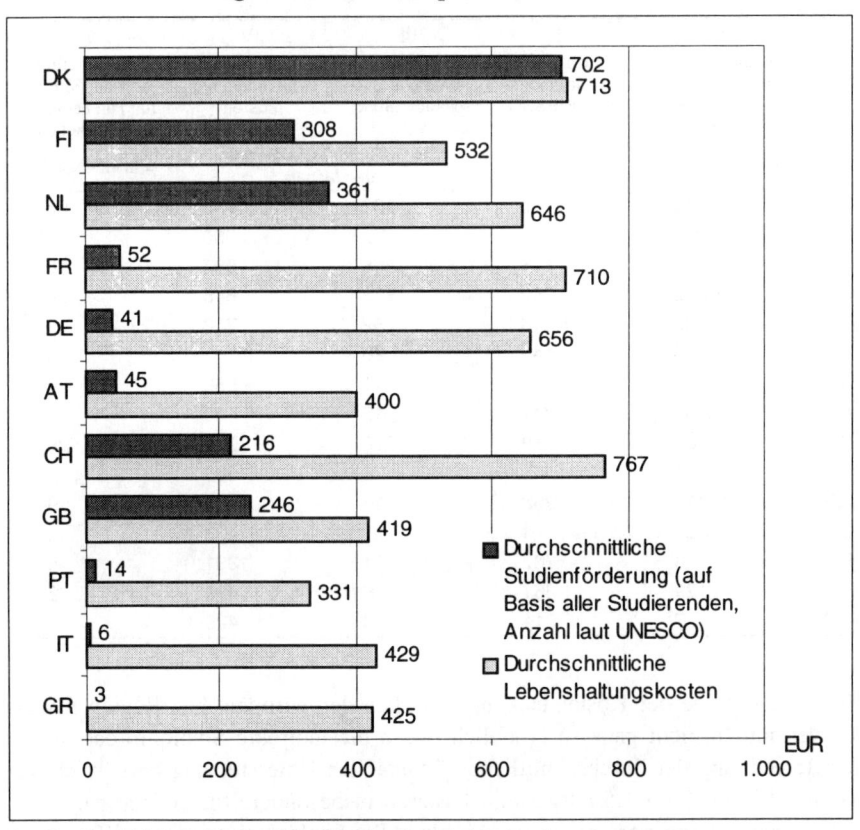

Land	Durchschnittliche Studienförderung (auf Basis aller Studierenden, Anzahl laut UNESCO)	Durchschnittliche Lebenshaltungskosten
DK	702	713
FI	308	532
NL	361	646
FR	52	710
DE	41	656
AT	45	400
CH	216	767
GB	246	419
PT	14	331
IT	6	429
GR	3	425

* Für Frankreich, Belgien und die Schweiz liegen keine Angaben vor.

Die Resultate der zweiten Version bestätigen dies: Hier beträgt die Kostendeckung für Studierende in den Niederlanden 49 Prozent vs. 56 Prozent und für

Studierende im Vereinigten Königreich 45 Prozent vs. 59 Prozent. Für alle anderen Länder sind die Unterschiede hinsichtlich der Einbeziehung und Nichteinbeziehung in beiden Versionen der Modellrechnung 3 sehr gering oder nicht vorhanden; für Frankreich, Belgien und die Schweiz liegen keine Werte vor.

Tab. 6-5: Ergebnisse der Modellrechnungen unter Nichtberücksichtigung bzw. Berücksichtigung der maximalen Studiengebühren (in Prozent)

	Modellrechnung 1 Anteil der Maximalförderung pro Geförderten an den durchschnittl. Lebenshaltungskosten		Modellrechnung 2 Anteil der durchschnittl. Förderung pro Geförderten an den durchschnittl. Lebenshaltungskosten		Modellrechnung 3 Anteil der durchschnittlichen Förderung pro Studierenden an den durchschnittlichen Lebenshaltungskosten			
					Version 1: Eurostat		Version 2: UNESCO	
	exkl. Gebühren*	inkl. Gebühren	exkl.*	inkl.	exkl.*	inkl.	exkl.*	inkl.
DK	98	98	57	57	49	49	98	98
SE	131	131	73	73	58	58	..	..
FI	112	112	69	69	41	41	58	58
NL	90	79	54	47	44	39	56	49
FR	34	33	..	..	..	..	7	7
BE	..	..	..	..	..	..	..	..
DE	79	79	34	34	6	6	6	6
AT	132	132	97	97	12	12	11	11
CH	71	65	..	..	..	..	28	26
IE	55	53	34	33	19	18	..	..
GB	84	65	44	34	31	24	59	45
ES	73	65	23	20	4	4	..	..
PT	81	76	27	25	4	4	4	4
IT	62	50	28	23	1	1	2	1
GR	28	28	6	6	< 1	< 1	1	1

* Vgl. jeweils die letzte Spalte der Tabellen 6-1, 6-2, 6-3 und 6-4, in welcher der Beitrag der staatlichen Studienförderung zu den studentischen Ausgaben in Prozent beziffert wird.

6.2 Heterogenität der europäischen Fördersysteme – vier grundlegende Konzeptionen

Es ist sicherlich nicht übertrieben zu behaupten, dass die Kosten und die Finanzierung des Studiums zu den Bereichen gehören, bei denen sich die höchste Heterogenität der Hochschulsysteme im westlichen Europa zeigt. Das belegen die vorangehenden Angaben zu Gebühren, direkter wie indirekter Studienfinanzierung und dem Ausmaß der Deckung der Studienkosten durch die Studienförderung. Die Ergebnisse der Modellrechnungen unterstreichen, dass in Europa sehr verschiedenartige ordnungspolitische Konzeptionen über die Rolle der Studierenden sowie ihre Förderungserwartungen und -ansprüche bestehen. Berücksichtigen wir die Bedingungen für die Förderung, die Förderungshöhe sowie die Vorstellungen und Regelungen zu Studiengebühren, so bietet es sich an, vier Typen der im Förderungssystem zugeschriebenen Rollen der Studierenden zu bilden:

1. „Eigenverantwortlicher Bürger": Dem ersten Konzept nach werden Studierende als eigenverantwortliche Bürger betrachtet, für die der Staat die finanziellen Mittel zur Realisierung des Studiums weitgehend zur Verfügung stellt. Und da fast alle Studierenden gefördert werden, wird es ohnehin für unangebracht gehalten, Studiengebühren zu erheben. Dies gilt vor allem für Dänemark und Finnland.

2. „Heranwachsende/r im Bund der Familie": Dem zweiten Konzept zufolge werden die Studierenden offenkundig als Heranwachsende im Bund der Familie betrachtet, deren Studierchance in der Regel durch die Eltern zu sichern ist. Der Staat bietet nur in sehr seltenen Fällen besondere Hilfe für bedürftige Familien an; in einigen Ländern wird zudem erwartet, dass die Studierenden Studiengebühren zahlen. Dieses Konzept wird weitgehend in Frankreich, Belgien, Österreich, Italien, Spanien, Portugal und Griechenland verfolgt; allerdings gibt es für manche dieser Länder andere direkte und indirekte Leistungen, die bemerkenswert zur Reduzierung der Studienkosten beitragen.

3. „Versorgung durch Staat und Familie": Dem dritten Konzept entsprechend, tritt ein deutliches sozialstaatliches Korrektiv der Versorgung durch die Familie an die Seite der staatlichen Studienförderung. Dies gilt für Irland und galt bisher auch für das Vereinigte Königreich. Die deutsche Studienförderung konnte lange Zeit etwa in der Mitte zwischen den beiden zunächst genannten Konzepten eingeordnet werden. In den letzten Jahren nähert sie sich jedoch dem ersten Konzept etwas stärker an.

4. „Investor/in in den zukünftigen Beruf": Während in den drei bisher genannten Konzepten die akute finanzielle Situation der Studierenden (bzw. ihrer Angehörigen) im Mittelpunkt steht, werden die Studierenden im vierten Konzept primär als Investoren in ihren zukünftigen Beruf betrachtet. Schweden ist das einzige Land in der Europäischen Union, in dem das öffentliche Angebot eines risikobegrenzten Darlehens für Studierende die größte öffentlich unterstützte Finanzierungsquelle darstellt. Ergänzend kommt in Schweden die För-

derung der Studierenden als eigenständige Bürger und von der Herkunftsfamilie unabhängig Lernende hinzu. In einigen anderen Ländern wird dieses Investor-Konzept lediglich als kleinere, ergänzende Komponente zu den Konzepten der Familienfinanzierung, der familienbezogenen Sozialleistung oder der öffentlichen Förderung lernender Bürger aufgenommen.

In allen Ländern nimmt die öffentliche Unterstützung des Hochschulstudiums mehr als eins der vier genannten Konzepte auf. In vielen Fällen lässt sich jedoch die Dominanz eines bestimmten Konzepts nachweisen. Im Gegensatz dazu sind die Niederlande als Beispiel für ein System zu nennen, in dem keine konzeptuelle Vorherrschaft erkennbar ist, sondern alle Förderungskonzepte gemischt werden: Es gibt elternabhängige und elternunabhängige Förderung, es gibt Förderung nach dem Investorprinzip neben Förderung nach dem Prinzip des akuten Finanzbedarfs, und es gibt Studiengebühren neben einer öffentlichen Förderung für viele Studierende.

Tendenziell gilt: Während nordische Länder einen Großteil der Studierenden in großzügiger Höhe fördern, nimmt der Anteil der Geförderten und die Förderhöhe ab, je weiter man sich nach Südeuropa bewegt. Ob und inwieweit nun die unterschiedlichen Förderpraktiken in Europa eine Auswirkung auf das Studierverhalten haben, wird im folgenden Kapitel näher betrachtet.

7 Auswirkungen von Studienkosten und Studienfinanzierung auf das Studierverhalten in Europa

Welche Zusammenhänge bestehen in den jeweiligen nationalen Hochschulsystemen zwischen finanziellen Belastungen und Entlastungen einerseits und der Bildungsbeteiligung, dem Studienverlauf und dem Studienerfolg andererseits? Eine Literaturrecherche zeigt, dass eine Reihe von Studien zum Thema Studienfinanzierung und Studierverhalten veröffentlicht wurden, die sich aber zum Großteil auf die USA beziehen und sich auf den Einfluss der Studiengebühren auf das Studierverhalten beschränken: „A great many studies over the years have attempted to estimate the impact of the price of net cost of education on students' postsecondary decisions. A minority of these studies have tried to measure specifically the effect of student aid on enrollment decisions, with the rest focusing on the impact of tuition price." (McPherson, Schapiro und Winston 1993, S. 192.) Obwohl die Studien sich in Methode und Reichweite stark unterscheiden, so weisen sie doch recht einheitlich auf zwei Tendenzen hin:

1. Die Entscheidung, ein Studium aufzunehmen, verändert sich entsprechend der Studiengebührenerhöhung bzw. Studiengebührenkürzung.

2. Die Entscheidung, an welcher Universität ein Studium aufgenommen wird, ist u.a. abhängig von den Studiengebühren der zur Auswahl stehenden Universitäten.

Die Autoren der Länderberichte wurden von uns gebeten darzustellen, welche gesicherten Erkenntnisse es zum Thema „Studienkosten, Studienfinanzierung und Studierverhalten" in ihren Ländern gibt. Obwohl mit jedem Kosten- und Finanzierungsmodell auch studienlenkende Intentionen verfolgt werden, wird nach Auskunft der Länderexperten die Wirksamkeit der unterschiedlichen Finanzierungsmodelle in Europa bisher kaum empirisch untersucht. In drei Länderberichten (Frankreich, Griechenland, Schweiz) finden sich überhaupt keine Angaben zu der Frage, wie finanzielle Belastungen und Entlastungen mit Bildungsbeteiligung, Studienverlauf und Studienerfolg zusammenhängen. In Irland, Italien, Portugal und Spanien ist der Informationsstand nach Auskunft der Experten ausgesprochen dürftig. In Dänemark, Deutschland, Finnland, im Vereinigten Königreich, den Niederlanden, Österreich und Schweden liegen zumindest zu einzelnen Aspekten der Fragestellung empirische Studien vor, deren Ergebnisse im Folgenden zusammengefasst werden. Die Aussagen der Experten decken sich mit den Ergebnissen einer Literaturrecherche.

Das staatliche Ausbildungsförderungssystem in Dänemark ist nach Anthony und Molander (1998) so großzügig bemessen, dass „nobody (should be kept) from being unable to study for financial reasons". Trotz allem erreichen nach einer Studie des dänischen Sozialforschungsinstituts nur fünf Prozent der Kinder aus Arbeiterfamilien einen Hochschulabschluss, dagegen 25 Prozent der Kinder aus der Mittel- und Oberschicht (vgl. Hansen 1997). Nach einer Studie des *Office of the Auditor General of Denmark* unterscheiden sich die Bezieher einer als Zuschuss gewährten staatlichen Ausbildungsförderung hinsichtlich Studienverlauf und Studienerfolg deutlich von Studierenden, die keine staatliche Ausbildungsförderung erhalten: Demnach haben geförderte Studierende drei Jahre nach der Immatrikulation im Durchschnitt mehr Kredit- und Leistungspunkte erworben als nicht geförderte Studierende, und sie brechen seltener ihr Studium ab (vgl. Rigsrevisionen 1996).

Für Schweden werden im Länderbericht (Andersson 1998) Studien von Reuterberg und Svensson (1992) vorgestellt, die den Einfluss der staatlichen Ausbildungsförderung auf die sozialgruppenspezifische Bildungsbeteiligung untersucht haben. Die Autoren konnten zeigen, dass „study allowances have had a clear recruiting effect in all social groups. This was most evident among the lower classes". Ohne staatliche Ausbildungsförderung hätten nach Reuterberg und Svensson (1992) Anfang der 90er Jahre wahrscheinlich die Hälfte aller Studierenden kein Studium aufgenommen (1970 lag der Anteil noch bei 25 %). Der Einfluss des schwedischen Ausbildungsförderungssystems auf Studienverlauf und Studienerfolg kann nach Andersson nicht exakt ermittelt werden, da „the changes in and around higher education in Sweden have been too great and too many in the past ten years". Andersson verweist in diesem Zusammenhang vor allem auf die starke Zunahme der Arbeitslosigkeit in Schweden, die offenbar zu einer erhöhten Studiennachfrage und einer längeren Verweildauer an den Hochschulen geführt hat.

In Finnland wird seit 1992 die staatliche Ausbildungsförderung nicht hauptsächlich als Darlehen, sondern als Zuschuss gewährt, um den Studierenden ein Vollzeitstudium zu ermöglichen. Obwohl 59 Prozent der Studierenden einen staatlichen Zuschuss erhalten, ist ein großer Teil der Studierenden in Finnland neben dem Studium erwerbstätig. Nach einer Studie von Aaltonen (1993) sind finnische Studierende vor allem erwerbstätig, um sich ihren Lebensunterhalt zu verdienen und um Berufserfahrung zu sammeln. Die Erwerbstätigkeit beeinflusst nach Kivinen und Hedman (1998) auch die Studiendauer und die Studienabbrecherquote, wenngleich im finnischen Hochschulsystem kaum zwischen Langzeitstudierenden und Studienabbrechern unterschieden werden kann, „since the right to study will never cease".

Ähnlich wie in Schweden wird auch in den Niederlanden dem staatlichen Ausbildungsförderungssystem bescheinigt, einen positiven Einfluss auf die Bildungsbeteiligung sozioökonomisch benachteiligter Gruppen zu haben: „in particular women and people from workers families seem to have benefited most" (Vossensteyn 1998). Die Novellierung des Ausbildungsförderungsgesetzes im Jahre 1993 (insbesondere die Gewährung der Ausbildungsförderung als Zuschuss oder Darlehen in Abhängigkeit vom Studienfortschritt) hat nach de Jong et al. (1996) jedoch dazu geführt, dass „students from poorer families hesitate to enter higher education and are afraid of risking a high student dept". Nach den Ausführungen des niederländischen Experten Vossensteyn können keine belastbaren Aussagen zum Zusammenhang von Studienfinanzierung, Studienverlauf und Studienerfolg gemacht werden, da „data on the subject of completion rates and average duration are relatively poor in the Netherlands". Es kann lediglich festgestellt werden, dass die Erfolgsquote an den Universitäten seit 1982 angestiegen ist und dass die mittlere Studiendauer sich über die Jahre kaum verändert hat.

In Deutschland ist die Bildungsbeteiligung in den einzelnen Sozialgruppen sehr unterschiedlich: Nach den Ergebnissen der 15. Sozialerhebung des Deutschen Studentenwerks nahmen 1995 in den alten Bundesländern von 100 Arbeiterkindern nur 14 ein Hochschulstudium auf. Im Vergleich dazu sind es von 100 Beamtenkindern 56, von 100 Kindern aus Familien Selbständiger 47 und von 100 Kindern aus Angestelltenfamilien 39 (auch in den neuen Bundesländern zeigen die sozialgruppenspezifischen Studienanfängerquoten ein deutliches soziales Gefälle beim Hochschulzugang). Die Entwicklung der Bildungsbeteiligungsquoten ist in den alten Bundesländern seit 1982 in allen Sozialgruppen sehr ähnlich verlaufen, allerdings auf jeweils unterschiedlichem Niveau. Dies lässt nach Meinung der Autoren der 14. Sozialerhebung des Deutschen Studentenwerks darauf schließen, dass die unterschiedlichen Einstellungen und Verhaltensmuster der jeweiligen sozialen Gruppe und die Bildungstradition einen wesentlichen Einfluss auf die Nutzung der Bildungsangebote durch die Kinder haben (vgl. Schnitzer et al. 1995, S. 32). Obwohl in Deutschland seit vielen Jahren die Fachstudiendauer ein zentrales Thema der hochschulpolitischen Diskussion ist, liegen kaum empirische Studien zum Zusammenhang von Fachstudiendauer und Studienfinanzierung vor. Dies mag damit zu tun haben, dass die meisten Studierenden ihr Studium aus verschiedenen Quellen finanzieren und der Einfluss einer einzelnen Finanzierungsquelle (zum Beispiel BAföG) deshalb nur schwer quantifizierbar ist.[1] Eine Ausnahme bildet die Absolventenstudie der Universität Mannheim, in der die Absolventen des Diplomstudienganges Betriebswirtschaftslehre in jeweils homogene Studienfinanzierungsgruppen eingeteilt wurden (vgl. Daniel 1996, S. 114.) Die Studie konnte zeigen, dass zwischen der Art der Studienfinanzierung und der Fachstudiendauer ein enger Zusammenhang besteht. Die kürzeste mittlere Fachstudiendauer wiesen mit zehn Semestern Absolventen auf, die ihr Studium ausschließlich mit BAföG-Mitteln finanziert hatten. Am längsten haben mit durchschnittlich 12,3 Semestern Absolventen studiert, die ihr Studium voll und ganz durch Erwerbstätigkeit außerhalb der Universität finanzieren mussten.

In Österreich sind Arbeiterkinder und Kinder von Landwirten sowie Kinder von Absolventen einer Pflichtschule unter den Universitätsstudenten unterrepräsentiert. Da es in Österreich formal keine Behinderung des Hochschulzuganges für Kinder aus einkommensschwachen und bildungsfernen Schichten gibt (freier Zugang zum Universitätsstudium ohne Numerus clausus, keine Studiengebühren), müssen die Ursachen für die geringe Bildungsbeteiligung im Hochschulbereich nach Schuster beim Übergang von der Volksschule in die höhere Schule bzw. beim Übergang von der Pflichtschule in die höhere Schule vermutet werden. Ähnlich wie in Dänemark zeigt sich auch in Österreich ein Zusammenhang zwischen staatlicher Ausbildungsförderung, Studienverlauf und Studienerfolg: Die Bezieher von Studienbeihilfen weisen im Durchschnitt eine knapp ein Semester kürzere Studiendauer auf. Ihre Studienabschlussquote ist insgesamt etwa doppelt so hoch wie die der Studierenden ohne Studienbeihilfe. Die Schulbildung der Eltern steht demgegenüber in keinem Zusammenhang zur Studienerfolgsquote (Dell'mour 1994).

In Übereinstimmung mit dem österreichischen Experten stellen Williams und Jones auch für das Vereinigte Königreich fest, dass der Hochschulzugang weniger eine spezielle Frage des Geldes, sondern vielmehr das Resultat zahlreicher Faktoren ist: „The problem of access is not primarily financial at the point of entry to higher education but is linked to a wide variety of socio-educational factors from birth onwards, on study behaviour and the living situation during the period of study ..., on the career and living situation after graduation (e. g. in the case of loan repayments or debts)." Das britische Ausbildungsförderungssystem hat nach Williams und Jones (1998) vermutlich mit dazu beigetragen, dass die

---

1   Für sekundärstatistische Auswertungen deutscher Umfragedaten zu den Auswirkungen studentischer Erwerbsarbeit auf die Studiendauer vgl. Leszcensky 1993.

Studiendauer und die Studienabbrecherquoten an britischen Hochschulen vergleichsweise niedrig sind.

Cronin und Simmons stellen für die Ausbildungsförderung in den Vereinigten Staaten fest, dass Darlehen (in Zusammenhang mit Zuschüssen) für Minoritäten die Bereitschaft der Studienaufnahme nicht mindern: „Loans cannot be blamed for the lack of minority applications or for excessive program costs; in fact, loans are extremely cost-effective for government." (Cronin und Simmons 1987, S. 21.)

In ihrem Synthesebericht „Paying for Tertiary Education: The Learner Perspective" empfiehlt die OECD, die in manchen Ländern beobachtbaren statistischen Zusammenhänge zwischen Studienfinanzierungsmodellen, Bildungsbeteiligung und Studienverlauf nur mit äußerster Vorsicht zu interpretieren: „Such associations as can be observed must be treated with considerable caution, as many factors influence participation and study duration." (OECD 1998, S. 70.) In ihrem Bericht schließt die OECD nicht aus, dass beispielsweise eine höhere Beteiligung der Studierenden an den Studienkosten einen positiven Effekt auf Studienmotivation und Studienintensität haben könnte. Diese könne jedoch auch unerwünschte sozialgruppenspezifische Folgen haben: „The most obvious is low-income households, whose members have never participated much in tertiary education and could be further put off by rising private costs." (OECD 1998, S. 72.) Die Aussagen der OECD-Studie decken sich mit Forschungsergebnissen aus amerikanischen Studien. Anderson und Hearn stellen zum Thema „Higher education as social investment for equity" fest: „The evidence (of the literature) suggests that equity problems seem most severe for those from the lower socioeconomic classes. ... Colleges seem to serve their poorest, most deprived students less well than we all would like." (Anderson und Hearn 1992, S. 327.)

8 Studienkosten und Studienfinanzierung in Europa: Eine Bilanz der Ergebnisse

In Europa haben sich seit den 50er Jahren die unterschiedlichsten Studienfinanzierungskonzepte herausgebildet, die über den Zeitraum der Jahrzehnte eine regelmäßige und immense Modifizierung in Detailaspekten aufweisen. Die Konzepte sind generell durch folgende Fördersystem-Typen zu bezeichnen:

- Der Staat übernimmt vollständig oder fast vollständig sämtliche Kosten für das Studienangebot. In vielen Ländern Europas werden keine Studiengebühren erhoben; in den Ländern, die Studiengebühren erheben, sind diese so niedrig, dass sie die Kosten für die Hochschulfinanzierung in keiner Weise decken können. In einigen Ländern Europas wird seit Beginn der 90er Jahre verstärkt gefordert, dass Studierende und ihre Angehörigen einen größeren Anteil zur direkten Studienfinanzierung leisten sollten. Dies wird insbesondere damit begründet, dass der Staat nicht mehr in der Lage sei, im gleichen Umfang wie früher zur Hochschulfinanzierung beizutragen. Im Vereinigten Königreich wurden diese Forderungen umgesetzt. Entsprechend werden ab 1998 Studiengebühren, die vormals von regionalen Behörden an die Hochschulen gezahlt wurden, direkt von den Studierenden abverlangt. In anderen Ländern wird wiederum mit dem Argument der Chancengleichheit dafür plädiert, keine Studiengebühren zu erheben bzw. bestehende Studiengebühren abzuschaffen und die Finanzierung des Studienangebots vollständig von der staatlichen Seite zu übernehmen. In Irland wurden diese Konzepte Mitte der 90er Jahre umgesetzt: Die Studiengebühren wurden abgeschafft. Entsprechend kann resümiert werden: Eindeutige Tendenzen bezüglich einer Vereinheitlichung der Ausgestaltung der Studiengebühren sind in Europa derzeit nicht erkennbar.

- Der Staat stellt für einen Teil der Studierenden Beihilfen zu den Lebenshaltungskosten bereit. Diese sind in allen europäischen Ländern u.a. nach der sozialen Bedürftigkeit der Studierenden ausgerichtet. Die Höhe des Förderbetrags und der Gefördertenanteil richten sich jedoch stark an den hochschulpolitischen Charakteristika der Länder aus; es sind große Unterschiede zu verzeichnen. Auch hier gilt: keine gleichförmige oder in Zukunft absehbare gleichförmige Ausrichtung der direkten staatlichen Studienförderung in Europa.

- Der Staat übernimmt – zu sehr unterschiedlichen Anteilen in verschiedenen europäischen Ländern – die indirekte Deckung der Lebenshaltungsausgaben durch Beiträge zu den Kosten von Mensen, Wohnheimen, Steuererleichterungen für Studierende und deren Angehörige, durch Steuererleichterungen oder Subventionen für Anbieter von Leistungen für Studierende, durch Beteiligung der Studierenden an allgemeinen Sozialleistungen u.a.m. Im Prinzip können alle Studierenden des jeweiligen Landes diese Leistungen in Anspruch nehmen.

Tendenziell gilt, dass in nordeuropäischen Ländern die Beihilfen für den Lebensunterhalt einen sehr viel größeren Teil der Lebenshaltungskosten decken als in südeuropäischen Ländern. Andererseits werden indirekte staatliche Beihilfen (Mensen, Wohnheimkosten etc.) in geringerem Umfang von nordeuropäischen Staaten übernommen als von südeuropäischen Staaten. In mittel- und westeuropäischen Staaten bestehen bezüglich der direkten und indirekten staatlichen Studienförderung Mischsysteme, die nicht klar voneinander trennbar sind.

Zudem werden in den meisten europäischen Ländern die Studierenden und ihre Eltern von den Kosten des Studiums durch eine Vielzahl weiterer finanzieller Maßnahmen entlastet. Hierzu gehören beispielsweise die Zahlung eines Kindergeldes, Steuer- und Ausbildungsfreibeträge sowie gegebenenfalls die Unterstützung durch Sozialbeiträge.

Über die letzten fünf Jahrzehnte haben sich aber aufgrund von Detailregelungen eine Bandbreite von Maßnahmen und Modifikationen in den europäischen Studienfinanzierungssystemen ergeben, die so vielfältiger Art sind, dass sie im Einzelnen hier nicht aufgelistet werden können. Von 1950 bis 1998 wurden in europäischen Hochschulsystemen (EU- und EFTA-Länder) über 100 Änderungen bezüglich der direkten staatlichen Studienfinanzierung vorgenommen: „The number of reforms in the EU and EFTA/EEA countries is remarkable ... while some countries have experienced very many reforms (such as Denmark, Italy, the Netherlands, Sweden and Norway), others, like Spain, have witnessed only a few." (Eurydice 1999, S. 129.)

8.1 Darstellung der Ergebnisse

Die Ausgaben der Studierenden in Europa

Studiengebühren sind keineswegs, wie zuweilen behauptet wird, ein mehr oder weniger übliches Phänomen an öffentlichen Universitäten in Europa geworden. Auch ist die Höhe der Studiengebühren (hier pro Monat ausgewiesen) in den

8 Bilanz der Ergebnisse

Ländern, die Gebühren erheben, im Vergleich zu der Höhe der Lebenshaltungskosten relativ gering:

- In Dänemark, Schweden, Finnland, Deutschland[1], Österreich und Griechenland werden keine Studiengebühren erhoben.
- In Frankreich, Irland, Portugal, Belgien und Spanien werden moderate Gebühren von unter EUR 50 verlangt.
- Etwas höhere Studiengebühren werden in den Niederlanden (EUR 89), der Schweiz (EUR 71) und Italien (EUR 97) erhoben. Im Vereinigten Königreich existierten bis 1998 für Studierende nur nominelle Gebühren, die stets von den lokalen Studienfinanzierungsbehörden erstattet wurden; 1998 wurden jedoch Studiengebühren (EUR 128) eingeführt.

Die Höhe der Studiengebühren in Europa kann demnach in den Ländern, die überhaupt Studiengebühren erheben, als niedrig bis maßvoll im Vergleich zu den monatlichen Gesamtausgaben der Studierenden bezeichnet werden. Eine Ausnahme bildet das Vereinigte Königreich: Monatliche Studiengebühren in Höhe von EUR 128 bilden einen Anteil an den Gesamtkosten eines Studierenden, der vergleichsweise hoch ist.

Die monatlichen Ausgaben der Studierenden zur Deckung ihres Lebensunterhalts – zum Beispiel für Wohnung, Ernährung, Fahrten, Bücher und andere Lernmittel – betragen im Durchschnitt (ohne Einbeziehung der Studiengebühren) zwischen EUR 331 in Portugal und EUR 767 in der Schweiz. Die Ausgaben der deutschen Studierenden liegen in den alten Ländern bei EUR 656, in den neuen Ländern bei EUR 516 und somit insgesamt im europäischen Durchschnitt.

Innerhalb der einzelnen europäischen Länder variieren die Lebenshaltungskosten jedoch beträchtlich, insbesondere im Hinblick auf die Wohnkosten je nach Studienort (Metropole vs. nicht Metropole), Wohnart (elternabhängig vs. elternunabhängig) sowie nach biographischer Lebenssituation (kinderlos vs. mit Kind/Kindern). Ein Vergleich der Ausgaben zwischen den europäischen Ländern hat also nicht nur die Unterschiede in den typischen Lebenshaltungskosten, sondern auch das unterschiedliche Gewicht dieser Faktoren zu berücksichtigen:

---

1   Seit Ende der 90er Jahre werden in Baden-Württemberg, Bayern und Sachsen Gebühren in Höhe von EUR 307 bis EUR 511 pro Semester von Langzeitstudierenden bzw. für Zweitstudiengänge erhoben. Einige weitere Bundesländer erheben Rückmeldegebühren in Höhe von EUR 51 pro Semester.

Abb. 8-1: Maximale Studiengebühren und durchschnittliche Lebenshaltungskosten der Studierenden in ausgewählten europäischen Ländern* (in EUR pro Studierenden und Monat)

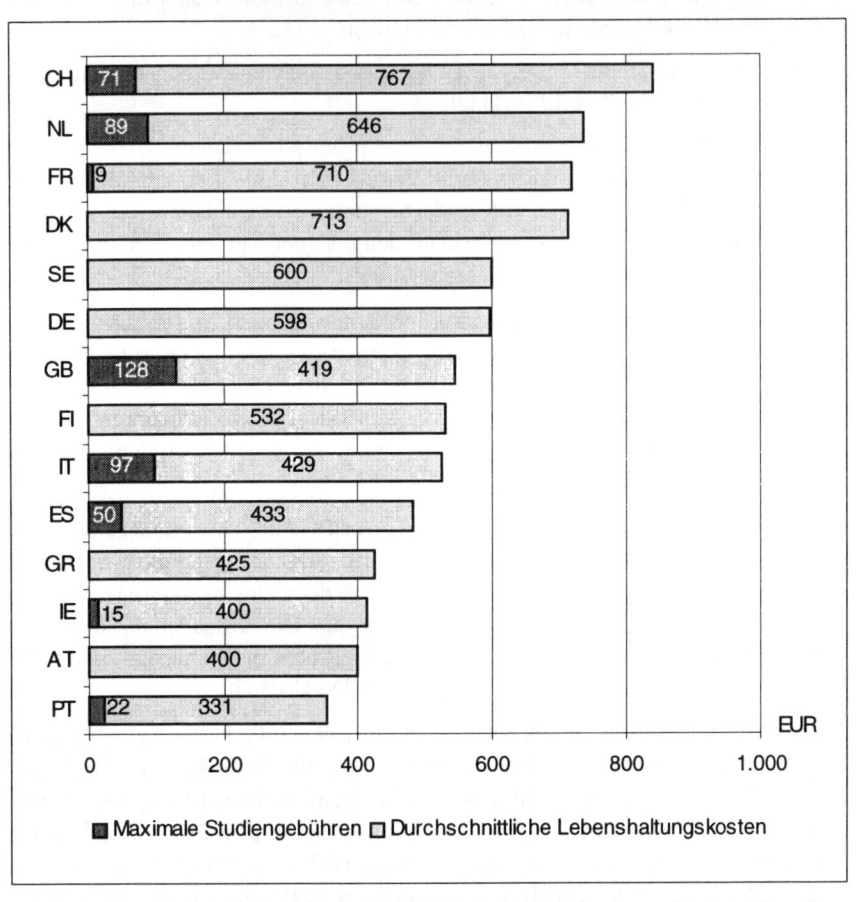

Land	Maximale Studiengebühren	Durchschnittliche Lebenshaltungskosten
CH	71	767
NL	89	646
FR	9	710
DK		713
SE		600
DE		598
GB	128	419
FI		532
IT	97	429
ES	50	433
GR		425
IE	15	400
AT		400
PT	22	331

* Für Belgien liegen keine Angaben zu den indirekten Studienausgaben und Lebenshaltungskosten vor. Die Werte für Deutschland beziehen sich auf die alten Bundesländer.

- Das Leben in der Metropole London kostet einen Studierenden beispielsweise monatlich durchschnittlich EUR 597, das Leben in einer Kleinstadt im Vereinigten Königreich hingegen durchschnittlich EUR 509.
- So beträgt zum Beispiel der Anteil der Studierenden, die bei den Eltern wohnen, im einen Extrem, wie zum Beispiel in Dänemark, Schweden und Finnland, weniger als 20 Prozent, und im anderen Extrem weit über 50 Prozent

8 Bilanz der Ergebnisse

(Portugal: knapp 60 %, Spanien: 80 %). Die durchschnittlichen Lebenshaltungskosten jener Studierenden, die bei ihren Eltern wohnen, sind meist weitaus geringer als die Ausgaben derjenigen Studierenden, die nicht bei ihren Eltern leben. Studierende in Österreich beispielsweise geben im Durchschnitt nur EUR 229 pro Monat aus, wenn sie noch im Elternhaushalt wohnen. Sie müssen hingegen Lebenshaltungskosten in Höhe von EUR 580 monatlich tragen, wenn sie mit dem Partner zusammenleben.

In Abbildung 8-1 sind die Studiengebühren und die Ausgaben für den Lebensunterhalt (einschließlich der indirekten Studienausgaben) in den europäischen Ländern einander gegenübergestellt.

Direkte staatliche Studienförderung und weitere Unterstützungen

In allen untersuchten europäischen Ländern gibt es eine öffentliche bedürfnisbezogene Studienförderung. Sie variiert in der maximalen Höhe erheblich: Zuschuss und gegebenenfalls Darlehen betragen zusammen monatlich zwischen EUR 121 in Griechenland und EUR 788 in Schweden.

Da in der Bundesrepublik Deutschland derzeit die Einführung gestufter Studiengänge und -abschlüsse intensiv diskutiert wird[2], sei erwähnt, dass die bedürfnisorientierte Studienförderung in Dänemark und Finnland – den Ländern, die kürzlich ein gestuftes System eingeführt haben – auch die Master-Stufe einbezieht. Auch in Frankreich endet die Förderung nicht mit dem *Licence*-Examen, sondern schließt das zum Grad der *Maîtrise* führende Studium mit ein. Nur in den Ländern, in denen der Bachelor-Abschluss der normale Studienabschluss ist und lediglich eine Minderheit weiter studiert, wird ein Master-Studium, das als Graduiertenstudium verstanden wird, nicht durch das bedürfnisorientierte Förderungssystem unterstützt (im Vereinigten Königreich und Irland).

Die Förderung ist jeweils in einem Teil der Länder an Altersgrenzen, Studiendauer und einen Nachweis des erfolgreichen Studierens gebunden. Sie variiert meistens auch nach der gewählten Wohnform. Die bedeutsamsten Unterschiede der Studienförderung zeigen sich jedoch in der Beantwortung der Frage,

---

[2] Die Anzahl der in Deutschland angebotenen Studiengänge, die mit einem Bachelor- oder Mastergrad abschließen, belief sich im Jahr 2001 bereits auf über 1.000. Nach wie vor befinden sich die Hochschulen diesbezüglich jedoch in der Probephase: die Ausgestaltung der neuen Studiengänge erfolgt unter einer bemerkenswert großen Varianz von Formen und Modellen. Siehe zu dieser Thematik Schwarz und Teichler 2000 sowie Welbers 2001.

- ob die Bedürftigkeit in der Regel nach der finanziellen Lage der Eltern ermittelt wird, oder ob die Studierenden als selbständige ökonomische Subjekte betrachtet werden,
- ob eine besonders bedürftige Minderheit von Studierenden eine finanzielle Hilfe erhalten soll, oder ob die Studierenden mehrheitlich gefördert werden und nur Studierende mit überdurchschnittlichem Einkommen von der Förderung ausgeschlossen werden sollen.

Neben der bedürfnisorientierten Studienförderung gibt es in vielen europäischen Ländern auch eine Förderung einer geringen Zahl von Studierenden auf der Basis besonderer Studienleistungen. Die Länderberichte nehmen diese Thematik aber nicht konsistent und ausführlich genug auf, um hier einen vollständigen Überblick bieten zu können.

Der Anteil der Studierenden, die neben dem Studium erwerbstätig sind, ist in der Tendenz in den mittel- und westeuropäischen Ländern am höchsten, gefolgt von den südeuropäischen Ländern. Den höchsten Erwerbstätigenanteil verzeichnet Dänemark mit über 90 Prozent. In der Schweiz und in Österreich gehen etwa drei Viertel aller Studierenden während ihrer Studienzeit einer bezahlten Arbeit nach (78 % bzw. 73 %); in den Niederlanden, in Deutschland und im Vereinigten Königreich liegt der Anteil bei 70 Prozent beziehungsweise knapp darunter (alte deutsche Bundesländer: 69 %, neue deutsche Bundesländer: 57 %, Vereinigtes Königreich: 66 %). Irland, Schweden und Finnland hingegen weisen einen geringeren Anteil erwerbstätiger Studierender auf (34 % bis 50 %). In Frankreich sowie in den südeuropäischen Staaten Portugal und Spanien geht lediglich ein kleiner Teil der Studierenden neben dem Studium einer Erwerbstätigkeit nach.

Rabatte, Steuerentlastungen und andere Formen direkter und indirekter finanzieller Unterstützung werden in allen Ländern in der einen oder anderen Weise gewährt. Insbesondere gibt es in südeuropäischen Staaten viele Leistungen zur Senkung der Lebenshaltungskosten von Studierenden, wie zum Beispiel vergünstigtes Wohnen in Studentenwohnheimen, verbilligtes Essen in der Hochschule und Zuschüsse oder Rabatte bei Transportkosten. Es fehlen jedoch konkrete Angaben darüber, um wie viel die Kosten pro Studierenden insgesamt durch solche Leistungen gesenkt werden.

Ausmaß der Kostendeckung durch direkte staatliche Studienförderung

Um zu prüfen, in welchem Maße die direkte staatliche Studienförderung die tatsächlichen Ausgaben für das Studium deckt, wurden drei Modellrechnungen durchgeführt:

8 Bilanz der Ergebnisse 211

- In der ersten Modellrechnung wurde geprüft, in welchem Ausmaß die maximale öffentliche Studienförderung die Lebenshaltungskosten pro geförderten Studierenden deckt.
- Die zweite Modellrechnung beantwortete die Frage, in welchem Maße die durchschnittliche staatliche Studienförderung − über den Anteil geförderter Studierender an allen Studierenden berechnet − die studentischen Lebenshaltungskosten abdeckt.
- In der dritten Modellrechnung wurde dargelegt, welcher Anteil der Lebenshaltungskosten aller Studierenden durch die staatlichen Gesamtausgaben für Studienförderung gedeckt wird.

Die Ergebnisse der unterschiedlichen Modellrechnungen zeigen folgendes Bild:[3]

Modellrechnung 1

Voll geförderte Studierende erhalten in vier Ländern − Dänemark (98 %), Schweden (131 %), Finnland (112 %) und Österreich (132 %) − eine Förderung, welche die Ausgaben für das Studium abdeckt. In fünf weiteren Ländern − Niederlande (90 %), Schweiz (71 %), Vereinigtes Königreich (84 %), Spanien (73 %) und Portugal (81 %) − wird (im Falle der Vollförderung) der größte Teil der Ausgaben durch die Studienförderung gedeckt; in etwa ebenso viel wie in der Bundesrepublik Deutschland (79 %). In Irland (55 %) und Italien (62 %) deckt die Vollförderung noch gut die Hälfte der Studienausgaben, während in Frankreich (34 %) die Vollförderung nur ein Drittel und in Griechenland (28 %) etwas weniger als 30 Prozent der durchschnittlichen Ausgaben erreicht.

Modellrechnung 2

Die Studienförderung für Studierende, die zu Studienförderungsempfängern zählen, deckt im Durchschnitt

- in Österreich (97 %) einen sehr großen Anteil der Ausgaben ab,
- in Dänemark (57 %), Schweden (73 %) und Finnland (69 %) über die Hälfte bis zu drei Vierteln,

---

3 Studentische Ausgaben sind hier als Ausgaben für den Lebensunterhalt und für Studienmaterialien definiert. In Kapitel 6 werden zusätzlich die Ergebnisse jener Modellvarianten angeführt, in denen die Zahlung maximaler Studiengebühren bei der Berechnung der studentischen Ausgaben berücksichtigt wird.

- in den Niederlanden (54 %) die Hälfte der durchschnittlichen Ausgaben für das Studium und im Vereinigten Königreich (44 %) etwas weniger als die Hälfte,
- in Deutschland (34 %) und Irland (34 %) etwa ein Drittel,
- in Spanien (23 %), Portugal (27 %) und Italien (28 %) circa ein Viertel und
- in Griechenland weniger als zehn Prozent (6 %).

Modellrechnung 3

Das dritte Modell zeigt Schätzwerte für die Abdeckung der Kosten durch die direkte staatliche Studienförderung für alle Studierenden (geförderte und nicht geförderte) nach zwei Berechnungen auf. Die erste Berechnung basiert auf Eurostat-Statistiken, d.h. sie bezieht sich auf alle Studierenden im tertiären Bereich, den ISCED-Leveln 5 bis 7 entsprechend (Eurostat 1997). Die zweite Berechnung basiert auf UNESCO-Statistiken; für sie gilt – dem ISCED-Level 6 entsprechend – als Grundlage der Anteil der Studierenden, die sich im Erststudium befinden (UNESCO 1997).

Für dieses Modell zeigt sich,

- dass nur in Schweden (E: 58 %; U: k. A) mehr als die Hälfte und in Dänemark (E: 49 %; U: 98 %) ein beachtlicher Teil der Ausgaben durch die staatliche direkte Studienförderung gedeckt werden.
- Für Finnland (E: 41 %; U: 58 %), den Niederlanden (E: 44 %; U: 56 %) und dem Vereinigten Königreich (E: 31 %; U: 59 %) bewegen sich diese Werte bei etwa 30 bis 60 Prozent.
- Bei Irland (E: 19 %; U: k. A) und allen weiteren Ländern liegt die Abdeckungsquote in einer wesentlich geringeren Höhe, etwa in Österreich (E: 12 %; U: 11 %). Für Spanien (E: 4 %; U: keine Angabe), Portugal (E: 4 %; U: 4 %), Italien (E: 1 %; U: 2 %) und Griechenland (E: < 1 %; U: 1 %) beträgt sie sogar weniger als ein Zwanzigstel.
- Zum Vergleich: Das deutsche BAföG deckt insgesamt sechs Prozent (E und U) sämtlicher Kosten aller Studierender. Für Frankreich, Belgien und die Schweiz liegen keine Angaben vor.

Die meisten Länder Europas bieten Darlehen im Rahmen der Ausbildungsförderung an. Darlehen sind, wie Woodhall (1983) in ihrem *World Bank Report* aufzeigt, in über 50 Ländern weltweit ein Teil der Ausbildungsförderung. Für die Ergebnisse dieser Studie ist zu bedenken, dass in allen drei Modellrechnungen die Darlehen bei der Kostendeckung mitgerechnet sind. Würden sie ganz herausgerechnet oder nur die Förderungssummen gegenüber banküblichen Darlehen berücksichtigt, so würde sich zeigen, dass der tatsächliche Anteil der Kostendeckung durch die Studienförderung deutlich geringer ist.

Auswirkungen auf das Studierverhalten

Eine der leitenden Fragestellungen der vorliegenden Studie bezieht sich auf die Zusammenhänge in den jeweiligen Hochschulsystemen zwischen den Studienkosten, der Studienfinanzierung und dem Studienerfolg. Nach Auskunft der Länderexperten ist die Wirksamkeit der unterschiedlichen Finanzierungsmodelle auf das Studierverhalten bisher kaum empirisch untersucht worden.

Einige Studien weisen darauf hin, dass die Höhe der direkten staatlichen Studienförderung für Studierende aus Familien mit geringem Einkommen Einfluss auf die Bildungsbeteiligung hat (Reuterberg und Svensson 1992; Jong 1996). In einer neueren Studie der OECD wird allerdings darauf hingewiesen, dass die Ergebnisse dieser Art von Studien mit Vorsicht zu betrachten sind; die OECD schließt einen positiven Effekt der höheren Beteiligung der Studierenden an den Studienkosten nicht aus (OECD 1998).

8.2 Vielfalt der Förderungskonzeptionen und -praktiken

Betrachten wir die Strukturen des Hochschulwesens, zum Beispiel Hochschultypen und Abschlussebenen, so ergeben sich bemerkenswerte Unterschiede zwischen den europäischen Ländern. Auch die Quoten der Studienanfänger oder Absolventen in den jeweiligen Studiengängen variieren deutlich. Wir beobachten unterschiedliche Stile des Lehrens und Lernens, und in der Administration der Hochschule kommen sowohl unterschiedliche Traditionen als auch unterschiedliche Reformimpulse zum Tragen. Dennoch gelingt es, von einer Vergleichbarkeit der Studienleistungen und -abschlüsse zu sprechen, wie sich bei der studentischen Mobilität und bei der Anerkennung von Abschlüssen in Europa zeigt. Es ist sicherlich nicht übertrieben zu behaupten, dass die Kosten und die Finanzierung des Studiums zu den Bereichen gehören, bei denen sich die höchste Heterogenität der Hochschulsysteme im westlichen Europa zeigt. Das belegen die vorangehenden Angaben zu Gebühren, Studienförderung und dem Ausmaß der Deckung der Studienkosten durch die Studienförderung.

Zusammenfassend kann festgestellt werden, dass in Europa sehr verschiedenartige ordnungspolitische Konzeptionen über die Rolle der Studierenden und ihre Förderungserwartungen und -ansprüche bestehen. Im europäischen Vergleich lassen sich vier Modelltypen herausbilden. Im ersten Modelltyp werden Studierende als eigenverantwortliche Bürger definiert, für die der Staat die finanziellen Mittel zur Realisierung des Studiums weitgehend zur Verfügung stellt. Fast alle Studierenden werden gefördert, Studiengebühren werden nicht erhoben. (Dies gilt für Dänemark und Finnland.) Nach dem zweiten Modell tritt ein deutliches sozialstaatliches Korrektiv der Versorgung durch die Familie an die Seite der staatlichen Studienförderung (Deutschland (zum Teil), Irland, Vereinigtes Königreich). Nach dem dritten Konzept werden die Studierenden offenkundig als „Heranwachsende im Bund der Familie" betrachtet, deren Studierchance in der Regel durch die Eltern zu sichern ist. Der Staat bietet nur in sehr seltenen Fällen besondere Hilfe für bedürftige Familien an; in einigen Ländern wird zudem erwartet, dass die Studierenden Gebühren bezahlen. Allerdings gibt es für manche dieser Länder andere direkte und indirekte Leistungen, die bemerkenswert zur Reduzierung der Studienkosten beitragen (Frankreich, Belgien, Deutschland (zum Teil), Österreich, Italien, Spanien, Portugal und Griechenland). Deutschland kann in der Mitte des zweiten und dritten Konzepts eingeordnet werden.

Während in den Modelltypen eins bis drei die finanzielle Situation der Studierenden beziehungsweise ihrer Angehörigen im Mittelpunkt der Studienförderungsleistungen steht, werden in dem vierten Konzept die Studierenden zudem sehr stark als Investoren in ihren zukünftigen Beruf betrachtet. Schweden ist das einzige Land in der Europäischen Union, in dem das öffentliche Angebot eines risikobegrenzten Darlehens für Studierende die größte staatlich unterstützte Finanzierungsquelle darstellt. Ergänzend kommt in Schweden die Förderung der Studierenden als herkunftsfamilienunabhängig Lernende und Bürger hinzu. Das Investormodell wird in einigen anderen europäischen Ländern lediglich als Zusatzkomponente zu den Konzepten der Familienfinanzierung, der familienbezogenen Sozialleistung oder der öffentlichen Förderung von lernenden Bürgern aufgenommen.

Kein europäisches Land kann eindeutig einem Modelltyp zugeschrieben werden, alle weisen – in mehr oder minder starkem Umfang – Mischkonzepte auf, wobei jedoch bei allen Ländern, mit Ausnahme der Niederlande, die Dominanz eines Modells nachgezeichnet werden kann. Die Modelltypen sollen zunächst auf Tendenzen hinweisen und zudem politische Trendaussagen bezüglich der zukünftigen Ausgestaltung der direkten staatlichen Studienförderung im europäischen Vergleich erleichtern.

8.3 Hochschulpolitische Implikationen

Die Resultate dieser Untersuchung machen deutlich, dass weitaus mehr Vorsicht in der Behauptung gemeinsamer Trends und gemeinsamer aktueller Politiken in den europäischen Ländern geboten ist, als wir das in den verbreiteten Diskussionen über das Für und Wider von Studiengebühren, Absolventensteuern u.a.m. beobachten:

- Es ist nicht richtig, dass um 1970, als der Stellenwert der Hochschulexpansion für wirtschaftliches Wachstum besonders hoch eingeschätzt und der Frage der Chancengleichheit besondere Aufmerksamkeit geschenkt worden war, in fast allen heutigen EU-Ländern eine substantielle Studienförderung für einen großen Teil der Studierenden eingeführt worden wäre. In einer nicht unbeträchtlichen Zahl von Ländern blieb das Förderungssystem äußerst begrenzt.

- Es lässt sich im Gegenteil aber auch in den 90er Jahren kein eindeutiger Trend zum relativen Abbau der Studienförderung und zur Einführung von Studiengebühren erkennen.

- Schließlich hat die Betrachtung von Studierenden als junge Investoren in Europa kaum Verbreitung gefunden.

Bemerkenswert ist vielmehr, dass wir in Europa ein Nebeneinander von verschiedenen ordnungspolitischen Vorstellungen beobachten: In den nordeuropäischen Ländern werden Studierende als verantwortliche junge Erwachsene in einem Lernprozess betrachtet, denen die Gesellschaft gewöhnlich die Lebenshaltung sichert – ähnlich wie in Deutschland den Auszubildenden die Lebenshaltung durch die Unternehmen gesichert wird. In den südeuropäischen Ländern dominiert das Verständnis, dass die Familie für die Versorgung zuständig ist und der Staat nur einer kleinen Minderheit deutlich hilft. Mittel- und westeuropäische Länder ordnen sich dazwischen ein. Allerdings gibt es einige Mischmodelle, bei denen offenkundig verschiedene ordnungspolitische Prinzipien partiell zum Tragen kommen. Es dürfte nicht überraschen, wenn Mischlösungen in Zukunft noch stärker zunehmen würden, denn in der Vielfalt der gesellschaftlichen Interessen und in der gewachsenen Unsicherheit über zielgerechte Wirkung staatlicher Aktionen werden Mischmodelle oft als probates Mittel verstanden.

Der Versuch, die ordnungspolitischen Kontroversen mit dem auf den ersten Blick gesellschaftspolitisch neutralen Argument zu überwinden, dass eine höhere finanzielle Belastung der Studierenden eine höhere Effektivität des Studiums nach sich ziehe, gelingt nicht. Zu spärlich und kontrovers sind die empirischen Evidenzen. Manches scheint dafür zu sprechen, dass finanzielle Belastungen bei einem Teil der Studierenden Bemühungen um ein erfolgreiches Studium verstärken. Aber der internationale Vergleich legt Vorsicht im Hinblick auf generalisierende Aussagen nahe: Zum Beispiel werden die ausgeprägte Kommunikation zwischen Lehrenden und Studierenden, die hohen Studienerfolgsquoten und die seltene Überschreitung der erforderlichen Studiendauer im Vereinigten Königreich keineswegs mit den finanziellen Bedingungen der Studierenden erklärt; auch in Japan wird nicht angenommen, dass die beachtlichen Erhöhungen der Studiengebühren im letzten Jahrzehnt irgendwelche bedeutsamen Folgen für Qualität und Effektivität von Lehre und Studium gehabt hätten. Daneben sind in manchen Ländern Erscheinungen des Zurückschreckens vor dem Studium und Studienzeitverlängerungen als Folge des Gelderwerbs zur Deckung der Studienkosten zu beobachten; allerdings haben auch die Einführungen von Gebühren oder die Reduzierungen der Studienförderung nie zu großen Einbrüchen der Studienbeteiligung geführt, wie es vorher oft warnend postuliert worden war.

Auch die finanzielle Leistungsfähigkeit des Staates ist offenkundig ein relatives Phänomen. Manche Staaten, die allerdings auch überdurchschnittlich hohe Steuerquoten und hohe Steuerprogressionen aufweisen, übernehmen große Anteile der Studienkosten, während andere eine wesentlich bescheidenere Studienförderung anbieten. Erwähnt sei hier auch, dass sich die europäischen Länder nicht unbedeutend in der Höhe desjenigen Anteils am Nettoinlandsprodukt unterscheiden, der für die öffentliche Finanzierung der Hochschulen bereitgestellt wird.

Die Vorstellung, dass das öffentliche Förderungs- und Regulationssystem die Studierenden stärker als junge Investoren betrachten sollte, hat sicherlich in den 90er Jahren an Popularität gewonnen. Aber es ist nicht zu erkennen, dass sie in Europa handlungsleitend wird. Die OECD hebt in ihrer 1998 publizierten Studie „Redefining Tertiary Education" hervor, dass sich im Zuge der weiteren „Massifizierung" des Hochschulwesens die Vorstellungen von individuellen Kosten und Erträgen von Bildung völlig ändern könnten: Möglicherweise werde ein Hochschulstudium für die Mehrheit der Studierenden finanziell immer weniger lohnend; daher stelle sich für Staat und Politik die Frage, was – bei Schwinden von individueller Investitionsbereitschaft und Ertragserwartung – die Bereitschaft für ein Studium und den Einsatz im Studium unter solchen veränderten Bedingungen sichern könne.

Eindeutig ist, dass die Entscheidungen zur Zukunft der Finanzierung des Studiums in Deutschland nicht umstandslos durch den Verweis auf interessante Nachbarn legitimiert werden können. Gründliche Information über andere Länder reichert die Phantasie an, wenn es um die Präzisierung von Entscheidungen geht, dämpft aber die Hoffnungen, dass uns die eigenen Entscheidungen durch den Blick über die Grenzen quasi abgenommen würden. Johnstone resümiert aus den

Ergebnissen seiner international vergleichenden Studie zu Studienkosten und Studienfinanzierung: „In conclusion, it is difficult to lift intact whole or even parts of programs from other countries ... Nonetheless, I think we can better understand our own financial aid and loan system, like our language or our own culture, when we understand those of other countries." (Johnstone 1987, S. 98.)

8.4 Forschungsdesiderata

Die vorliegende Studie erhebt den Anspruch, breiter über Fragen von Kosten und Finanzierung des Studiums sowie über Verhaltenssteuerung durch das Kosten- und Finanzierungssystem in vielen europäischen Ländern zu informieren, als das in der Vergangenheit trotz des Vorliegens einiger sehr beachtlicher Studien oftmals der Fall war. Aber mit der gewählten Vorgehensweise, das vorhandene systematische Wissen möglichst umfassend zu dokumentieren, wurde auch deutlich gemacht, dass der Informationsstand im Hinblick auf verschiedene wichtige Fragen äußerst begrenzt ist. Hier wären aufwendigere Materialrecherchen und größere empirische Primärerhebungen vonnöten.

Ein wichtiges Gebiet weiterer Analysen wäre zweifellos die Frage, wie sich die Ausgaben und die Finanzierungsmodalitäten nach der finanziellen und sozialen Lage der Elternfamilien von Studierenden unterscheiden. Auch wären Analysen zum Zusammenhang von Kosten und Finanzierung des Studiums mit dem Verhalten der Studierenden von großem Interesse: etwa die Fragen, wie sich die Behandlung der Studierenden als Kinder, verantwortliche Bürger oder als Investoren auswirkt. In jedem Falle wäre zu prüfen, in welchem Maße wir ähnliche Folgen quantitativ-struktureller Maßnahmen in verschiedenen kulturellen Kontexten beobachten können. Schließlich empfiehlt es sich, im internationalen Vergleich nach Ansätzen zur Einschätzung von zukünftigen Veränderungen von Kosten, Finanzierung und Studierendenverhalten zu suchen, etwa im Gefolge der weiteren Expansion der Studierendenzahlen, der Studienstrukturreformen im Zuge des sich entwickelnden „Hochschulraums Europa" sowie bei der wachsenden Bedeutung des lebenslangen Lernens.

Verwendete Literatur

Aaltonen, K.: Students in Working Life - What is it? Teoksessa Students' Income, Outcome and Shortcomings. Lectures in the Nordic Seminar on Study Social Research, 12.-14. Mai 1993. Jyväskylä 1993.

Anderson, M. S. und Hearn, J. C.: Equity Issues in Higher Education Outcomes. In: Becker, W. E. (Hg.): The Economics of American Higher Education. Boston: Kluwer 1992, S. 301-334.

Andersson, P.: Sweden. Costs of Study, Student Income, and Study Behaviour in Sweden. In: Schwarz, S., Daniel, H.-D. und Teichler, U. (Hg.): Studienkosten und Studienfinanzierung im europäischen Vergleich. Länderberichte, 2 Bände, Bd. 1. Kassel: Wissenschaftliches Zentrum für Berufs- und Hochschulforschung 1998 (Ms.).

Anthony, S. und Elbrus, J.: Statens Uddannelsesstøtte - et effektivt uddannelsespolitisk styringsinstrument? Kopenhagen: Institut for Statskundskab ved Københavns Universitet 1997.

Anthony, S. und Molander, E.: Denmark. Costs of Study, Student Income, and Study Behaviour in Denmark. In: Schwarz, S., Daniel, H.-D. und Teichler, U. (Hg.): Studienkosten und Studienfinanzierung im europäischen Vergleich. Länderberichte, 2 Bände, Bd. 1. Kassel: Wissenschaftliches Zentrum für Berufs- und Hochschulforschung 1998 (Ms.).

Blaug, M.: An Introduction to the Economics of Education. Harmondsworth: Penguin 1970.

British Council Deutschland: Studieren in Großbritannien und Nordirland. Studiengebühren und Finanzierungsmöglichkeiten. 2001. http://www.britcoun.de/d/education/pubs/stud2k06.htm. 21.06.2001.

Catalano, G. und Silvestri, P.: Italy. Costs of Study, Student Income, and Study Behaviour in Italy. In: Schwarz, S., Daniel, H.-D. und Teichler, U. (Hg.): Studienkosten und Studienfinanzierung im europäischen Vergleich. Länderberichte, 2 Bände, Bd. 2. Kassel: Wissenschaftliches Zentrum für Berufs- und Hochschulforschung 1998 (Ms.).

Centrala Studiestödsnämnden (CSN): Study Assistance in Sweden. Sundsvall: CSN 1988.

Centrum für Hochschulentwicklung (CHE): Internationale Konferenz Studiengebühren. Internationale Modelle und Erfahrungen. Eine Veranstaltung des CHE (Centrum für Hochschulentwicklung) am 13. Mai in Bielefeld. In: CHEck up. Sonderausgabe, Jg. 2, 1996, H. 1.

Chevaillier, T. und Eicher, J.-C.: France. Costs of Study, Student Income, and Study Behaviour in France. In: Schwarz, S., Daniel, H.-D. und Teichler, U. (Hg.): Studienkosten und Studienfinanzierung im europäischen Vergleich. Länderberichte, 2 Bände, Bd. 1. Kassel: Wissenschaftliches Zentrum für Berufs- und Hochschulforschung 1998 (Ms.).

Clancy, P. und Kehoe, D.: Ireland. Costs of Study, Student Income, and Study Behaviour in Ireland. In: Schwarz, S., Daniel, H.-D. und Teichler, U. (Hg.): Studienkosten und Studienfinanzierung im europäischen Vergleich. Länderberichte, 2 Bände, Bd. 2. Kassel: Wissenschaftliches Zentrum für Berufs- und Hochschulforschung 1998 (Ms.).

CNASES/CEOS: Perfil Sócio-económico dos Estudantes do Ensino Superior. Lissabon: CEOS-Instituto de Investigações Sociológicas, Faculdade de Ciências Sociais e Humanas, Universidade Nova de Lisboa 1997.

Couto d'Oliveira, T. und Telhado Pereira, P.: Portugal. Costs of Study, Student Income, and Study Behaviour in Portugal. In: Schwarz, S., Daniel, H.-D. und Teichler, U. (Hg.): Studienkosten und Studienfinanzierung im europäischen Vergleich. Länderberichte, 2 Bände, Bd. 2. Kassel: Wissenschaftliches Zentrum für Berufs- und Hochschulforschung 1998 (Ms.).

Cronin, J. M. und Simmons, S. Q.: Student Loans: Risks and Realities. Dover: Auburn House 1987.

Dams, T.: Ausbildungs-/Studienförderung im internationalen Vergleich - Empirische Befunde und denkbare Modelle für die zukünftige Bildungspolitik. In: Deutscher Bundestag (Hg.): Anhangsband der Schlussberichte der Enquete-Kommission "Zukünftige Bildungspolitik - Bildung 2000", Drucksache 11/7820 vom 5. September 1990. Bonn.

Daniel, H.-D.: Korrelate der Fachstudiendauer von Betriebswirten. In: Zeitschrift für Betriebswirtschaft. Ergänzungsheft: Betriebswirtschaftslehre und der Standort Deutschland, Jg. 66, 1996, H. 1, S. 95-115.

Daniel, H.-D., Schwarz, S. und Teichler, U.: Study Costs, Student Income and Public Policy in Europe. In: European Journal of Education, Jg. 34, 1999, H. 1, S. 7-21.

Dell'mour, R.: Studienerfolgsanalyse: Zwischenbericht zum Projekt "Studienerfolg und soziale Herkunft". Wien: Institut für Demographie der ÖAW 1994.

Department of Education and Science (Hg.): Top-Up Loans for Students. London: HMSO 1988.

Deutsches Studentenwerk (Hg.): Aktuelle Entwicklung der Systeme der Studienfinanzierung in Westeuropa in Zusammenhang mit dem Familienlastenausgleich. Bonn: Deutsches Studentenwerk 1997.

Deutsches Studentenwerk (Hg.): Die wirtschaftliche und soziale Förderung der Studierenden in den Ländern der Europäischen Gemeinschaft. Bonn: Deutsches Studentenwerk 1992.

Dohmen, D.: Studiengebühren - (k)ein Instrument der Hochschulfinanzierung. Gutachten im Auftrag des Ministeriums für Wissenschaft und Forschung des Landes Nordrhein-Westfalen. Köln: Forschungsinstitut für Bildungs- und Sozialökonomie 1995 (FIBS-Diskussionspapier; 5).

Dohmen, D. und Ullrich, R.: Ausbildungsförderung und Studienförderung in Westeuropa. Köln: Forschungsinstitut für Bildungs- und Sozialökonomie 1996 (FIBS-Forschungsberichte; 1).

Eicher, J.-C. und Chevaillier, T.: Rethinking the Financing of Post-Compulsory Education. In: Higher Education in Europe, Jg. 17, 1992, H. 1, S. 6-32.

Europäische Kommission (Hg.): Schlüsselzahlen zum Bildungswesen in der Europäischen Union 1997. Luxemburg: Amt für amtliche Veröffentlichungen der Europäischen Gemeinschaften, 3. Aufl. 1997.

Eurostat: Key Data on Education in the European Union. Luxemburg: European Commission; Office for Official Publications of the European Communities 1996.

Eurostat: Key Data on Education in the European Union. Luxemburg: European Commission; Office for Official Publications of the European Communities 1997.

Eurydice: Key Topics in Education. Volume 1: Financial Support for Students in Higher Education in Europe. Trends and Debates. Luxemburg: European Commission; Office for Official Publications of the European Communities 1999.

Federal-Provincial Task Force, Canada (Hg.): Report of the Federal-Provincial Task Force on Student Assistance. Toronto: Council of Ministers of Education 1981.

Fiers, J.: Studienkosten, Studienfinanzierung und Studienverhalten in Belgien. Gent 1998 (Ms.).

Freundlinger, A. und Wolfschläger, E. R.: Zur sozialen Lage der Studierenden 1990: Internationaler Vergleich von Studienförderungssystemen, Bd. 3/1. Wien: Bundesministerium für Wissenschaft und Forschung 1991.

Fritsche, A., Lindner, A. und Renkes, V. (Red.): Studiengebühren Pro und Contra. Bonn: Raabe 1996 (DUZ-DOKU; 1).

Gaugler, E. und Schawilye, R.: Monetäre Vergünstigungen einer Immatrikulation an wissenschaftlichen Hochschulen. Mannheim: Forschungsstelle für Betriebswirtschaft und Sozialpraxis e.V. 1999 (FIBS-Schriftenreihe; 54).

Georgiadou, V.: Greece. Studienkosten, Studienfinanzierung und Studienverhalten in Griechenland. In: Schwarz, S., Daniel, H.-D. und Teichler, U. (Hg.): Studienkosten und Studienfinanzierung im europäischen Vergleich. Länderberichte, 2 Bände, Bd. 2. Kassel: Wissenschaftliches Zentrum für Berufs- und Hochschulforschung 1998 (Ms.).

Hansen, E. J.: Perspektiver og begrænsninger i studiet af den sociale rekruttering til uddannelserne. Kopenhagen: Socialforskninginstituttet 1997.

Hansen, J.: Cost-sharing in Higher Education: The United States Experience. In: Woodhall, M. (Hg.): Financial Support for Students: Grants, Loans or Graduate Tax? London: Kogan Page 1989, S. 45-66.

Johnstone, D. B.: International Perspectives: A Five-Nation Study. In: Cronin, J. M. und Simmons, S. Q. (Hg.): Student Loans: Risks and Realities. Dover: Auburn House 1987, S. 87-103.

Johnstone, D. B.: Tuition Fees. In: Clark, B. R. und Neave, G. (Hg.): The Encyclopedia of Higher Education. Bd. 2: Analytical Perspectives. Oxford: Pergamon 1992, S. 1801-1809.

Jong, U. de et al.: Uitstel of afstel? Een onderzoek naar de achtergronden en motieven om niet direct verder te studeren. Amsterdam: Universität Amsterdam, Stichting voor Economisch Onderzoek (SEO) / SCO-Kohnstamm Instituut 1996.

Kaiser, F. et al.: Public Expenditure on Higher Education: A Comparative Study in the Member States of the European Community. London: Jessica Kingsley 1993.

Kazemzadeh, F. und Teichgräber, M.: Europäische Hochschulsysteme. Ein Vergleich anhand statistischer Indikatoren. Hannover: HIS GmbH 1998 (Hochschulplanung; 132).

Kivinen, O. und Hedman, J.: Finland. Costs of Study, Student Income, and Study Behaviour in Finland. In: Schwarz, S., Daniel, H.-D. und Teichler, U. (Hg.): Studienkosten und Studienfinanzierung im europäischen Vergleich. Länderberichte, 2 Bände, Bd. 1. Kassel: Wissenschaftliches Zentrum für Berufs- und Hochschulforschung 1998 (Ms.).

KMK (Sekretariat der Ständigen Konferenz der Kultusminister der Länder in der Bundesrepublik Deutschland) und HRK (Hochschulrektorenkonferenz) (Hg.): Neue Studiengänge und Akkreditierung. Beschlüsse und Empfehlungen von Kultusministerkonferenz und Hochschulrektorenkonferenz. Bonn 1999.

Konegen-Grenier, C. und Werner, D.: Studiengebühren. Reformchancen und Realisierungsvoraussetzungen. Köln: Deutscher Instituts-Verlag 1996 (Beiträge zur Gesellschafts- und Bildungspolitik; 211).

Leslie, L. L. und Brinkman, P. T.: The Economic Value of Higher Education. New York: Macmillan 1988.

Leszcensky, M.: Der Trend zur studentischen Selbstfinanzierung: Ursachen und Folgen. Hannover: HIS GmbH 1993 (Hochschulplanung; 99).

McPherson, M. S., Schapiro, M. O. und Winston, G. C.: Paying the Piper. Productivity, Incentives, and Financing in U.S. Higher Education. Ann Arbor, Michigan: University of Michigan 1993.

Métais, J. Le: Higher Education Fees, Grants and Loans in the European Community. London: Eurydice, Unit for England, Wales and Northern Ireland 1993.

Mora, J.-G. und García, A.: Spain. Costs of Study, Student Income, and Study Behaviour in Spain. In: Schwarz, S., Daniel, H.-D. und Teichler, U. (Hg.): Studienkosten und Studienfinanzierung im europäischen Vergleich. Länderberichte, 2 Bände, Bd. 2. Kassel: Wissenschaftliches Zentrum für Berufs- und Hochschulforschung 1998 (Ms.).

National Agency for Higher Education: Studerande i Sverige – StudS, Sammanställning av Enkätsvaren. Stockholm 1997.

OECD: Education at a Glance. OECD Indicators. Paris: OECD 1997.

OECD: Education at a Glance. OECD Indicators. Paris: OECD 1998.

Oijen, P. van, Smid, E. und Broekmulen, R.: International Comparative Study of Financial Assistance to Students in Higher Education. Zoetemeer: Ministry of Education and Science 1990.

Pechar, H. und Keber, C.: Abschied vom Nulltarif. Argumente für sozialverträgliche Studiengebühren. Wien: Passagen 1996 (Passagen Wissenschaft und Bildung).

Psacharopoulos, G. und Woodhall, M.: Education for Development: An Analysis of Investment Choices. New York: Oxford University 1985.

Reuterberg, S. und Svensson, A.: The Importance of Financial Aid: The Case of Higher Education in Sweden. In: Higher Education, Jg. 12, 1983, H. 1, S. 89-100.

Reuterberg, S. und Svensson, A.: Social bakgrund – Studiesdtöd och övergång till högre studier. Stockholm: Utbildningsdepartementet 1992 (122).

Rigsrevisionen: Beretning til statsrevisorerne om studieforløb og uddannelsesstøtte til studerende ved Københavns og Aarhus Universitet 1996 (Beretning 2/95).

Ritakallio, V.-M.: Köyhyyus Suomessa 1981-1990. Tutkimus tulonsiirtojen vaikutuksista. Jyväskylä 1995 (STAKES:n tutkimuksia; 39).

Rubner, J.: Bulmahn ruft Arbeiterkinder zum Studium auf. In: Süddeutsche Zeitung, Nr. 165, 17.07.2001, S. 5.

Schäferbarthold, D.: Studienfinanzierung und Studienkosten in Deutschland. Bonn 1998 (Ms.).

Schnitzer, K. et al.: Das soziale Bild der Studentenschaft in der Bundesrepublik Deutschland. 14. Sozialerhebung des Deutschen Studentenwerks. Bonn: Bundesministerium für Bildung, Wissenschaft, Forschung und Technologie (Hg.) 1995.

Schnitzer, K. et al.: Das soziale Bild der Studentenschaft in der Bundesrepublik Deutschland. 15. Sozialerhebung des Deutschen Studentenwerks (Vorbericht). Bonn: Bundesministerium für Bildung, Wissenschaft, Forschung und Technologie (Hg.) 1998.

Schnitzer, K., Isserstedt, W. und Middendorff, E.: Die wirtschaftliche und soziale Lage der Studierenden in der Bundesrepublik Deutschland 2000. 16. Sozialerhebung des Deutschen Studentenwerks, durchgeführt durch HIS Hochschul-Informations-System. Bonn: Bundesministerium für Bildung und Forschung 2001.

Schuster, E.: Austria. Studienkosten, Studienfinanzierung und Studienverhalten in Österreich. In: Schwarz, S., Daniel, H.-D. und Teichler, U. (Hg.): Studienkosten und Studienfinanzierung im europäischen Vergleich. Länderberichte, 2 Bände, Bd. 1. Kassel: Wissenschaftliches Zentrum für Berufs- und Hochschulforschung 1998 (Ms.).

Schwarz, S. und Teichler, U. (Hg.): Credits an deutschen Hochschulen. Kleine Einheiten – große Wirkung. Neuwied und Kriftel: Luchterhand 2000.

Schwarz, S., Daniel, H.-D. und Teichler, U. (Hg.): Studienkosten und Studienfinanzierung im europäischen Vergleich. Länderberichte, 2 Bände, Bd. 1. Kassel: Wissenschaftliches Zentrum für Berufs- und Hochschulforschung 1998 (Ms.).

Schweizerische Konferenz der kantonalen Erziehungsdirektoren (EDK): Stipendienpolitik der Schweiz. Bern: EDK 1997 (Dossier 45A).

Schwirten, C.: Erste Studiengebühren in Baden-Württemberg, Sachsen und Berlin: Verteilungsgerechtigkeit und allokative Effizienz aus ökonomischer Sicht. In: Beiträge zur Hochschulforschung, 1998, H. 3, S. 225-254.

Staehelin-Witt, E. und Parisi, P.: Schweiz. Studienkosten, Studienfinanzierung und Studienverhalten in der Schweiz. In: Schwarz, S., Daniel, H.-D. und Teichler, U. (Hg.): Studienkosten und Studienfinanzierung im europäischen Vergleich. Länderberichte, 2 Bände, Bd. 1. Kassel: Wissenschaftliches Zentrum für Berufs- und Hochschulforschung 1998 (Ms.).

Student Costs and Financing. European Journal of Education, Themenheft. Jg. 34, 1999, H. 1.

Teichler, U.: Comparative Higher Education: Potentials and Limits. In: Higher Education, Jg. 32, 1996, H. 4., S. 431-465.

UNESCO (Hg.): Statistical Yearbook 1997. Paris 1997.

Vossensteyn, H.: The Netherlands. Costs of Study, Student Income, and Study Behaviour in the Netherlands. In: Schwarz, S., Daniel, H.-D. und Teichler, U. (Hg.): Studienkosten und Studienfinanzierung im europäischen Vergleich. Länderberichte, 2 Bände, Bd. 1. Kassel: Wissenschaftliches Zentrum für Berufs- und Hochschulforschung 1998 (Ms.).

Vossensteyn, H.: Direct versus Indirect Student Support. An International Comparison. Paper presented at the 17th Annual EAIR Forum, 27-30 August 1995. Zürich 1995, Ms.

Welbers, U. (Hg.): Studienreform mit Bachelor und Master. Analysen und Modelle für die Geistes- und Sozialwissenschaften. Neuwied: Luchterhand 2001.

Williams, G. und Jones, S.: United Kingdom. Costs of Study, Student Income, and Study Behaviour in the United Kingdom. In: Schwarz, S., Daniel, H.-D. und Teichler, U. (Hg.): Studienkosten und Studienfinanzierung im europäischen Vergleich. Länderberichte, 2 Bände, Bd. 2. Kassel: Wissenschaftliches Zentrum für Berufs- und Hochschulforschung 1998 (Ms.).

Williams, G. L. und Furth, D.: Financing Higher Education: Current Patterns. Paris: OECD 1990.

Williams, G. L.: Changing Patterns of Finance in Higher Education. Buckingham: Open University Press 1992.

Wolfschläger, E. R.: Zur sozialen Lage der Studierenden 1990: Internationaler Vergleich von Studienförderungssystemen. Bd. 3/2. Wien: Bundesministerium für Wissenschaft und Forschung 1991.

Woodhall, M.: Financial Aid: Student. In: Clark, B. R. und Neave, G. (Hg.): The Encyclopedia of Higher Education. Bd. 2: Analytical Perspectives. Oxford: Pergamon 1992, S. 1358-1367.

Woodhall, M.: Student Loans as a Means of Financing Higher Education. Lessons from International Experience. Washington, D.C.: The World Bank 1983 (World Bank Staff Working Paper; 599).

Zöller, M. (Hg.): Bildung als öffentliches Gut? Hochschul- und Studienfinanzierung im internationalen Vergleich. Stuttgart: Bonn Aktuell 1983.

Weiterführende Literatur

AACRAO, NAFSA, NUFFIC (Hg.): The Education System of the Netherlands. Special Country Report 1996. Washington, D.C. 1996 (PIER World Education Series).

Ahtisaari, M.: Universities Decree (115/1998). Helsinki 1998.

Albrecht, D. und Ziderman, A.: Deferred Cost Recovery for Higher Education: Student Loan Programs in Developing Countries. Washington, D.C.: World Bank 1991 (Diskussionspapier; 137).

Albrecht, D. und Ziderman, A.: Student Loans and their Alternatives: Improving the Performance of Deferred Payment Programs. In: Higher Education, Themenheft: Student Loans in Developing Countries, Jg. 23, 1992, H. 4, S. 357-374.

Altbach, P. G.: Let the Buyer Pay: International Trends in Funding for Higher Education. In: International Higher Education, H. 9, 1997.

Anthony, S.: Student Income and Study Behaviour in Denmark. In: European Journal of Education, Jg. 34, 1999, H. 1, S. 87-94.

Arai, K.: The Economics of Education. An Analysis of College-Going Behaviour. Tokyo, Berlin: Springer 1995.

Barnes, J. und Barr, N. A.: Strategies for Higher Education: The Alternative White Paper. Aberdeen: Aberdeen University 1988.

Barr, N. A. und Crawford, I.: Student Loans: Where are we now? London: Welfare State Programme 1996 (Discussion Paper Series; WSP/127).

Barr, N. A. und Falkingham, J.: Paying for Learning. London: Welfare State Programme 1993 (Discussion Paper Series; WSP/94).

Barr, N. A. und Falkingham, J.: Repayment Rates for Student Loans: Some Sensitive Tests. London: Welfare State Programme 1996 (Discussion Paper Series; WSP/127).

Barr, N. A.: Income-contingent Student Loans: An Idea Whose Time has Come. In: Shaw, G. K. (Hg.): Economics, Culture and Education: Essays in Honour of Mark Blaug. Aldershot: Edward Elgar 1991.

Barr, N. A.: Student Loans: The Next Steps. Aberdeen: Aberdeen University 1988.

Becker, W. E. und Lewis, D. R.: The Economics of American Higher Education. Boston, Dordrecht, London: Kluwer Academic 1992.

Benson, C.: Definitions of Equity in School Finance in Texas, New Jersey, and Kentucky. In: Harvard Journal on Legislation, Jg. 28, 1991, H. 2., S. 401-422.

Benson, C.: Educational Financing. In: Carnoy, M. (Hg.): International Encyclopedia of Economics of Education. 2. Aufl., Oxford: Pergamon 1995, S. 408-412.

Berger, D. J. und Ehmann, C.: Gebühren für Bildung – ein Anschlag auf die Chancengleichheit? In: Recht der Jugend und des Bildungswesens, 2000, H. 4, S. 356-376.

Borchers, A.: Die Sandwich-Generation. Ihre zeitlichen und finanziellen Leistungen und Belastungen. Frankfurt/M. und New York: Campus 1997 (Der Private Haushalt; 29).

Böttcher, W., Weishaupt, H. und Weiß, M. (Hg.): Wege zu einer neuen Bildungsökonomie. Pädagogik und Ökonomie auf der Suche nach Ressourcen und Finanzierungskonzepten. Weinheim, München: Juventa 1997 (Initiative Bildung; 3).

Bourner, T. et al.: Part-time Students and Their Experience of Higher Education (the Cutting Edge). In: Society for Research into Higher Education (Hg.). Buckingham: SRHE, Open University Press 1991.

Bray, M.: School Fees: Philosophical and Operational Issues. In: Bray, M. und Lillis, K. (Hg.): Community Financing of Education: Issues and Policy Implications in Less Developed Countries. Oxford: Pergamon 1988.

Brinkmann, H. J.: Staatliche Globalzuweisungen an Hochschulen in den Niederlanden: Kontexte, Problemlösungen, Merkmale und Perspektiven. In: Symposium "Staatliche Finanzierung der Hochschulen - Neue Modelle und Erfahrungen aus dem In- und Ausland" am 29./30.04.1997 in Hannover. Hannover: Centrum für Hochschulentwicklung und Hochschul-Informations-System 1997.

Brunn, A.: Lehre, gute Ausbildung und Forschung sind mehr als eine Ware. 1996. http://www.bawue.gew.de/fundusho/mwfnrwstgeb.html.

Bundesministerium für Bildung, Wissenschaft, Forschung und Technologie (Hg.): Ein bildungs- und forschungsstatistischer Überblick: Zahlenbarometer 1998/99. Magdeburg: Garloff 1999.

Bundesministerium für Wissenschaft und Verkehr (Hg.): Das österreichische Hochschulsystem. Wien 1998.

Bündnis 90, Die Grünen Bundestagsfraktion (Hg.): BAFF statt BAföG - Der BundesAusbildungsFörderungsFond. In: kompakt und griffig 13.34. Köln: Farbo 1997.

BUTEX (Hg.): The BUTEX Guide to Undergraduate Study in the UK. Plymouth 1997.

Carnoy, M. (Hg.): International Encyclopedia of Economics of Education. 2. Aufl., Oxford: Pergamon 1995.

Centre for International Mobility CIMO (Hg.): Higher Education in Finland. An Introduction. Helsinki: Libris 1997.

Centre for International Mobility CIMO (Hg.): Polytechnics in Finland. A Brief Guide. Helsinki: Erweko 1997.

Chuta, E. J.: Student Loans in Nigeria. In: Higher Education, Themenheft: Student Loans in Developing Countries, Jg. 23, 1992, H. 4, S. 443-450.

Clancy, P. and Kehoe, D.: Financing Third-level Students in Ireland. In: European Journal of Education, Jg. 34, 1999, H. 1, S. 43-57.

Clark, B. R. und Neave, G. (Hg.): The Encyclopedia of Higher Education. Bd. 2: Analytical Perspectives. Oxford: Pergamon 1992.

Clotfelter, C. T. et al.: Economic Challenges in Higher Education. Chicago, London: University of Chicago 1991.

Cohn, E. und Geske, T. G.: The Economic of Education. 3. Aufl., Oxford: Pergamon 1990.

Commission of the European Communities (Hg.): Higher Education in the European Community. A Directory of Courses and Institutions in 12 Countries. The Students Handbook. 6. Aufl., Luxemburg: Office for Official Publications of the European Communities 1992.

Conference of the Commonwealth Education Ministers: Report of the Eleventh Conference of Commonwealth Education Ministers. London: Commonwealth Secretariat 1991.

Council of Europe (Hg.): Students Handbook. A Directory of Courses and Institutions on Higher Education for 29 Countries which are Non-Members of the European Union. Bad Honnef: Bock 1997.

Council of Ministers of Education, Canada (Hg.): Postsecondary Education Systems in Canada. Toronto 1996 (1995-96; 1).

Creedy, J.: The Economics of Higher Education. An Analysis of Fees versus Taxes. Aldershot: Edward Elgar 1995.

DAAD: Studiengebühren in Großbritannien. 1998. http://www.daad.de/info-f-d/studiengebuehren_in_grossbritannien.shtml.

Danish Rectors' Conference Secretariat (Hg.): Higher Education in Denmark. A Guide for Foreign Students and Institutions of Higher Education. Kopenhagen 1994.

Department of Education: Tuarascail Staitistiuil, Statistical Report 1994/95. Dublin: The Stationary Office 1996.

Department for Education and Employment (Hg.): Higher Education for the 21st century. Suffolk 1997.

Deutsches Studentenwerk (Hg.): Euro Student Report. Social and Economic Conditions of Student Life. Bonn: Deutsches Studentenwerk 1997.

Dilger, A.: Eine ökonomische Argumentation gegen Studiengebühren. Greifswald: Universität Greifswald, Rechts- und Staatswissenschaftliche Fakultät 1998 (Wirtschaftswissenschaftliche Diskussionspapiere; 4/1998).

Dohmen, D.: Ausbildungsfinanzierungssysteme in den Mitgliedstaaten der Europäischen Union und in der Europäischen Freihandelszone. Köln: Forschungsinstitut für Bildungs- und Sozialökonomie 1995 (FIBS-Diskussionspapier; 6).

Dohmen, D.: Neuordnung der Studienfinanzierung - Eine kritische Bestandsaufnahme des heutigen Systems und der vorliegenden Reformvorschläge. Frankfurt/M.: Peter Lang 1996.

Dohmen, D.: Studiengebühren und Studienfinanzierung im internationalen Vergleich. In: Recht der Jugend und des Bildungswesens, Jg. 43, 1995, H. 4, S. 442-458.

DUZ - das unabhängige Hochschulmagazin: Interview mit Tony Clark, Leiter der Hochschulabteilung im "Department for Education and Employment". DUZ, Jg. 53, 1997, H. 23.

Eicher, J.-C.: Cout et Financement de l'Enseignement Supérieur en Europe. Vortrag, präsentiert auf der 6. Tagung der Vereinigung über die Wirtschaftlichkeit der Lehre, Vigo, 25-26.09.1997.

Eicher, J.-C.: International Educational Expenditures. In: Carnoy, M. (Hg.): International Encyclopedia of Economics of Education. 2. Aufl., Oxford: Pergamon 1995, S. 443-450.

Eicher, J.-C.: The Costs and Funding of Higher Education in Europe. In: European Journal of Education, Jg. 33, 1998, H. 1, S. 31-39.

Eicher, J.-C.: The Financial Crisis and its Consequences in European Higher Education. In: Higher Education Policy, Jg. 3, 1990, H. 4, S. 26-29.

Eicher, J.-C. und Orivel, F.: The Allocation of Resources to Education Worldwide. Paris: UNESCO Office of Statistics 1979.

Ekstrom, R. B.: Attitudes Toward Borrowing and Participation in Postsecondary Education. New York: College Entrance Examination Board 1992 (College Board Report; 92-6).

Euromecum. European Higher Education and Research Institutions. Stuttgart: Raabe 1991ff. (Loseblattausgabe).

Europäische Kommission (Hg.): Strukturen der allgemeinen und beruflichen Bildung in der Europäischen Union. 2. Aufl., Luxemburg: Amt für amtliche Veröffentlichungen der Europäischen Gemeinschaften 1995.

European Association for International Education (Hg.): Le Budget de l'Étudiant et son Financement en Europe. Amsterdam: Luna Negra 1994 (EAIE Occasional Paper; 6).

European Commission (Hg.): Higher Education in the European Union. Luxemburg: Office for Official Publications of the European Communities 1994.

European Commission (Hg.): Thematic Bibliography: Financing Education. Brüssel 1999.

Finifter, D. H. und Hauptman, A. M. (Hg.): America's Investment in Liberal Education. San Francisco: Jossey-Bass 1994 (New Directions for Higher Education; 85).

GAO/HEHS: Higher Education. Restructuring Student Aid Could Reduce Low-Income Student Dropout Rate. Washington: GAO/HEHS 48/1995 (Loseblattausgabe).

Gewerkschaft Erziehung und Wissenschaft (Hg.): BAföG 97. GEW-Handbuch für Schülerinnen und Schüler, Studentinnen und Studenten. 12. Aufl., Marburg: Schüren 1996.

Gützkow, F. (Hg.): Modelle der Ausbildungsförderung in der Diskussion. Frankfurt/M.: GEW 1996 (Materialien und Dokumente Hochschule und Forschung; 81).

Handelsblatt: Herzog unterzeichnet Hochschulreform. Handelsblatt vom 21.08.1998.

Handelsblatt: Rektorenpräsident fordert weitere Reformen an den Unis. Handelsblatt vom 27.08.1998.

Harman, G.: Vouchers or "Student Centred Funding": The 1996-1998 Australian Review of Higher Education Finance and Policy. In: Higher Policy, 1999, Jg. 12, S. 219-235.

Hartman, R. W.: Credit for College: Public Policy for Student Loans. New York: McGraw-Hill 1971.

Hauptman, A.: The Tuition Dilemma. Assessing New Ways to Pay for College. Washington, D.C.: The Brookings Institution 1990.

Hauptman, A. und Koff, R. H.: New Ways of Paying for College. Toronto usw.: American Council on Education / Macmillan 1991.

Heller, D. E.: The Effects of Tuition and State Financial Aid on Public College Enrollment. In: The Review of Higher Education, Jg. 23, 1999, H. 1, S. 65-89.

Hines, E. R. und McCarthy, J. R.: Higher Education Finance. An Annotated Bibliography and Guide to Research. New York, London: Garland 1985.

Hochschulrektorenkonferenz: Zur Finanzierung der Hochschulen. Entschließung des 179. Plenums der Hochschulrektorenkonferenz. Berlin 1996 (Dokumente zur Hochschulreform; 110/1996).

Hölttä, S. und Lappalainen, A.: Resource Allocation in Finnish Universities - Response to Increasing External Complexity. Ms. zum 20.jährigem EAIR Forum am 09.-12.09.1998 in Donostia-San Sebastian. Donostia-San Sebastian 1998.

Hotta, T.: Japanese Educational Assistance to Developing Countries. In: Comparative Education Review, Jg. 35, 1991, H. 3, S. 476-490.

Huisman, J. und Vossensteyn, H.: Developing Mass Tertiary Education: The Diversification Response. Tales of the Unexpected? Diversification in the Netherlands. Paper: International Seminar, 12.-14.11.97. Enschede: Center for Higher Education Policy Studies 1997.

Instituto Regionale di Ricerca della Lombardia (IRER): Indagine sui costi di mantenimento agli studi universitari. Mailand: Instituto Regionale di Ricerca della Lombardia 1996.

Jablonska-Skinder, H. und Teichler, U.: Handbook of Higher Education Diplomas in Europe. München: Saur 1992.

Jakobsen, K. S.: Staatliche Finanzierung der Hochschulen: Dänemark. In: Symposium "Staatliche Finanzierung der Hochschulen - Neue Modelle und Erfahrungen aus dem In- und Ausland" am 29./30.04.1997 in Hannover. Hannover: Centrum für Hochschulentwicklung und Hochschul-Informations-System 1997.

James, E.: The Non-profit Sector in International Perspective: Studies in Comparative Culture and Policy. New York: Oxford University 1989 (Yale Studies on Non-profit Organizations).

James, E.: The Public/Private Division of Responsibility for Education: An International Comparison. In: Economic Education Review, Jg. 6, 1987, H. 1., S. 1-14.

Jimenez, E., Lockheed, M. und Paqueo, V.: The Relative Efficiency of Private and Public Schools in Developing Countries. In: World Bank Research Observer, Jg. 6, 1991, H. 2., S. 205-218.

Johansson, O. und Ricknell, L.: Study Assistance in Ten European Countries: Overview and Conceptual Framework. Umeå: University of Umeå 1986.

John, E. P. St. (Hg.): Rethinking Tuition and Student Aid Strategies. San Francisco: Jossey-Bass 1995 (New Directions in Higher Education; 89).

John, E. P. St. et al.: The Influence of Prices and Price Subsidies on Within-Year Persistence by Students in Proprietary Schools. In: Educational Evaluation and Policy Analysis, Jg. 17, 1995, H. 2, S. 149-165.

John, E. P. St. et al.: The Influence of Student Aid on Within-Year Persistence by Traditional College-Age Students in Four-Year Colleges. In: Research in Higher Education, Jg. 35, 1994, H. 4, S. 450-480.

Johnson, L.: Scholarships, Grants, Fellowships & Endowments. Over 100.000 Free Money Opportunities. Houston: LoKee 1996.

Johnson, S. L. und Kidwell, J. J.: Reinventing the University. Managing and Financing Institutions of Higher Education 1996. New York: John Wiley & Sons, Inc. 1996.

Johnstone, D. B.: The Costs of Higher Education. In: Altbach, P. G. (Hg.): International Higher Education: An Encyclopedia. New York: Garland 1991, S. 59-89.

Johnstone, D. B.: The Financing and Management of Higher Education: A Status Report on World-wide Reforms. Buffalo: State University of New York 1998.

Johnstone, D. B.: International Perspectives on Student Financial Aid. In: The Journal of Student Financial Aid, Jg. 17, 1987a, H. 2, S. 30-44.

Johnstone, D. B.: Sharing the Costs of Higher Education: Student Financial Assistance in the UK, the Federal Republic of Germany, France, Sweden and the U.S. New York: The College Entrance Examination Board 1986.

Karelis, L.: Price as a Lever for Reform: Separate Checks vs. Flat Tuition Pricing. In: Change, Jg. 21, 1989, H. 2, S. 20-35.

Kotey, N.: Student Loans in Ghana. In: Higher Education, Themenheft: Student Loans in Developing Countries, Jg. 23, 1992, H. 4, S. 451-460.

Kreckel, R. und Jahn, H.: Bachelor- und Magisterstudiengänge in Geschichte, Politikwissenschaft und Soziologie an ausgewählten britischen und US-amerikanischen Hochschulen im Vergleich mit deutschen Beispielen. Halle: Martin-Luther-Universität 1998 (Loseblattausgabe; im Auftrag des DAAD).

Lappalainen, A.: Steering Universities in Finland. Higher Education in Finland - a Brief Summary of the Policy and Main Principles. In: Helsinki University of Technology (Hg.). Helsinki 1997.

Layzell, D. T. und Lyddon, J. W.: Budgeting for Higher Education at the State Level. Enigma, Paradox, and Ritual. Washington, D.C.: ERIC 1990 (ASHE-ERIC Higher Education Reports; 4).

Leffer, J.: Vertagen und vertrösten. In: DUZ - Das unabhängige Hochschulmagazin, Jg. 54, 1998, H. 1/2, S. 10-13.

Leimbach, A.: Die schleichende Gefahr, provinziell zu werden. In: VDI-Nachrichten vom 21.08.98.

Levin, H.: Recent Developments in the Economics of Education: Educational Vouchers. In: Weiß und Weishaupt (Hg.): Bildungsökonomie und interne Steuerung. Frankfurt/M. 2000.

Levy, D.: Higher Education and the State in Latin America: Private Challenges to Public Dominance. Chicago: University of Chicago 1986.

Lüdeke, R.: Bildung, Bildungsfinanzierung und Einkommensverteilung II. Berlin: Duncker und Humblot 1994 (Schriften des Vereins für Socialpolitik; 221/II).

Meek, V. L. et al. (Hg.): The Mockers and the Mocked. Comparative Perspectives on Differentiation, Convergence and Diversity in Higher Education. Oxford: Pergamon 1996.

Michaelowa, A. und Michaelowa, K.: Neue Wege der Hochschulfinanzierung. In: List Forum für Wirtschafts- und Finanzpolitik, Jg. 21, 1995, H. 4, S. 413-423.

Ministry of Education (Hg.): Developing Mass Tertiary Education: The Diversification Response. The Finnish Case. Helsinki 1997.

Ministry of Education (Hg.): Development Plan for Education and University Research for the Period 1995-2000. Helsinki 1996.

Ministry of Education (Hg.): Finnish Universities 1996. Helsinki 1996.

Ministry of Education (Hg.): Higher Education Policy in Finland. Helsinki 1996.

Ministry of Education and Research (Hg.): Characteristic Features of Danish Education. Kopenhagen 1992.

Ministry of Education and Research (Hg.): The Education System. Kopenhagen 1992.

Ministry of the Flemish Community - Education Department (Hg.): Thematic Review of the First Years of Tertiary Education. Flanders (Belgium). Brüssel 1996.

Mohr, B.: Studentenhandbuch. Studieren in Europa. 6. Aufl., Luxemburg: Amt für amtliche Veröffentlichungen der Europäischen Gemeinschaften 1990.

Mokgwathi, G. M. G.: Financing Higher Education in Botswana. In: Higher Education, Themenheft: Student Loans in Developing Countries, Jg. 23, 1992, H. 4, S. 425-432.

Mora, J.-G.: Financing Higher Education: Innovation and Changes. In: European Journal of Education, Jg. 33, 1998, H. 1, S. 113-129.

Mora, J.-G. und García, A.: Private Costs of Higher Education in Spain. In: European Journal of Education, Jg. 34, 1999, H. 1, S. 95-110.

Müller-Böling, D. und Ziegele, F.: Einführung: Notwendigkeit und Typisierung neuer Modelle staatlicher Finanzierung. In: Symposium "Staatliche Finanzierung der Hochschulen - Neue Modelle und Erfahrungen aus dem In- und Ausland" am 29./30.04.1997 in Hannover. Hannover: Centrum für Hochschulentwicklung und Hochschul-Informations-System 1997.

National Academic Information Centre (Hg.): Higher Education in Norway. Guide for Students and Institutions of Higher Education. Oslo 1996.

National Agency for Higher Education (Hg.): Higher Education in Sweden. Stockholm 1997.

National Association of Student Financial Aid Administrators, NASFAA: The Future of Student Loans - Who Should be Responsible? Journal of Student Financial Aid, Sonderband, Jg. 26, 1996, H. 2.

National Committee of Inquiry into Higher Education (Hg.): Higher Education in the Learning Society. Summary Report. London: Crown 1997.

NORDEN (Hg.): Higher Education in the Nordic Countries. 1997. http://www.abo.fi:80 /norden/welcom_e.htm.

NUFFIC (Hg.): Study in the Netherlands. A Small Country with Great Potential. Den Haag 1997.

OECD (Hg.): Paying for Tertiary Education: The Learner Perspective. In: Education Policy Analysis. Paris: OECD 1998.

OECD (Hg.): Thematic Review of the First Years of Tertiary Education. Country Note: Sweden. Paris: OECD 1996.

OECD (Hg.): Thematic Review of the First Years of Tertiary Education. Denmark. Paris: OECD 1997.

OECD (Hg.): Thematic Review of the First Years of Tertiary Education. Germany. Paris: OECD 1997.

Oliveira, T. und Telhado Pereira, P.: Who Pays the Bill? Study Costs and Students' Income in Portuguese Higher Education. In: European Journal of Education, Jg. 34, 1999, H. 1, S. 111-121.

Oosterbeek, H.: An Economic Analysis of Students Financial Aid Schemes. In: European Journal of Education, Jg. 33, 1998, H. 1, S. 21-29.

Opper, S., Teichler, U. und Carlson, J.: Impacts of Study Abroad Programmes on Students and Graduates. London: Kingsley 1990.

Orivel, F. und Sergent, F.: International Support for Education. In: UNESCO Sources, Jg. 13, 1990, H. 1, S. 7-9.

Pazy, A.: Hochschulen in Israel und ihre Finanzierung. In: Symposium "Staatliche Finanzierung der Hochschulen - Neue Modelle und Erfahrungen aus dem In- und Ausland" am 29./30.04.1997 in Hannover. Hannover: Centrum für Hochschulentwicklung und Hochschul-Informations-System 1997.

Pechman, J. A.: The Distributional Effects of Public Higher Education in California. In: Journal of Human Resources, Jg. 5, 1970, H. 3, S. 361-370.

Pell, C. und Simon, P.: Restructuring Student Aid Could Reduce Low-Income Students Dropout Rate. In: United States General Accounting Office (Hg.): Report to Congressional Requesters, Jg. 95, 1995, H. 48.

Psacharopoulos, G., Tan, J.-P. und Jimenez, E.: Financing Education in Developing Countries: An Exploration of Policy Options. Washington, D.C.: World Bank 1986.

Reimers, F.: The Impact of Economic Stabilization and Adjustment on Education in Latin America. In: Comparative Education Review, Jg. 34, 1991, H. 2, S. 319-353.

Reischauer, R.: Help: A Student Loan Program for the Twenty-first century. In: Gladieux, L. (Hg.): Radical Reform or Incremental Change? Student Loan Policies for the Federal Government. New York: College Entrance Examination Board 1989.

Rekilä, E.: Das Finanzierungsmodell der finnischen Universitäten. In: Symposium "Staatliche Finanzierung der Hochschulen - Neue Modelle und Erfahrungen aus dem In- und Ausland" am 29./30.04.1997 in Hannover. Hannover: Centrum für Hochschulentwicklung und Hochschul-Informations-System 1997.

Riedel, H.: Studenten helfen Studenten. In: VDI-Nachrichten vom 21.08.98.

Sachverständigenrat Bildung bei der Hans-Böckler-Stiftung: Für ein verändertes System der Bildungsfinanzierung. Düsseldorf 1998 (Diskussionspapiere; 1).

Santamaria, J. K. und Santamaria, N. V.: Financial Aids for Higher Education. 17. Aufl., Madison, Guilford: Brown & Benchmark 1997.

Schäfer, B.: Familienlastenausgleich in der Bundesrepublik Deutschland. Darstellung und empirische Analyse des bestehenden Systems und ausgewählte Reformvorschläge. Frankfurt/M. usw.: Lang 1996 (Europäische Hochschulschriften; 5).

Schäferbarthold, D.: The Financing and Cost of Studies in Germany. In: European Journal of Education, Jg. 34, 1999, H. 1, S. 69-74.

Schäferbarthold, D.: Die wirtschaftliche und soziale Förderung der Studierenden in den Ländern der Europäischen Gemeinschaft. Stuttgart: Raabe 1993.

Schwarz, S.: Studienfinanzierung. In: Hanft, A. (Hg.): Grundbegriffe des Hochschulmanagements. Neuwied, Kriftel u.a.: Luchterhand 2001, S. 450-455.

Schwarz, S.: Studienkosten und Studienfinanzierung. Was können wir von unseren europäischen Nachbarn lernen? In: Prisma, Zeitschrift der Universität Gesamthochschule Kassel, 2000, H. 61.

Schwarz, S. und Teichler, U. (Hg.): Changes in Higher Education and its Societal Context as a Challenge for Future Research (I). Themenheft, Higher Education, Jg. 38, 1999, H. 1.

Schwarz, S. und Teichler U. (Hg.): Credit-Systeme an deutschen Hochschulen: Kleine Einheiten - große Wirkung. Neuwied und Kriftel: Luchterhand 2000.

Senteza Kajubi, W.: Financing of Higher Education in Uganda. In: Higher Education, Themenheft: Student Loans in Developing Countries, Jg. 23, 1992, H. 4, S. 433-442.

Shantakumar, G.: Student Loans for Higher Education in Singapore: Some Observations. In: Higher Education, Themenheft: Student Loans in Developing Countries, Jg. 23, 1992, H. 4, S. 405-424.

Shouxin, L. und Bray, M.: Attempting a Capitalist Form of Financing in a Socialistic System: Student Loans in the People's Republic of China. In: Higher Education, Themenheft: Student Loans in Developing Countries, Jg. 23, 1992, H. 4, S. 375-388.

Skøien, O.: The Financing of Higher Education in Norway. In: European Student Link. The European Student Magazine of ESIB, 1997, H. 4, S. 8.

Staehelin-Witt, E. und Parisi, P.: Cost of Studies, Financing of Studies and Study Mode: National Study for Switzerland. In: European Journal of Education, Jg. 34, 1999, H. 1, S. 75-85.

Stark, J. S., Shaw, K. M. und Lowther, M. A.: Student Goals for College and Courses: A Missing Link in Assessing and Improving Academic Achievement (ASHE-ERIC Higher Education Report; 6). In: School of Education and Development, The George Washington University: Washington D.C. 1989.

Statistics Finland (Hg.): Education in Finland 1991. Helsinki 1991.

Sturn, R. und Wohlfahrt, G.: Umverteilung der öffentlichen Hochschulfinanzierung in Deutschland. Gutachten im Auftrag des Deutschen Studentenwerkes. Graz 2000.

Svenska Institutet (Hg.): A Student Handbook for Visiting Students and Researchers in Sweden. Stockholm 1997.

Svenska Institutet (Hg.): Study in Sweden. A Guide for Foreign Students. Stockholm 1997.

Swedish Institute (Hg.): Study in Sweden. Courses in English at Swedish Universities and University Colleges 1997/1998. Jönköping: AB Småland 1998.

Teichler, U.: Europäische Hochschulsysteme: Die Beharrlichkeit vielfältiger Modelle (Hochschule und Beruf). Frankfurt/M. und New York: Campus 1990.

Teichler, U.: The Same Value for More Money Through Maximised Reporting and Intensified Competition: Dearing's Vision of a Learning Society. In: Quality Support Centre (Hg.): Digest Supplement: The Dearing Report: Commentaries and Highlights. London: The Open University 1997 (Loseblattausgabe).

Teichler, U.: Strukturwandlung des Hochschulwesens. Konzepte, internationale Erfahrungen und Entwicklungen in Deutschland. In: Das Hochschulwesen, Jg. 45, 1997, H. 3., S. 150-157.

The Financing of Higher Education. Themenheft, Higher Education in Europe, Jg. 17, 1992, H. 1.

The State of Comparative Research in Higher Education. Themenheft, Higher Education, Jg. 32, 1996, H. 4.

Throsby, D.: Financing and Effects of Internationalisation in Higher Education. The Economic Costs and Benefits of International Student Flows. Paris: OECD 1997.

Tilak, J. B. G.: Student Loans in Financing Higher Education in India. In: Higher Education, Themenheft: Student Loans in Developing Countries, Jg. 23, 1992, H. 4, S. 389-404.

Tremp, M. und Nägeli, R.: A Guide to the Swiss Higher Education System and its Qualifications. Bern: Schweizer Zentralstelle für Hochschulwesen. Equivalency Information Service / ENIC (Hg.) 1996.

UNESCO (Hg.): World Guide to Higher Education. A Comparative Survey of Systems, Degrees and Qualifications. Paris 1996.

United States General Accounting Office (Hg.): Direct Student Loans. Analyses of Borrowers' Use of the Income Contingent Repayment Option. A Report to the Chairman, Committee on Education and the Workforce, House of the Representatives. Loseblattausgabe. Washington, D.C.: GAO 1997 (GAO/ HEHS 97; 155).

University of Leeds (Hg.): Germany. The Role of and Background to Higher Education in Germany. Appendix 5, Section 3, Germany. 1997. http://www.leeds.ac.uk/ncihe/a5_035.html.

Unterrichtsministerium, Zentralamt für Unterrichtswesen (Hg.): Das finnische Bildungssystem. Helsinki: Sävypaino 1999.

US Department for Education: The Conditions of Education. 2. Aufl., Washington, D.C.: US Government Printing Office 1991.

USI (Hg.): Student Poverty - A Rite of Passage? Dublin: The Union of Students of Ireland 1995.

Verhoeven, J. C. und Beuselinck, I.: Higher Education in Flanders (Belgium). A Report for the OECD. Brüssel: Ministry of the Flemish Community - Education Department 1996.

Verhoeven, J. C. und Beuselinck, I.: Towards Mass Tertiary Education in Flanders (Belgium). A Report for the OECD. Brüssel: Ministry of the Flemish Community - Education Department 1996.

Vink, M. J. C.: Efficiency in Higher Education. A Comparative Analysis on Sectoral and Institutional Level (Management and Policy in Higher Education). Enschede: Center for Higher Education Policy Studies 1997.

Volkwein, J. F. und Szelest, B. P.: Individual and Campus Characteristics Associated with Student Loan Defaults. In: Research in Higher Education, Jg. 36, 1995, H. 1, S. 41-72.

Vossensteyn, J. J.: The Financial Situation of Students in the Netherlands. In: European Journal of Education, Jg. 34, 1999, H. 1, S. 59-68.

Wijnards van Resandt, A. (Hg.): A Guide to Higher Education Systems and Qualifications in the European Community. Luxemburg: Office for Official Publication of the European Community 1991.

Williams, A.: A Growing Role for NGOs in Development. In: Finance and Development, Jg. 27, 1990, H. 4, S. 31-33.

Williams, G.: Die Finanzierung des Hochschulwesens in Großbritannien. Symposium "Staatliche Finanzierung der Hochschulen - Neue Modelle und Erfahrungen aus dem In- und Ausland" am 29./30.04.1997 in Hannover. Hannover: Centrum für Hochschulentwicklung und Hochschul-Informations-System 1997.

Williams, G.: Resources for Higher Education in OECD Countries. London: Centre for Higher Education Studies, Institute for Education 1996.

Williams, G. und Light, G.: Student Income and Costs of Study in the United Kingdom. In: European Journal of Education, Jg. 34, 1999, H. 1, S. 23-41.

Williams, G., Woodhall, M. und O'Brien, U.: Overseas Students and Their Place of Study. London: Overseas Student Trust 1986.

Windham, D. M.: International Financing of Education. In: Carnoy, M. (Hg.): International Encyclopedia of Economics of Education. 2. Aufl., Oxford: Pergamon 1995, S. 433-438.

Wissenschaftsrat (Hg.): Finanzstatistische Kennzahlen ausgewählter Studiengänge. Köln 1997.

Witte, J. F.: The Market Approach to Education. An Analysis of America's First Voucher Program. Princeton 2000.

Wolter, S. C.: Bildungsfinanzierung zwischen Markt und Staat. Chur und Zürich 2001 (Beiträge zur Bildungsökonomie; 1).

Woodhall, M. (Hg): Financial Support for Students: Grants, Loans or Graduate Tax? London: Kogan Page 1989.

Woodhall, M.: Lending for Learning: Designing a Student Loan Programme for Developing Countries. London: Commonwealth Secretariat 1987.

Woodhall, M.: Student Fees. In: Carnoy, M. (Hg.): International Encyclopedia of Economics of Education. 2. Aufl., Oxford: Pergamon 1995, S. 426-429.

Woodhall, M.: Student Loans. In: Carnoy, M. (Hg.): International Encyclopedia of Economics of Education. 2. Aufl., Oxford: Pergamon 1995, S. 420-425.

Woodhall, M.: Student Loans in Developing Countries: Feasibility, Experience and Prospects for Reform. In: Higher Education, Themenheft: Student Loans in Developing Countries, Jg. 23, 1992, H. 4, S. 347-356.

Woodhall, M.: Student Loans in Higher Education. 1. Western Europe and the USA. Report of an IIEP Educational Forum. Paris: International Institute for Educational Planning 1990 (Educational Forum Series; 1).

Woodhall, M.: Student Loans in Higher Education. 2. Asia. Report of an IIEP Educational Forum. Paris: International Institute for Educational Planning 1991 (Educational Forum Series; 2).

Woodhall, M.: Student Loans in Higher Education. 3. English-speaking Africa. Report of an IIEP Educational Forum. Paris: International Institute for Educational Planning 1991 (Educational Forum Series; 3).

Woodhall, M.: Student Loans in Higher Education. 4. Latin America and the Caribbean. Report of an IIEP Educational Forum. Paris: International Institute for Educational Planning 1993 (Educational Forum Series; 4).

World Bank (Hg.): Education in Sub-Saharan Africa: Policies for Adjustment, Revitalization, and Expansion. Washington, D.C.: World Bank 1988.

World Bank (Hg.): Financing Education in Developing Countries: An Exploration of Policy Options. Washington, D.C.: World Bank 1986.

World Bank (Hg.): World Development Report 1990. Oxford: Oxford University 1990.

World Conference on Education for All: Meeting Basic Learning Needs: A Vision for the 1990th Century. New York: World Conference on Education for All 1990.

Zidernan, A. und Albrecht, D.: Financing Universities in Developing Countries. Washington und London: Falmer 1995 (The Stanford Series on Education and Public Policy; 16).

Zöllner, J. und Zehetmair, H.: Sollen Studiengebühren verboten werden? In: Focus, Nr. 30, 20.07.1998, S. 50.

Anhang: Synopsen

Synopse 3-1: Direkte Studienausgaben (Maximalwerte in EUR pro Studierenden und Monat/Jahr)

	Studiengebühren		Sonstiges / Kommentar
	p.m.	p.a.	
DK	—	—	
SE	—	—	Studierende sind verpflichtet, für Studentenvertretung einen Beitrag in Höhe von durchschnittlich EUR 8 p.m. (EUR 100 p.a.) zu zahlen. Beiträge variieren je nach Hochschule.
FI	—	—	Studierende sind verpflichtet, für Studentenvertretung einen Beitrag in Höhe von durchschnittlich EUR 7 p.m. (EUR 81 p.a.) zu zahlen. Beiträge variieren je nach Hochschule.
NL	89	1.073	Studiengebühren werden jährlich um festgesetzten Betrag angehoben. Mitgliedschaft in Studierendenorganisation ist freiwillig, dann jedoch beitragspflichtig.
FR	9	109	
BE	37	444	
DE	—	—	Studierende sind verpflichtet, Sozialbeitrag von EUR 6 p.m. (EUR 72 p.a.) an Studentenwerk zu zahlen. Seit Ende der 90er Jahre werden in Baden-Württemberg, Bayern und Sachsen Gebühren in Höhe von EUR 307 bis EUR 511 pro Semester von Langzeitstudierenden bzw. für Zweitstudiengänge erhoben. Weitere Bundesländer erheben Rückmeldegebühren in Höhe von EUR 51 p. Semester.
AT	—	—	Studierende sind verpflichtet, Beitrag von EUR 5 p.m. (EUR 52 p.a.) an die „Österreichische Hochschülerschaft" zu zahlen.
CH	71	850	Studiengebühren variieren zwischen Kantonen. Höchstwert von EUR 205 p.m. (EUR 2.428 p.a.) ist im Durchschnitt nicht berücksichtigt.
IE	15	185	Werte sind Verwaltungsgebühren. 1996/97 wurden Studiengebühren für Vollzeitstudierende eingestellt; nach wie vor werden jedoch für Teilzeitstudierende und Studierende in Aufbaustudiengängen Studiengebühren in Höhe von bis zu EUR 327 p.m. (EUR 3.919 p.a.) erhoben.
GB	128	1.539	Angaben für 2000. Bis 1998 wurde Zahlung der Studiengebühren von lokalen Behörden übernommen; ab Okt. 1998 gilt dies nur noch für Studierende aus einkommensschwachen Familien.
ES	50	593	Studiengebühren variieren nach Regionen.
PT	22	269	Angaben für 1997/98.
IT	97	1.166	Zusätzlich wird „Regionalabgabe" in Höhe von EUR 7 p.m. (EUR 83 p.a.) erhoben.
GR	—	—	

Synopse 3-2: Indirekte Studienausgaben und Ausgaben für den Lebensunterhalt (Durchschnittswerte in EUR pro Studierenden und Monat)

	Gesamt-ausgaben	Indirekte Studien-ausgaben	Ausgaben für den Lebensunterhalt				Sonstiges / Kommentar
		Studien-materia-lien	Wohnen	Ernäh-rung	Fahrten	Sonstiges (Freizeit, etc.)	
DK	713	32	260	255	13	153	Angaben für 1995.
SE	600	41	245	164	44	106	Angaben für allein Lebende.
FI	532	:	154	117	48	213	
NL	646	67	177	112	64	226	
FR	710	49	126	87	124	324	
BE	:	:	183	:	:	:	
DE	656 (516)	31 (27)	231 (164)	137 (112)	60 (61)	197 (152)	Angaben für alte (neue) Bundesländer.
AT	400	34	190	124	54	151	Gesamtwert geringer als Summe der Einzelwerte, da nicht alle Studierenden zu jedem Aspekt Angaben getroffen hatten.
CH	767	36	455	224	52	:	
IE	400	39	148	106	39	68	
GB	419	57	140	130	20	72	
ES	433	46	227	114	46	:	
PT	331	29	100	154	24	24	Angaben für Ökonomiestudierende in Mailand.
IT	429	28	252	104	11	34	Angaben sind Mindestwerte für Studierende, die nicht bei ihren Eltern leben.
GR	425	40	106	120	53	106	

Synopse 4-1: Staatliche Förderungssysteme

	Studienfinanzierungsbehörde	Anteile der Förderungsformen an der Gesamtförderung* (in %)		Sonstiges / Kommentar
		Zuschüsse	Darlehen	
DK	Behörde für *Statens Uddannelsesstøtte* (SUstyrelsen)	79	21	Studierende entscheiden selbst, welche Förderungsart sie in Anspruch nehmen möchten.
SE	*Centrala Studiestödsnämnden* (CSN)	35	65	Studierende entscheiden selbst, welche Förderungsart sie in Anspruch nehmen möchten.
FI	*Centre for Student Financial Aid / Social Insurance Institution* (KELA)	92	8	
NL	Verwaltung der Gelder: Ministerium für Bildung, Kultur und Wissenschaften; Verwaltung der Förderung: *Informatie Beheer Groep* (IBG)	78	22	
FR	*Centre Régional des Oeuvres Universitaires et Scolaires* (CROUS)	> 99	< 1	Nur wenige tausend Studierende erhalten Förderung in Form von Darlehen.
BE	*Ministerie van de Vlaamse Gemeenschap*	100	—	
DE	Ämter für Ausbildungsförderung	50	50	
AT	Studienbeihilfebehörde (untersteht dem Bundesministerium für Wissenschaft und Verkehr)	100	—	
CH	jeweiliger Kanton	90	10	Angaben für 1995.
IE	Verwaltung der Gelder: Zentralregierung; Verwaltung der Förderung: örtliche Institutionen	100	—	
GB	Zuschüsse: *Local Education Authorities*; Darlehen: *Students Loan Agency* (SLA)	73	27	Förderung als Zuschuss-, Darlehensförderung oder als Kombination möglich.
ES	zentrale Steuerung: Bildungsministerium; dezentrale Verwaltung: jeweilige Hochschule	100	—	

Synopse 4-1 (Forts.)

	Studienfinanzierungsbehörde	Anteile der Förderungsformen an der Gesamtförderung* (in %)		Sonstiges / Kommentar
		Zuschüsse	Darlehen	
PT	Verwaltung: Studentendienste an den Universitäten, die *Serviços de Acção Social*	100	—	
IT	*Ente Regionale per il Diritto allo Studio Universitario* (ERDSU)	100	—	Darlehen werden in nur zwei Regionen gewährt.
GR	Staatliche Stipendienstiftung *Idryma Kratikon Ypotrophion* (I.K.Y.)	51	49	

* Anteile in Bezug auf die staatlichen Gesamtausgaben für direkte Studienförderung (siehe Synopse 4-8).

Synopse 4-2: Förderungsbeträge (Maximalwerte in EUR pro Studierenden und Monat/Jahr)

	Gesamt		Zuschuss		Darlehen		Sonstiges / Kommentar
	p.m.	p.a.	p.m.	p.a.	p.m.	p.a.	
DK	697	8.363	459	5.503	238	2860	
SE	788	9.449	219	2.626	569	6.823	
FI	596	7.139	386	4.627	210	2.512	Erwachsenenförderung für Studierende über 30 Jahre: gesamt max. EUR 741 (EUR 8.890).
NL	580	6.952	414	4.964	166	1.988	Zuschusswert p.m. umfasst EUR 190 Grundförderung, EUR 181 Ergänzungsbetrag und EUR 42 Fahrtkostenvergütung.
FR	240	2.884	240	2.884	s. Komm.	s. Komm.	Nicht berücksichtigt: staatliche Darlehen (werden nur in geringer Anzahl vergeben), Mietzuschüsse (kein Bestandteil direkter Studienförderung).
BE	205	2.454	205	2.454	—	—	Ausnahme: Bei sehr geringem Einkommen wird Zuschuss in Höhe von maximal EUR 307 (EUR 3.681) gezahlt. Angaben für 1998/99.
DE	516	6.197	258	3.098	258	3.098	Förderungsbetrag p.m. wird als Bedarfssatz festgelegt, der aus Grundbetrag von EUR 309 und diversen Ergänzungsbeträgen besteht. Ab 2001 Maximalförderung von EUR 583 p.m.
AT	528	6.338	528	6.338	—	—	
CH	547	6.571	276	3.313	271	3.258	Angaben sind Durchschnittswerte. Förderung wird je nach Kanton in sehr unterschiedlicher Höhe gewährt.
IE	219	2.632	219	2.632	—	—	Maximalzuschuss gilt für Studierende, die mehr als 25 km vom Studienort entfernt leben. Zusätzliche Förderung in Härtefällen möglich.
GB	354	4.240	205	2.454	149	1.785	Zusätzliche Förderung in Härtefällen möglich.

Anhang: Synopsen 253

Synopse 4-2 (Forts.)

	Gesamt		Zuschuss		Darlehen		Sonstiges / Kommentar
	p.m.	p.a.	p.m.	p.a.	p.m.	p.a.	
ES	315	3.779	315	3.779	—	—	Förderungsbetrag besteht aus Befreiung von Studiengebühren, Wohn- oder Fahrtkostenhilfe, Lehrmittelbeihilfe und Kompensationszuschuss.
PT	269	3.233	269	3.233	—	—	Förderhöhe entspricht bestimmtem Teil (1/20 bis 1/1) des portugiesischen Mindestlohns p.m.
IT	264	3.172	264	3.172	—	—	Angabe ist Minimalbetrag für Studierenden, der nicht in der Stadt lebt. Förderungsbeträge variieren nach Regionen.
GR	121	1.460	88	1.061	33	399	

Synopse 4-3: Sozialstrukturelle Kriterien für den Erhalt direkter staatlicher Studienförderung

	Nachweis der Staatsbürgerschaft (mit Ausnahmen)	Altersbegrenzung (in Jahren)		Sonstiges / Kommentar
		Mindestalter	Höchstalter	
DK	ja	18	—	
SE	..	—	45	Studierende, die älter als 45 Jahre alt sind, erhalten Förderung nur bei besonderer Bedürftigkeit.
FI	—	17	—	Finnische Staatsbürgerschaft ist nicht gefordert; es bestehen gewisse Einschränkungen für ausländische Studierende. Altersbegrenzung gilt nur für Zuschüsse.
NL	ja	18	27	Mit Beginn des 28. Lebensjahrs wird Förderung nur noch in Form von Darlehen gewährt.
FR	..	..	..	
BE	ja	—		
DE	ja	..	29	Höchstalter bei Studienbeginn.
AT	ja	..	34	Höchstalter bei Studienbeginn.
CH	ja	18	..	Mindestalter gilt für die meisten Schweizer Kantone.
IE	ja	17	..	Studierender muss bei Antragstellung bereits mindestens 9 Monate lang am betreffenden Wohnort gemeldet gewesen sein.
GB	ja	—	50	Studierender muss vor Studienbeginn 3 Jahre lang im Vereinigten Königreich gelebt haben. Altersbegrenzung gilt nur für Darlehensempfänger.
ES	ja	—	—	
PT	ja	—		
IT	ja	..	..	
GR	Nachweis ohne Ausnahme	—	—	

Anhang: Synopsen 255

Synopse 4-4: Sozioökonomische Kriterien für den Erhalt direkter staatlicher Studienförderung

	Einkommen der Eltern, Obergrenze (in EUR)		Eigenes Einkommen, Obergrenze (in EUR)		Wohnform	Sonstiges / Kommentar
	p.m.	p.a.	p.m.	p.a.		
DK	—	—	593	7.108	relevant bei Alter < 20 J.; Förderhöhe dann abhängig davon, ob Studierender bei Eltern wohnt	Bei hohem eigenen Einkommen ist Verzicht auf Einsatz von Vouchers und somit Umgehen der Einkommensgrenze möglich.
SE	—	—	(1) 505 (2) 1.668	(1) 6.055 (2) 20.017	—	Bei Überschreiten von (1) wird Fördersumme um 50 % des Überschreitungsbetrags gekürzt, bei Überschreiten von (2) wird keine Studienförderung gezahlt.
FI	1.211	14.529	(1) 483 (2) 1.450	(1) 5.798 (2) 17.394	Bewilligung des Mietzuschusses abhängig davon, ob Studierender allein bzw. in anderer Stadt lebt als seine Familie	Bei Überschreiten der elterlichen Einkommensgrenze besteht kein Anspruch auf Extrazuschuss; Förderungsbetrag wird dann elternunabhängig berechnet. Grenze für eigenes Einkommen p.a. = Anzahl Fördermonate · Grenze (1) + Anzahl nicht geförderter Monate · Grenze (2)
NL	relevant für Ergänzungsbetrag		559	6.707	zusammen mit Alter relevant für Förderhöhe	
FR	relevant		..		—	Anzahl der Geschwister, Versorgung eigener Kinder sowie Entfernung des Wohnortes zur Universität relevant für Förderhöhe.
BE	1.989	23.866	454	5.442	Förderhöhe abhängig davon, ob Studierender bei Eltern wohnt	Nachweis finanzieller Bedürftigkeit erforderlich, u.a. unter Berücksichtigung der Anzahl unterhaltsberechtigter Kinder. Entfernung des Wohnortes zur Universität relevant für Förderhöhe. Obergrenze für elterliches Einkommen abhängig von Familiengröße. Genannter Wert gilt für Familie mit 4 Pers.

Synopse 4-4 (Forts.)

	Einkommen der Eltern, Obergrenze (in EUR)		Eigenes Einkommen, Obergrenze (in EUR)		Wohnform	Sonstiges / Kommentar
	p.m.	p.a.	p.m.	p.a.		
DE	1.250	15.001	325	3.896	Förderhöhe abhängig davon, ob Studierender bei Eltern wohnt	Anzahl der Geschwister sowie ggf. Einkommen des Ehepartners relevant für Förderungsberechtigung und -höhe. Grenze für elterliches Einkommen kann um Freibeträge für Geschwister erhöht werden.
AT	relevant		269	3.235	Förderhöhe abhängig davon, ob Studierender bei Eltern wohnt	Studierende, die vor Studienbeginn mit bestimmtem Einkommen erwerbstätig waren, werden unabhängig vom Elterneinkommen gefördert. Einkommen des Ehepartners und Anzahl eigener Kinder für Beurteilung der Bedürftigkeit relevant.
CH	je nach Kanton relevant		..	..	..	In Kantonen, in denen elternabhängige Förderung gewährt wird, ist zudem Anzahl der Geschwister relevant.
IE	1.793	21.517		s. Komm.	..	Eigenes Einkommen ist Teil des Familieneinkommens, für das die genannten Grenzen gelten. Auch relevant für Förderhöhe: Anzahl der Geschwister, Entfernung des Wohnortes zur Hochschule.
GB	(1) 1.711 (2) 3.983	(1) 20.537 (2) 47.801	336	4.037	Förderhöhe abhängig davon, ob Studierender bei Eltern wohnt	Kriterien gelten nur für Zuschussförderung. Studierende < 26 J.: Bei Überschreiten von (1) Minderung des Förderbetrags, bei Überschreiten von (2) keine Förderung (Angaben für 1993/94). Studierenden ≥ 26 J. wird Zuschuss elternunabhängig gewährt. Einkommen des Ehepartners wird ggf. auf Förderungshöhe angerechnet. Wohnort ist relevant für Förderhöhe.

Anhang: Synopsen

Synopse 4-4 (Forts.)

	Einkommen der Eltern, Obergrenze (in EUR)		Eigenes Einkommen, Obergrenze (in EUR)		Wohnform	Sonstiges / Kommentar
	p.m.	p.a.	p.m.	p.a.		
ES	(a) 137 (b) 1.114 (c) 1.578	(a) 1.638 (b) 13.369 (c) 18.934		s. Komm.	..	Anzahl der Geschwister relevant für Förderhöhe. Eigenes Einkommen ist Teil des Familieneinkommens, für das die genannten Grenzen gelten. Zuschussarten: 1 = Studiengebühren, 2 = Wohnen, 3 = Lehrmittel, 4 = Fahrtkosten, 5 = Kompensation. Grenzen gelten für (a) = 1 + 2 o. 4 + 3 + 5; (b) = 1 + 2 o. 4 + 3; (c) = 1.
PT	relevant in Abhängigkeit von Wohnform, s. Komm.		relevant in Abhängigkeit von Wohnform, s. Komm.		Berechtigung zu elternunabhängiger Studienförderung abhängig davon, ob Studierender bei Eltern wohnt	Sofern Studierender bei den Eltern wohnt, ist sein eigenes Einkommen Teil des Familieneinkommens.
IT	(1) 1.655 (2) 2.482	(1) 19.857 (2) 29.785		s. Komm.	..	Eigenes Einkommen ist Teil des Familieneinkommens. Grenzen variieren nach Anzahl der Familienmitglieder und Region. Genannte Werte beziehen sich auf Familie mit 4 Pers. Bei Überschreiten von (1) wird Förderung gekürzt, bei Überschreiten von (2) wird keine Studienförderung gezahlt. Wohnort relevant für Förderhöhe.
GR	(1) 2.215 (2) 310	(1) 26.587 (2) 3.722	665	7.976	relevant für Berechtigung zur Darlehensförderung (Studierende dürfen nicht bei Eltern oder im Wohnheim leben)	Obergrenzen für elterliches Einkommen gelten für (1) Zuschüsse und (2) Darlehen. Obergrenze für eigenes Einkommen gilt nur für Zuschüsse. Alle Grenzen werden jährlich um 10 % angehoben.

Synopse 4-5: Studienbezogene Kriterien für den Erhalt direkter staatlicher Studienförderung

	Leistungs-nachweise erforderlich	Form des zu erbringenden Nachweises	Förderung bei Studienfachwechsel	Sonstiges / Kommentar
DK	ja	Kursteilnahme, Anfertigung schriftlicher Arbeiten, Meldung zur Abschlussprüfung.	Ja, Studienfachwechsel unproblematisch, da Vouchers flexibel eingesetzt werden können.	Werden 1 J. lang keine adäquaten Studienleistungen erbracht, wird Förderung bis auf weiteres eingestellt.
SE	ja	Festgelegte Anzahl von Credits pro Semester; 75 % der erforderlichen Leistungen müssen innerhalb der Regelstudienzeit erbracht werden.	..	
FI	ja	Einschreibung über mind. 2 Monate, Erwerb von mind. 6 Credits in diesem Zeitraum.	..	
NL	ja	Für rückwirkende Umwandlung des Darlehens in Zuschuss: (1) Im 1. Studienjahr: Erwerb von mind. 50 % der erforderlichen Credits => Umwandlung in Zuschuss f. Jahr 1; (2) Erfolgreicher Studienabschluss nach max. 6 J. => Umwandlung in Zuschuss für Jahre 2, 3 und 4.	Ja, Studienfachwechsel möglich, aber maximale Förderungsdauer darf nicht überschritten werden.	Bei Studienabbruch verbleibt die Umwandlung der Grundförderung in Zuschuss, es sei denn, der Studierende erfüllt Voraussetzung (1).
FR	ja	Abschluss aller Prüfungen in Regelstudienzeit.	..	
BE	ja	..	Nein, es wird nur ein Studiengang staatlich gefördert.	Bei Nichtversetzung ins nächste Studienjahr wird Zuschuss nicht weiter gewährt. Bei Studienunterbrechung oder -abbruch muss Förderung zurückgezahlt werden.
DE	ja	Absolvierte Lehrveranstaltungen und bestandene Prüfungen.	Nein, Förderung wird in der Regel nur für eine Ausbildung gewährt.	

Anhang: Synopsen 259

Synopse 4-5 (Forts.)

	Leistungs-nachweise erforderlich	Form des zu erbringenden Nachweises	Förderung bei Studienfachwechsel	Sonstiges / Kommentar
AT	ja	Absolvierte Lehrveranstaltungen und bestandene Prüfungen, u.a. Belegung von mind. 10 % der erforderlichen Gesamtstunden.	Ja, Studienfach darf maximal zweimal gewechselt werden.	Werden erforderliche Studienleistungen nicht erbracht, muss Förderung zurückgezahlt werden.
CH	ja	Halbjährliche Rückmeldung, Leistungen gemäß den Anforderungen der jeweiligen Universität.	In einigen Kantonen wird Erststudium für Förderung eines Zweitstudiums angerechnet.	
IE	ja	. .	Ja, Studienfachwechsel ist möglich, muss aber von der lokalen Behörde genehmigt werden.	
GB	ja		. .	
ES	ja	P.a.: (1) Erwerb von durchschnittl. 5 Credits, Nichtbestehen in max. einem Studienfach; (2) Kursbelegung, wie es der gleichmäßigen Aufteilung der Kurszahl insgesamt auf Studienjahre entspricht.	. .	
PT	ja	. .	Ja, bei Fachwechsel wird Förderung aufrechterhalten, wenn neuer Studiengang in Regelstudienzeit + 1 J. abzüglich der bereits geförderten Jahre abgeschlossen wird.	
IT	ja	Überdurchschnittliche Studienleistungen in einer von der Hochschule festzulegenden Anzahl von Kursen.	. .	
GR	ja, für Zuschüsse	Studierender muss in seinem Fachbereich zu den besten Absolventen gehören.	. .	

Synopse 4-6: Förderungsdauern

	Maximale Förderungsdauer (RSZ = Regelstudienzeit)	Sonstiges / Kommentar
DK	Kontingent von 58 + 12 Vouchers; bei stetiger Verwendung 58 + 12 Monate, also knapp 5 Jahre + 1 Jahr	Förderung in Form von monatlichen Bildungsgutscheinen (Vouchers). Die Vouchers können flexibel verwendet werden: Sowohl komprimierter als auch zeitlich gestreckter Einsatz ist möglich. Härtefallregelung: Studierende, die kurz vor Beendigung ihres Studiums bereits alle Vouchers aufgebraucht haben, können ein Darlehen in Höhe von EUR 615 monatlich beantragen.
SE	6 Jahre	Förderung erfolgt in 9 Monaten im Jahr; für vorlesungsfreie Zeit im Sommer wird keine Studienförderung ausgezahlt. Es existieren Härtefallregelungen.
FI	Kontingent von 55 + 15 Vouchers; bei stetiger Verwendung 55 + 15 Monate, also etwa 4 ½ Jahre + 1 ¼ Jahre	Förderung in Form monatlicher Bildungsgutscheine (Vouchers). Die Vouchers können flexibel verwendet werden: Sowohl komprimierter als auch zeitlich gestreckter Einsatz ist möglich. Härtefallregelung existent.
NL	RSZ + 2 Jahre = 6 Jahre	Bei Überschreitung der maximalen Zuschussförderungsdauer wird rückwirkend die gesamte Förderung in Darlehen umgewandelt.
FR	RSZ	
BE	RSZ, d.h. 3 bis 7 Jahre, je nach Studiengang	
DE	RSZ, üblicherweise 4 oder 4 ½ Jahre	Verlängerung der Förderungsdauer in Härtefällen möglich.
AT	RSZ + ½ Jahr	Verlängerung der Förderungsdauer in Härtefällen möglich.
CH	RSZ + 1 Jahr	Förderungsdauer variiert zwischen Kantonen.
IE	RSZ	
GB	RSZ, üblicherweise 3 Jahre (England, Wales, Nordirland) bzw. 4 Jahre (Schottland)	In den Studiengängen Architektur und Medizin wird längere Förderungsdauer gewährt.
ES	RSZ + 1 Jahr	
PT	RSZ + 2 Jahre (Studiengang < 4 J.) oder + 3 Jahre (Studiengang > 4 J.)	
IT	RSZ + 1 Jahr	
GR	RSZ, üblicherweise 4 bis 6 Jahre	

Anhang: Synopsen

Synopse 4-7: Rückzahlungsmodalitäten

	Beginn der Rückzahlung	Maximaler Rückzahlungszeitraum	Mindestrückzahlungsrate (p.m.)	Jährlicher Zinssatz	Sonstiges / Kommentar
DK	Rückzahlung bereits während des Studiums möglich, jedoch spätestens 1 J. nach Studienabschluss	15 J.	2-monatlich zu zahlender Betrag, abhängig von Darlehensumfang, Rückzahlungszeit und Zinssatz	4 % während des Studiums, 4,25 % nach Studienabschluss oder -abbruch	Ab Jahr 12 nach Studienabschluss oder -abbruch ist geringes Einkommen Kriterium für Schuldenerlass.
SE	frühestens 6 Monate nach letzter Zahlung	bis zum Erreichen des Pensionsalters	4 % des Einkommens	wird jährlich neu festgelegt (in 1997: 6 %)	Schulden werden abgeschrieben, wenn Betreffender das Pensionsalter von 65 Jahren erreicht. Geringes Einkommen oder Nichterwerbstätigkeit sind Kriterien für Schuldenerlass.
FI	jeweils zwischen Bank und Studierendem auszuhandeln	jeweils zwischen Bank und Studierendem auszuhandeln	jeweils zwischen Bank und Studierendem auszuhandeln	jeweils zwischen Bank und Studierendem auszuhandeln	
NL	2 J. nach Studienabschluss oder -abbruch	15 J.	EUR 44	jeweiliger staatlicher Kreditzins + 2,15 % (in 1997/98: 5,7 %)	Senkung der Mindestrate bei geringem Einkommen möglich.
FR	direkt nach Studienabschluss	10 J.	..	0 %	
BE	—	—	—	—	
DE	5 J. nach Ende der Förderungshöchstdauer	20 J.	EUR 102	0 %	Verringerung der Schuldensumme, wenn Darlehen auf einmal und/oder in bestimmter Zeit nach Abschluss zurückgezahlt wird.

Synopse 4-7 (Forts.)

	Beginn der Rückzahlung	Maximaler Rückzahlungszeitraum	Mindestrückzahlungsrate (p.m.)	Jährlicher Zinssatz	Sonstiges / Kommentar
AT	–	–	–	–	
CH	bereits während des Studiums möglich, jedoch spätestens direkt nach Studienende	12 J.	EUR 76	0 % während des Studiums; 4,5 % nach Studienende	
IE	–	–	–	–	
GB	im ersten April nach Studienabschluss	5 J. (2 J. Verlängerung möglich)	abhängig von Darlehenshöhe und Inflationsrate; durchschnittlich EUR 100 p.m.	variiert mit Inflationsrate	Schuldenerlass, wenn Einkommen p.a. < 85 % des Durchschnittseinkommens.
ES	–	–	–	–	
PT	–	–	–	–	
IT	–	–	–	–	Darlehen werden nur in der Toskana und in der Lombardei vergeben.
GR	..	..	..	..	

Anhang: Synopsen 263

Synopse 4-8: Staatliche Gesamtausgaben für direkte Studienförderung und Anteile der Geförderten

	Staatliche Gesamtausgaben für direkte Studienförderung (in Mio. EUR p.a.)			Anteil geförderter Studierender an allen Studierenden (in %)	Sonstiges / Kommentar
	Gesamt	Zuschüsse	Darlehen		
DK	716	563	153	87	94 % der alleinlebenden Geförderten erhalten Max.förderung.
SE	1.023	358	665	Zuschüsse: 79 Darlehen: 64	Darlehen = übliche Darlehen (58 %) + Sonderdarlehen (6 %).
FI	536	490	46	Zuschüsse: 59 Darlehen: 33	Zuschussförderung ist Voraussetzung für Darlehensförderung. Gesamtausgaben beziehen Studienförderung im sekundären Bildungssektor ein. Summe enthält Mietzuschüsse (EUR 97 Mio.).
NL	1.222	952	270	Grundfdg.: 82 Ergänzungstdg.: 30	Zuschüsse = EUR 557 Mio. Grundförderung, EUR 132 Mio. Ergänzungsförderung, EUR 260 Mio. Fahrtkostenzuschüsse, EUR 3 Mio. Subventionen für Studiengebühren.
FR	885	879	6	20	Mietzuschüsse nicht in der angegebenen Gesamtsumme enthalten, da kein Bestandteil der direkten Studienförderung.
BE	35	35	0	19	22 % der Geförderten erhalten Maximalbetrag (in 1994/95).
DE	910	455	455	19	31 % der Geförderten in DE (alte Länder) erhalten Max.förderung.
AT	131	131	0	12	Zuschüsse = allgemeine Zuschüsse (EUR 126 Mio.) + leistungsabhängige Zuschüsse (EUR 5 Mio.)
CH	189	171	18	13	Angaben für 1995.
IE	111	111	0	56	Angaben für 1994/95.
GB	2.812	2.045	767	Zuschüsse für Lebensunterhalt: 70	Angaben für 1994/95. Gesamtausgaben enthalten Studiengebühren. 33 % der Zuschussgeförderten erhalten Maximalförderung.
ES	325	325	0	18	Angaben für 1994. 12 % der Geförderten erhalten Max.förderung.
PT	48	48	0	15	Angaben für 1994.
IT	129	129	0	5	
GR	7	4	3	Zuschüsse: 4 Darlehen: 4	Anteil der Studierenden, die Darlehensförderung erhalten, umfasst auch graduierte Studierende.

Synopse 5-1: Transferleistungen und kommerzielle Vergünstigungen

	Preisermäßigungen bei indirekten Studienausgaben	Preisermäßigungen bei Ausgaben für den Lebensunterhalt				Sonst. / Komm.
	Studienmat.	Wohnen	Ernährung	Fahrten	Freizeit	
DK	10-15 % auf Bücher und Büromaterial (außer PCs); vergünstigte Fachzeitschriften	vergünstigtes Wohnen für junge Erwachsene; bedürftige Stud. können Wohnbeihilfe beziehen	—	ermäßigte Preise bei öffentl. Verkehrsmitteln, dabei größere Reduktion f. Förderungsberechtigte	ermäßigte Eintrittspreise für Museen	
SE	auf Computer und Bücher	keine Preisermäßigung; bei Bedürftigkeit Mietzuschuss	—	bis zu 50 % auf Bus- und Bahnfahrten, bis zu 70 % auf Flüge	ermäßigte Eintrittspreise für Museen, Theater, Kinos u.ä.	
FI	auf Bücher	keine Vergünstigungen in Wohnheimen, aber Mietzuschuss im Rahmen direkter Studienförderung	vergünstigte Mahlzeiten in Mensen	50 % auf Langstrecken; keine Vergünstigungen im ÖPNV	ja	
NL	für Mitglieder von Studentenvereinigungen 10 % auf Bücher; mindestens 10 % auf Computer	keine Preisermäßigung, aber bei Bedürftigkeit Mietzuschuss	vergünstigte Mahlzeiten in Mensen	bei Grundförderung ist OV-Kaart inklusive => freie bzw. um 40 % vergünstigte Nutzung ÖPNV	Jugendkulturpass für Pers. < 25 J. mit vielen Vergünstigungen; div. Ermäßigungen auch bei Vorlage d. Stud.ausweises	
FR	ja	subventionierte Unterkünfte für 10 % der Studierenden	vergünstigte Mahlzeiten in Mensen für 25 % der Stud.	preisermäßigte Nutzung ÖPV	häufig auf Eintrittskarten für Kinos, Theater, Museen	
BE	—	vergünstigte Mietpreise von EUR 60-144 p.m. in Wohnheimen	vergünstigte Mahlzeiten in Mensen	auf Bus- u. Bahnfahrten; Zuschüsse f. Fahrten zum Studienort in direkter Studienförderung	ca. 20 % in Kinos, Theatern und anderen kulturellen Einrichtungen	

Anhang: Synopsen 265

Synopse 5-1 (Forts.)

	Preisermäßigungen bei indirekten Studienausgaben	Preisermäßigungen bei Ausgaben für den Lebensunterhalt				Sonst. / Komm.
	Studienmat.	Wohnen	Ernährung	Fahrten	Freizeit	
DE	ja, teilweise	vergünstigte Preise von durchschnittl. EUR 152 bzw. EUR 102 (alte / neue Länder) p.m. in Wohnheimen	vergünstigte Mahlzeiten für durchschnittl. EUR 1,80 (alte Länder) bzw. EUR 1,50 (neue Länder) in Mensen	auf Bahnfahrten und Flüge; z. T. freie Nutzung ÖPV mit Semesterticket	bis zu 50 %	
AT	ca. 10 %	in Wohnheimen vergünstigte Mietpreise von durchschnittlich EUR 135 p.m.	Ermäßigung von EUR 0,35-0,72 pro Mahlzeit für bedürftige Studierende	Fahrkostenzuschüsse sind Teil direkter Förderung; 50 % auf Nutzung ÖPV für Studierende < 27 J.	bis zu 50 %	Befreiung v. Gebühren für diverse Medien.
CH	bis zu 10 % auf Bücher; auch Ermäßigung auf PCs	—	vergünstigte Mahlzeiten in Mensen	keine spez. Ermäßigung für Studierende; Jugendticket f. Pers. < 26 J.	ja	
IE	nur bei Zeitungen, die auf dem Campus gekauft werden; z. T. auf Fachzeitschriften und Computer	—	—	bis zu 50 % auf Nutzung ÖPV mit USIT Card für Studierende < 26 J. und Travelsafe-Pass	mit USIT Card ermäßigte Preise f. kulturelle Veranstaltungen, z.T. in Restaurants, Geschäften u. Jugendherbergen	
GB	ja	—	—	ermäßigte Preise bei Bus u. Bahn für Personen < 26 J.	viele kommerzielle Vergünstigungen	

Synopse 5-1 (Forts.)

	Preisermäßigungen bei indirekten Studienausgaben	Preisermäßigungen bei Ausgaben für den Lebensunterhalt				Sonst. / Komm.
	Studienmat.	Wohnen	Ernährung	Fahrten	Freizeit	
ES	10 % für Bücher, 10–20 % für Computer	Wohnhilfe ist Teil der direkten Studienförderung	vergünstigte Mahlzeiten zum Preis von EUR 2,35 – 3,40 in Mensen	25 % auf Nutzung öffentl. Verkehrsmittel für Pers. < 25 J.; weitere Ermäßigungen für Studierende	zahlreiche kommerzielle Vergünstigungen, u.a. Sport und Kultur	
PT	10-20 % bei Mitgliedschaft in Studentenorganisation	Mietzuschüsse sind Teil direkter Förderung; für 10 % der Stud. vergünstigte Preise von EUR 31 p.m. in Wohnheimen	vergünstigte Mahlzeiten in den Mensen und Cafeterien der Hochschulen	50 % auf Fahrten mit der staatlichen Bahngesellschaft; einige kommerzielle Vergünstigungen	einige Vergünstigungen für Studierende; bedeutendere Ermäßigungen aber durch Jugendpass für Personen < 26 J.	
IT	ja	vergünstigte Mietpreise in Wohnheimen	vergünstigte Mahlzeiten in Mensen, aber auch bei kommerziellen Anbietern	20 % auf Bahnfahrten für Pers. < 26 J.; bis zu 50 % auf Busfahrten u. Flüge	ja	
GR	bis zu 15 % auf Fachliteratur	vergünstigtes Wohnen in Wohnheimen, Eigenanteil d. Studierenden: EUR 4 p.m.	Subvention v. EUR 1 pro Mahlzeit; kostenlose Mahlzeiten für bedürftige Stud.	25-50 % auf Nutzung sämtlicher öffentlichen Verkehrsmittel	20-50 % auf Eintrittspreise für Museen, Kinos, Konzerte u.ä.	

Anhang: Synopsen 267

Synopse 5-2: Soziale Absicherung der Studierenden und Transfers an die Eltern

	Krankenversicherung (KV)	Kindergeld für die Eltern (in EUR pro Kind und Monat)	Steuervorteile* für die Eltern (in EUR pro Kind und Jahr)	Sonstiges / Kommentar
DK	KV u. damit kostenlose med. Versorgung sind Teil des durch öffentl. Abgaben finanzierten Gesundheitssystems	—	—	Kindergeld wird nur bis zur Vollendung des 18. Lebensjahrs des Kindes gewährt.
SE	KV u. damit kostenlose med. Versorgung sind Teil des durch öffentl. Abgaben finanzierten Gesundheitssystems	—	—	Kindergeld (EUR 71 pro Kind und Monat) wird nur bis zur Vollendung des 16. Lebensjahrs des Kindes gewährt. Bedürftige Studierende können in den Monaten, in denen keine Studienförderung gezahlt wird, Sozialhilfe beziehen.
FI	KV gegen geringe Gebühr; kommunale Gesundheitsdienste kostenlos für alle Bürger	—	—	Studierende mit Kindern haben Anrecht auf Erziehungsgeld und Kinderbetreuung. Kindergeld und Steuervergünstigungen werden nur bis zur Vollendung des 17. Lebensj. d. Kindes gewährt.
NL	KV über die Eltern; bei hohem elterlichen Einkommen zwar private KV, dann aber Aufstockung der Förderung um den Beitragssatz	—	—	
FR	KV für Studierende vergünstigt, für Geförderte kostenlos	..	KF; AF: EUR 183	Kinderfreibeträge werden bis zur Vollendung des 26. Lebensjahrs der Kinder gewährt.
BE	KV kostenlos für Studierende bis einschließlich zum 25. Lebensjahr	101 (1.), 162 (2.), 221 (3. und jedes weitere)	KF: 264 (1.), 433 (2.), 1.206 (3.), 1.597 (4.), 1.683 (5. und jedes weitere)	Kindergeld wird für Kinder in der Hochschulausbildung gezahlt. Die angegebenen steuerlichen Vorteile sind Mindestwerte.

Synopse 5-2 (Forts.)

	Krankenversicherung (KV)	Kindergeld für die Eltern (in EUR pro Kind und Monat)	Steuervorteile* für die Eltern (in EUR pro Kind und Jahr)	Sonstiges / Kommentar
DE	KV über die Eltern bis zum 26. Lebensjahr, danach vergünstigt (mit Beschränkung)	102 (1.), 102 (2.), 153 (3.), 179 (4. und jedes weitere)	KF: 3.203; AF: 920 (a), 1.227 (b), 2.147 (c)	KF wird nicht zusätzlich, sondern alternativ zum Kindergeld gewährt. AF: (a) = Kind < 18 J., nicht bei Eltern lebend; (b) = Kind ≥ 18 J., bei Eltern lebend; (c) = Kind ≥ 18 J., nicht bei Eltern lebend.
AT	KV über Eltern bis zur Vollendung des 27. Lebensjahrs, danach vergünstigte eigene KV	133	KF: 303 (1.), 454 (2.), 605 (3. und jedes weitere); AF: 1.298	Bei geringem Familieneinkommen wird zusätzliches Kindergeld in Höhe von EUR 14 pro Kind und Monat gezahlt.
CH	KV über Eltern bis zur Vollendung des 25. Lebensjahrs, dann eigene KV zum vollen Beitragssatz	77	AF: gesamte Ausbildungskosten	Sozial bedürftige Studierende können Zuschuss zur Krankenversicherung beantragen. Höhe des Kindergeldes variiert kantonal.
IE	KV kostenlos nur bei gesundheitl. Bedürftigkeit; gegen geringe Gebühr aber med. Service auf dem Campus	36 (1.), 36 (2.), 42 (3. und jedes weitere)	AF: 26 % der Ausbildungskosten von bis zu 3.081, also maximal 801	Kindergeld wird bis zur Vollendung des 19. Lebensjahrs des Kindes gewährt. In den Sommermonaten Vergütung gemeinnütziger Arbeit für bedürftige Studierende.
GB	—	—	—	Verschreibung von Medikamenten ist für Studierende kostenlos.
ES	KV über Eltern oder eigene KV (bei finanzieller Unabhängigkeit); zusätzlich kostengünstige studentische KV	—	KF: 128 (1.), 128 (2.), 155 (3.), 187 (4.)	Kindergeld wird nur bis zur Vollendung des 18. Lebensjahrs des Kindes gewährt.
PT	KV über die Eltern	19 (1.), 19 (2.), 29 (3. und jedes weitere)	AF: max. 869 pro Elternteil	Höhe des Kindergeldes ist einkommensabhängig; genannte Werte gelten für unterste Einkommensklasse.

Synopse 5-2 (Forts.)

	Krankenversicherung (KV)	Kindergeld für die Eltern (in EUR pro Kind und Monat)	Steuervorteile* für die Eltern (in EUR pro Kind und Jahr)	Sonstiges / Kommentar
IT	KV u. damit kostenlose med. Versorgung sind Teil des durch öffentl. Abgaben finanzierten Gesundheitssystems	8 (1.), geringerer Betrag (2. und jedes weitere)	KF: 46; AF: 22 % der Ausbildungskosten	Höhe des Kindergeldes ist einkommensabhängig; genannter Wert gilt für unterste Einkommensklasse.
GR	KV und medizinische Versorgung kostenlos für alle Studierenden	48 (1.), 48 (2.), 64 (3.), 75 (4.), 98 (5.)	AF: 1.329 => Ersparnis: 66 (1.), 66 (2.), 93 (3.), 120 (4. und jedes weitere)	Kindergeld wird für Studierende ≤ 24 J. (Eltern im öffentlichen Dienst) bzw. ≤ 25 J. (Eltern in Privatwirtschaft) gewährt. Genannte Werte gelten für im öffentlichen Dienst beschäftigte Eltern.

* KF = Kinderfreibetrag / Kinderfreibeträge, AF = Ausbildungsfreibetrag / Ausbildungsfreibeträge

Synopse 5-3: Unterstützung der Studierenden durch ihre Eltern

	Finanzielle Unterstützung der Kinder als gesetzl. Verpflichtung	Unterstützung der Studierenden durch Eltern in Form von monetären Leistungen und/oder Sachleistungen		Sonstiges / Kommentar
		Anteil unterstützter Stud. (in %)	Höhe der finanz. Unterstützung (∅ in EUR p.m.)	
DK	—	52	..	Anteil bezieht sich auf staatlich geförderte Studierende. Unterstützung durch Eltern ist vergleichsweise gering.
SE	—	16	..	Unterstützung durch Eltern ist vergleichsweise gering.
FI	—	< 50	77	Unterstützung durch Eltern ist vergleichsweise gering. Angaben gelten für Studierende der Universität Turku.
NL	ja, s. Komm.	80	..	Gesetzliche Verpflichtung zur Unterstützung besteht bis zum vollendeten 21. Lebensjahr des Kindes. Sogenannter Elternbeitrag zur Finanzierung des Studiums ist lediglich Empfehlungswert.
FR	ja, während der Ausbildung	(1) 24, (2) 53	176	Anteile für (1) Familien mit unterdurchschnittlichem Einkommen, (2) Familien mit überdurchschnittlichem Einkommen.
BE	ja, bis zum Abschluss der Ausbildung	..	..	
DE	ja, bis zum Abschluss der ersten Ausbildung	(a) 86, (b) 90	(a) 404, (b) 336	Angaben für (a) alte Bundesländer, (b) neue Bundesländer. Beträge beziehen Sachleistungen mit ein. Unterstützung durch Eltern ist wichtigste Finanzierungsquelle.
AT	ja, bis zum Abschluss des Erststudiums	..	..	Eltern sind gesetzlich verpflichtet, ihre Kinder vor allem durch Naturalleistungen zu unterstützen.
CH	ja, bis zum Abschluss der ersten Berufsausbildung	73	317	Unterstützungsbetrag entspricht etwa 45 % der durchschnittlichen Lebenshaltungskosten.
IE	—	78	121	

Anhang: Synopsen 271

Synopse 5-3 (Forts.)

	Finanzielle Unterstützung der Kinder als gesetzl. Verpflichtung	Unterstützung der Studierenden durch Eltern in Form von monetären Leistungen und/oder Sachleistungen		Sonstiges / Kommentar
		Anteil unterstützter Stud. (in %)	Höhe der finanz. Unterstützung (⌀ in EUR p.m.)	
GB	ja	77	175	Höhe der elterlichen Unterstützung ist direkt abhängig vom Umfang der staatlichen Studienförderung.
ES	—	> 80	..	Unterstützung durch Eltern ist wichtigste Finanzierungsquelle.
PT	—	> 93	s. Komm.	Unterstützung durch Eltern ist wichtigste Finanzierungsquelle. Bei 77 % der Studierenden werden durch Unterstützungsbetrag die gesamten Lebenshaltungskosten gedeckt.
IT	ja	..	..	Unterstützung durch Eltern ist wichtigste Finanzierungsquelle. Unterstützungsbeitrag deckt überwiegenden Teil der Lebenshaltungskosten.
GR	ja	..	s. Komm.	Unterstützung durch Eltern ist wichtigste Finanzierungsquelle. Unterstützungsbeitrag deckt überwiegenden Teil der Lebenshaltungskosten.

Synopse 5-4: Unterstützung der Studierenden durch ihre Hochschule

	Vergabe von Stipendien an Studierende	Beschäftigung von Studierenden an der Hochschule	Sonstiges / Kommentar
DK	—	ja	Hochschulen spielen praktisch keine Rolle für finanzielle Unterstützung der Studierenden.
SE	ja	selten	Hochschulen spielen untergeordnete Rolle für finanzielle Unterstützung der Studierenden.
FI	ja	ja	Hochschulen spielen untergeordnete Rolle für finanzielle Unterstützung der Studierenden.
NL	in Härtefällen	ja	
FR	ja, Forschungsstipendien	ja, vorwiegend als Tutoren	Hochschulen verfügen über Hilfsfonds für bedürftige Stud.
BE	wenige	ja	Hochschulen verfügen über kleine Hilfsfonds für bedürftige Studierende.
DE	—	ja, als Teilzeitkräfte	Studentenwerke leisten in Härtefällen kurzfristige Zahlungen an Studierende.
AT	ja	in sinkender Anzahl	
CH	wenige	selten	Hochschulen spielen geringe Rolle für die finanzielle Unterstützung der Studierenden.
IE	ja	ja	
GB	wenige	selten	Die meisten Hochschulen verfügen über kleinere Hilfsfonds für bedürftige Studierende.
ES	wenige	—	Stellen an Hochschulen sind Nichtakademikern vorbehalten, um die ohnehin hohe Arbeitslosenquote nicht noch zu erhöhen. Hochschulen gewähren auf Antrag Beihilfe für Lebensunterhalt.
PT	ja; oft Stipendien für hervorragende Studienleistungen	selten	Hochschulen spielen geringe Rolle für die finanzielle Unterstützung der Studierenden.
IT	wenige	selten	
GR	ja; direkte Studienförderung wird ebenfalls in Form von Stipendien gewährt	vorwiegend Beschäftigung graduierter Studierender	

Anhang: Synopsen 273

Synopse 5-5: Einnahmen der Studierenden aus eigener Erwerbstätigkeit

	Anteil der während des Studiums erwerbstätigen Studierenden (in %)	Studentisches Einkommen durch Erwerbstätigkeit (∅ in EUR p.m.)	Sonstiges / Kommentar
DK	92	..	Angaben beziehen sich auf Studierende der Universität Kopenhagen.
SE	34	..	Ersparnisse und Einkommen aus Erwerbstätigkeit bilden Anteil von 44 % an gesamter Studienfinanzierung.
FI	42	242 – 322 (Schätzwerte)	Ersparnisse und Einkommen aus Erwerbstätigkeit bilden Anteil von etwa 30 % an gesamter Studienfinanzierung.
NL	70	134	Studierende arbeiten durchschnittlich 52 Stunden p.m.
FR	20	263	Anteil der erwerbstätigen Studierenden und Höhe des erzielten Einkommens variieren stark nach Alter.
BE	..	..	
DE	(a) 69, (b) 57	(a) 325, (b) 213	Angaben für (a) alte Bundesländer, (b) neue Bundesländer. Studierende arbeiten durchschnittlich 57 Stunden p.m.
AT	73	..	57 % der regelmäßig Erwerbstätigen arbeiten mehr als 80 Stunden p.m. Anteil der erwerbstätigen Studierenden variiert stark nach Alter.
CH	78	..	91 % der Studierenden arbeiten bis zu 80 Stunden p.m. 24% der Studierenden, die für ihren Lebensunterhalt arbeiten, erzielen ein monatliches Einkommen von EUR 177 bis EUR 329.
IE	50	127	52 % der Studierenden arbeiten im Durchschnitt bis zu 69 Stunden p.m.
GB	66	75	Studierende arbeiten durchschnittlich 16 Stunden p.m.
ES	<10	..	Je nach Alter beträgt der Anteil gelegentlich Erwerbstätiger 1-19 % und der Anteil regelmäßig Erwerbstätiger 0-4 %.
PT	20	..	
IT	40	..	23 % der Studierenden üben Gelegenheitsjobs aus, 17 % gehen regelmäßig einer bezahlten Arbeit nach.
GR	..	..	

Gerd-Bodo Reinert / Irena Musteikiene (Hrsg.)

Wissenschaft – Studium – Schule auf neuen Wegen

Frankfurt/M., Berlin, Bern, Bruxelles, New York, Oxford, Wien, 2002.
341 S. zahlr. Abb.,Tab. und Graf.
Baltische Studien zur Erziehungs- und Sozialwissenschaft.
Herausgegeben von Gerd Bode Reinert, Irena Musteikiene und Jüri Orn. Bd. 6
ISBN 3-631-39342-3 · br. € 50.10*

Dieser Band dokumentiert eine Reihe von Beiträgen der VII. Internationalen wissenschaftlichen Konferenz zur *Schulreform und Lehrerbildung*. Das Konferenzthema des Jahres 2000 lautete Wissenschaft – Studium – Schule. Zu dieser Thematik diskutierten in Vilnius mehr als 300 praktizierende Pädagogen, Wissenschaftler und Mitglieder von Bildungsorganisationen aus Litauen, Ungarn, Belgien, Deutschland, Estland, Holland, Lettland, Polen, Russland, Weißrussland und USA. Behandelt wurden die wichtigsten aktuell anstehenden Fragen, so die schnellere Reformierung des Studiums durch Neuorientierung der Wissenschaft und deren Auswirkung auf die Bildungsreform und Qualität der Ausbildung. In diesem Band wird eine Präsentation sowohl von Untersuchungen im Bildungsbereich, zum Stand der Schulreform und zu Initiativen in Wissenschaft und Studium gegeben. So gibt es Beiträge zur Philosophie, Gentechnologie, Anthropologie, Kommunikationstraining bis hin zu konkreten Schulbeispielen. Jeder einzelne (Fach-)bereich ist mehr oder weniger intendiert durch die Entwicklung neuer Wissensstandards. Diese implizieren wiederum neue Lehr- und Lernmethoden, welche wiederum zu neuen Arbeits- und Interaktionsformen führen. Es ist ein Wirkungskreis, der sich gegenseitig beeinflusst und befruchtet.

Frankfurt/M · Berlin · Bern · Bruxelles · New York · Oxford · Wien
Auslieferung: Verlag Peter Lang AG
Jupiterstr. 15, CH-3000 Bern 15
Telefax (004131) 9402131

*inklusive der in Deutschland gültigen Mehrwertsteuer
Preisänderungen vorbehalten
Homepage http://www.peterlang.de